2017 年度浙江省哲学社会科学规划课题 "浙
（17NDJC324YBM） 研究成果

2020 年宁波城市职业技术学院优秀学术著作出版基金重点资助项目

浙东渔文化史研究

王　岩　牛殿庆　著

中国原子能出版社

图书在版编目（CIP）数据

浙东渔文化史研究 / 王岩，牛殿庆著 . —北京：
中国原子能出版社，2021.6（2023.1重印）

ISBN 978-7-5221-1421-7

Ⅰ . ①浙⋯　Ⅱ . ①王⋯　②牛⋯　Ⅲ . ①渔业—地方文
化—文化史—研究—浙江　Ⅳ . ①F326.4

中国版本图书馆 CIP 数据核字（2021）第 111998 号

浙东渔文化史研究

出版发行	中国原子能出版社（北京市海淀区阜成路 43 号　　100048）
责任编辑	张书玉
装帧设计	崔　彤
责任校对	冯莲凤
责任印制	赵　明
印　　刷	河北宝昌佳彩印刷有限公司
经　　销	全国新华书店
开　　本	787 mm×1092 mm　1/16
印　　张	18.25
字　　数	220 千字
版　　次	2021 年 6 月第 1 版　2023 年 1 月第 2 次印刷
书　　号	ISBN 978-7-5221-1421-7　　　　　**定　　价**　98.00 元

出版社网址：http：//www.aep.com.cn　　　　E-mail：atomep123@126.com
发行电话：010-68452845

前　言

中国渔文化是中国海洋文化乃至中华文化的重要组成部分，中国渔文化的发展历史与中华文明史一脉相承，承载着中华民族的文化精神。我国是世界上重要的海洋大国之一，具有悠久的渔文化历史、丰厚的海洋文化内涵和前景广阔的渔文化发展空间。中国渔文化肇始于远古时期，是以海岸采贝和近浅海捕捞等方式猎取海生食品的海洋渔猎活动。随着人类的进步和发展，这种渔猎活动成为有规模的渔业捕捞和渔业养殖业。渔民、渔业以及渔业活动得以展开的渔场和渔民生活的海岛渔村，构成了蕴意丰富、形态多样的中国渔文化系统，形成了生动丰富、立体多元的中国渔文化的灿烂画卷。

随着 21 世纪蓝色浪潮的兴起，海洋经济日趋繁荣，全球性海洋意识、海洋观念日益强化，相关的渔文化研究也日益引起学界的重视。

中国渔文化是一个比较宽泛的概念。中国渔文化的基本内涵，主要包括渔业的渊源和发展；与渔业活动有关的文化遗址；不同时代传承而来的各种渔业生产的渔船、渔具和捕捞方法；各地海岛渔村的生活习性、风俗习惯；反映渔民生产、生活的典故、传说、故事、渔谚、渔民画、渔歌以及各类海洋生物的加工、烹饪技艺等。它是物质文化和非物质文化的结合，是历史演变的结果。

目前渔文化的研究主要集中在以下几个方面：①渔专题史的研究论文相对较多，论及渔船、渔具与渔法者最多，如田恩善的《网具的起源与人工鱼礁小考》，邢湘臣的《渔船考》，李崇州的《"活舱"史话》等；②渔文化文学研究，如陈朝鲜的《"诗经"中的渔文化研究》，田耕宇的《论中国古代文学中的"渔父"形象》，陈松涛的《中国渔文化面面观》，黄立轩的《远古的桨声：浙江沿海渔俗文化研究》，王颖、丁建东的《中国海洋渔文化研究与象山实践》等；③浙东渔文化研究正在逐渐兴起，如赵以忠《解放前舟山渔业发展初探》，周璐的《管窥象山渔文化中的民俗艺术——剪纸》，李广华、徐颖峰、孙建军的《渔文化的象山解读》，黄莺的《舟山渔民祭海习俗研究》，徐波、张义浩的《舟山群岛渔谚的语言特色与文化内涵》；钱张帆的《岱山岛民间信仰与渔民生活——兼论民间信仰的现代意义》等。研究地域主要集中在浙东的舟山及象山为主，内容涉及宗教信仰、渔歌、渔业、祭祀文化、语言及风俗等，但对浙东其他区域的研究相对较少。这些研究对于促进浙东海洋经济发展、发掘渔文化旅游资源等都有积极意义。随着象山县被中国民间文艺家协会正式命名为"中国渔文化之乡"，该县将建立"中国渔文化研究基地"。随着渔文化研究深入开展，相继出版了《象山妈祖文化述略》《中国渔业第一村——象山石浦东门岛》《象山渔乡民间故事》以及《中国渔文化论文集》等书籍。象山还创办了全国第一家《渔文化》杂志，并将渔文化研究引入学校教育领域。

中国是地球上的海洋大国，浙江则是中国的海洋大省。浙江的海岸线长度（包括大陆海岸线和海岛海岸线）居全国首位，是中国岛屿最多的省份。在这样的自然环境中，世世代代生活在浙东沿海的居民创造出了绚丽多姿的海洋渔文化。如在萧山跨湖桥遗址发现的独木舟，是中国乃至亚洲现今所知最早的木船，因此被誉为"中华第一舟"；在河姆渡文化的几个遗址中，发现了多支木桨，这也是中国现今所知最早的木桨；在河姆渡文化的田螺山遗址，发现的金枪鱼、鲨鱼、石斑鱼、鲸鱼等海洋鱼类的残骨，表明当时已有一定规模的近海渔业；在象山县塔山遗址，发现了商周时期的青铜鱼钩，而且鱼钩上还带有倒刺，有学者称其为"中华第一鱼钩"；还有在宁波大榭岛发现了用来烧制海盐的盐灶群，时代为 4000 多年前，这也是中国现今所知最早海盐制作遗址；在宁波东门口发现的北宋木船上，装有用半圆木做成的减摇龙骨，这比国外早了大约 700 年。根据《宣和奉使高丽图经》《梦粱录》等文献的记载，早在宋代，浙江海船已使用指南针航海，这也是中国最早使用指南针进行航海的区域之一。

以上说明千百年来，浙东人民与海相依相伴、共生共荣，对大海怀有深厚的感情，从中孕育了底蕴丰厚的渔文化，形成了特色鲜明的地域文化传统，成为浙东精神的深刻内涵，成为推进浙江经济社会跨越式发展的强大精神动力。21 世纪是海洋的世纪，深化对渔文化的研究，充分挖掘和弘扬源远流长的历史文化是建设文化大国的一项重要的工作，这对加快浙东地区现代化生态型滨海旅游城市的建设有着十分重要的意义。

本书紧密结合中国海洋渔文化战略背景，紧扣浙江省渔文化产业研究中的空白点，对亟待解决的理论和实践问题进行分析论证。在论述过程中，注重整体的研究和局部专项研究结合，从浙东渔文化历史演变入手，以发展角度提炼浙东渔文化产业发展框架。

全书由导论和七章内容构成。导论，主要从相关范畴界定入手，明确浙东渔文化的相关概念，分析了渔文化的研究现状以及渔文化研究对中国海洋发展的重要意义；第一章"浙东渔文化的历史溯源"，分析浙东渔文化从早期形成、发展、繁荣到衰落与转型漫长过程的历史变迁；第二章"历史变迁中的浙东渔文化功能演变"，重点研究浙东渔文化的特色、功能以及渔文化的蕴含的文化价值；第三章"浙东渔文学艺术的文化展现"，重点分析浙东渔文化的民间文学与民间艺术成果；第四章"浙东渔民习俗文化演进"，从民俗文化的界定入手，探究浙东渔民习俗文化的产生原因，以及浙东渔民的海洋习俗文化、生活习俗文化和礼仪习俗文化；第五章"浙东渔民传统节庆文化活动"，则是以浙东渔民在中国传统节日活动方式，以及浙东渔民传统民俗活动、浙东渔俗节庆典活动独特的纪念方式等为着眼点，理清了浙东节庆文化的发展轨迹；第六章"浙东渔文化产业发展"，重在分析浙东渔文化资源优势、浙东渔文化资源产业化开发的实践、浙东渔文化产业开发面临的机遇和挑战和浙东渔文化产业发展模式研究，推导出浙东渔文化对经济社会发展的贡献和不断面临的经济发展的机遇的结论；第七章"浙东渔文化保护与传承"，在分析浙东渔文化生态保护、传承的基础上，从浙东渔文化到中国海洋文化以至于浙东渔文化建设的国际视野，为渔文化资源产业化开发的国内外经验提供借鉴，并对浙江省渔文化资源产业化开发给出了启示。

这本书的研究成果不仅有助于人们认识浙东渔文化，而且也为深入研究浙东渔文化奠定了基础，但就浙东渔文化史研究而言，还没有形成完整的理论体系，渔文化史研究总体水平不高，学术成果还不够丰厚，未见专门研究渔文化史的专著，不能形成足够的影响力，或许这也是我们梳理研究过程中力不从心的一个缘由。

本研究成果试图在浙东渔文化史系统研究方面有所突破，由于欠缺浙东渔文化民俗研究的范本可循，对渔文化史料搜寻、渔文化史的种类划分、渔文化史的意义探寻等都是煞费苦心的，因此心怀忐忑，奉承读者诸公，请业内同行老师给予批评指教，不胜感激。

王　岩

2021 年 2 月

目　　录

导　论　浙东渔文化的
概念厘定及研究现状

海洋是生命的摇篮，是人类文明的重要发祥地，在人类社会发展的进程中起着举足轻重的作用。浙东地处中国东部沿海中段，海域面积广阔，海岸线漫长。早在新石器时代晚期，浙东先民就在这片辽阔的海域上挥洒着自己的智慧，创造了辉煌的渔文化，从河姆渡人最原始的海洋捕捞与较长距离的航海活动，到唐宋时期声名远扬的"海上丝绸之路"，再到世界第一跨海大桥杭州湾大桥的全线贯通，都充分展示了浙东人民认识、开发和利用海洋的智慧与能力。随着岁月的流逝、科技的进步、经济的繁荣，浙东渔文化的内涵在不断丰富，外延也不断扩展，突出表现在海洋特色的渔业文化、港口文化、海防文化、名人文化、文学艺术等。倘若我们要认识和研究浙东渔文化历经数千年的演进、整合、重构及其基本精神；研究浙东渔文化的海纳百川的开放性，兼容并蓄的亲和力，博采众长、厚积薄发的创新力，以及植根民间、生生不息的生命力，那么首先要界定清楚有关"浙东""浙东文化"和"浙东渔文化"几个相关概念。

一、浙东渔文化的概念

1. "浙东"的概念

何谓"浙东"？在古代，整个浙江地域以钱塘江（或曰制江、浙江、浙水、之江等）为界而被划分为两大片，位钱塘江之东者，称为"浙东"，在钱江之西者谓"浙西"，而没有"浙北""浙南"之称。浙东在旧志上有"八府"，即严州府（今建德）、金华府、衢州府、绍兴府、宁波府、台州府、温州府、处州府（今丽水），浙西有"三府"，即杭州府、嘉兴府、湖州府。故浙江在传统的称法上有"上八府""下三府"之谓。因此，从历史文化的角度看，"浙东"应是包括现在的浙西金华与浙南温州等在内的广袤地域，对此我们有时称之为"大浙东"①，而常将绍、甬、台区域称为"中浙东"，又把现在宁波大市所辖的各县、市、区，即包括"老三区"及鄞州、镇海、北仑、慈溪、余姚、象山、宁海等，称之为"小浙东"。很多学者在论及浙东文化时，若从区域的位置着眼往往指的是"小浙东"，也就是宁波大市的区域范围。

浙江具有濒海而生的区位优势。浙东是指嘉兴、杭州、宁波、绍兴、舟山、温州、台州等沿海地区，有别于文化传统意义上的浙东地区，该区濒临东海，北靠江苏、上海，南依福建，海岸线蜿蜒曲折，岛礁星罗棋布。浙江海岸线长约 6700 千米，占全国海岸线总长的 20%以上；海岛总数约为 3800 多个，占全国海岛总数的 40%以上。全省有 7 市 35 县（区）涉海，2125 万人口依海而居，占全省总人口的 44.7%，专属经济区及大陆架在内的海域面积约为26 万平方千米，相当于全省陆域面积的 2.5 倍。浙江自古以来即是海洋渔业大省，沈家门渔港、象山渔港等区域渔业资源丰富。浙东海上交通发达，海外经济文化交流繁荣，舟山和宁波地区又是古代海上丝绸之路的重要港埠。得天独厚的海洋区位优势造就了浙东沿海地区独特的渔业生产方式，形成了特色鲜明的渔民生活习俗，进而积淀为现今多彩多姿的浙东渔文化。

本书以"小浙东"，即宁波、舟山海洋文化为主要研究对象，但考虑到资源的完整性，有时会兼及"大浙东"之台州、温州、绍兴与"浙西"之嘉兴、杭州的海洋文化。

2. 浙东文化

何谓文化？这是一个最难回答的问题。英国著名学者罗威勒曾说："在这个世界上没有一样东西比文化更难捉摸。"此话一点不

---

① 徐定宝. 试论浙东文化［C］宁波经济·江论坛，2005（2）：43-47.

假。当今有关文化的论述及对"文化"一词的诠释，可谓众说纷纭，莫衷一是，真让人有眼花缭乱之感。对"文化"一词的界定，尽管尚未定论，然而也不会影响人们对其本质内涵的把握。笔者十分赞同这样一种说法：文化乃人类于生存活动中，为满足自身的物质需要、社会需要及精神需要所进行的创造性活动及其结果。如果说人类的物质活动、社会活动及精神活动的总和在文化的指称上可谓"广义文化"的话，那么剔除其中的物质性的过程与结果，专指社会性与精神性的文化现象，则当属"狭义文化"的范畴。"浙东文化"如从抽象化的思辨层面上看，应该是一种狭义的文化，但"浙东文化"已拥有相当丰富的被展现出来的地下遗存，当这些具象化的器物层面与抽象化的思辨层面相整合时，又多少表现出广义文化的某些侧面。

关于文化的概念，有广义与狭义之分。狭义的文化指社会意识形态方面的精神财富，广义的文化则指人类在社会历史实践中所创造的物质财富和精神财富的总和。

何谓"浙东文化"？在审视这个概念时，从不同的角度，可以赋予不同的内容。笔者认为：凡由浙东学人倡导或发生在浙东区域的，并对当时社会生活产生过重要作用，在后世仍具有影响的思潮、学说、历史现象等，皆可称之"浙东文化"。从时空的角度看，它是古代的，也包括新中国成立前的近、现代（不包括当代），又在内容上显示出丰富性与多样性；从因果的角度看，它的缘起与浙东地域有着不可分割的联系，而它的过程或结果所造成的影响却并不局限于浙东，甚至在海内外都产生过令人瞩目的社会效应。

3. 浙东渔文化

渔业是人类早期直接向大自然索取食物的生产方式，是人类最早的产业行为。先人以水域为依托、利用水生生物的自然繁衍和生命力，通过劳动获取水产品，谓之渔业。

在漫长岁月的渔业发展基础上形成的文化，是人们从事所有的渔业生产实践所取得的物质与精神的总成果，进而形成影响和推动历史进步的精神动力。

渔文化，广义而言是人类在渔业活动中所创造出来的人与经济水生生物、人与渔业、人与人之间各种有形无形的关系与成果。比如有关渔神信仰、渔船渔具、渔歌、渔号子、渔风渔俗、渔业伦理、渔业法规与制度等文化事项。狭义而言，渔文化主要指人类在渔业活动中所创造的精神财富的总和。显而易见，渔文化不仅包含一部分鱼文化，而且包括有关贝类、蟹类、虾类、藻类等其他渔业经济生物的文化事项。

渔文化是人类文化的重要组成部分，内容包括鱼类捕捞、养殖、渔获物加工等渔业生产方式，也包括渔民独特的生活、习俗、宗教信仰等，是渔民在长期的渔业生产活动中创造出来的，具有流转性和传承性的物质文化、非物质文化及制度文化的成果总和。

在物质文化方面：渔文化主要包括服饰文化、饮食文化、建筑文化和船俗文化。渔民的衣服以宽大松肥为主，上衣没有纽扣，腰上系一个活结。裤腰也特别宽松，这种服饰既可以挡风御寒，万一落水还可以迅速脱掉衣服，摆脱负担，便于逃生。渔民靠海吃海，素来喜食鱼类，对于各种鱼类的烹饪有独到的技术，除了传统的烩、烧、炖、蒸、白灼、腌等烹调法外，还可以将鱼制成鱼丸、鱼胶、鱼圆、鱼卤、鱼鲞、鱼滋面、鱼捶面等，别有一番风味。这体现出渔民靠海吃海、以海为生的特征。渔民的住房用料一般就地取材，多为石头、木头和茅草、海草，人们从海湾里捞取大叶海苔，将其晾晒，和秸秆编织起来，再抹上石灰黄泥，就是一个完整的海草房。自身的重量和精巧的编织使海草房能抵御海风的肆虐，几十年才需要维修一次。房居内多用珍珠贝类和海鱼海兽类皮制品作为装饰，庭院的外部构造和雕梁画栋多用龙、鱼、船、锚等图案作为象征，以及壁画、廊绘上最为常见的"大海中日""一帆风顺"等，都体现了渔民社会的特性。渔民称渔船为"木龙"，打造新船是渔民的头等大事，每个程序都要严格按照规矩行事。新船下水时要选择黄道吉日，进庙拜神，敲锣打鼓，鸣放鞭炮，既有庆贺新船启航，又有除去船舱和海里邪气之意。这体现出渔船对于渔民的重要性，以及渔民对于祈求出海平安的强烈诉求。

在非物质文化方面：渔文化主要包括习俗文化、艺术文化、信仰文化和心态文化。开洋节是渔船出海时渔民祈求平安丰收的民俗活动；谢洋节则是渔船出海平安归来时渔民感恩大海的民俗活动。开洋节、谢洋节是渔民的一种精神寄托，以祭祀为核心。渔区的文学艺术大都涉及海洋，如打渔人所唱的歌谣，船工的号子、小调，渔市、码头、打渔船上表演的渔歌戏曲。还有一些口耳相传的传说，如八仙过海、哪吒闹海、天后娘娘的神迹等。我国沿海地区的传统民间信仰有很多，影响广泛的有妈祖和龙王。中国民间自古就把龙当作掌管雨水的水神，各地建有许多龙王庙用于祭祀。妈祖作为保佑出海平安的神灵，最早从福建莆田发迹，后来出现南北省际远播以及跨洲越洋的国际传播。渔区的民众不注重政治历史和个人志向，而是注重表达日常生活生产中的情感和领悟，因为临海而居，更是有一种海纳百川、勇立潮头的精神。

在制度文化方面：渔文化主要包括社会规范和社会组织。社会规范是人们社会行为的规矩、社会活动的准则。它是人类为了社会共同生活的需要，在社会互动过程中约定俗成，或者由人们共同制定，并明确施行。渔民主要从事渔业生产活动，出海打渔时，船老大为一船之长，其他人必须服从指挥，各自分工，齐心协力。触礁、翻船以及自然灾害时有发生，因此民俗禁忌是渔民长期出海经验的结晶，这是渔民出于生命安全防范需求的实用心理外化表现。比如在船上不能称"老板"，因为"老板"谐音"捞板"；鱼死了，叫"鱼条了"等。虽然这些民俗禁忌在科学上并无多少道理，但是却在渔民的精神上和心理因素上起了很大的作用。社会组织是指人们为了实现某种共同目标，将其行为彼此协调与联合起来所形成的社会团体。我国自古就有渔业组织，在尧舜禹时期就已在部落联盟领导机构中分设出官职"虞"。"虞"的职责是管理川泽山林，负责管理监督全国的捕鱼和打猎生产。新中国成立后，我国设立了农业部渔业局及各地方的海洋与渔业局，主要负责渔业行业的管理。民间也成立了许多渔文化研究会，如宁波渔文化促进会和象山渔文化研究会等，旨在推进我国渔文化和现代渔业的发展。

因此，浙东渔文化就是指浙东沿海地区百姓在认识、开发、利用海洋的社会实践中所形成的物质和精神成果总和。

二、浙东渔文化的研究现状

我国是世界上重要的海洋大国之一，具有悠久的渔文化文明历史，丰厚的海洋文化内涵和前景广阔的渔文化发展空间。随着21世纪蓝色浪潮的兴起，海洋经济日趋繁荣，全球性海洋意识、海洋观念日益强化，相关的渔文化研究也日益引起学界的重视。

目前渔文化的研究主要集中在以下几个方面：（1）关于渔专题史的研究论文相对较多，论及渔船、渔具与渔法者最多，如田恩善的《网具的起源与人工鱼礁小考》，邢湘臣的《渔船考》，李崇州的《"活舱"史话》等；（2）渔文化文学研究，如陈朝鲜的《"诗经"

中的渔文化研究》，田耕宇的《论中国古代文学中的"渔父"形象》，陈松涛的《中国渔文化面面观》等；（3）浙东渔文化研究正在逐渐兴起，如赵以忠《解放前舟山渔业发展初探》，周璐的《管窥象山渔文化中的民俗艺术——剪纸》，李广华、徐颖峰、孙建军的《渔文化的象山解读》，黄莺的《舟山渔民祭海习俗研究》，徐波，张义浩的《舟山群岛渔谚的语言特色与文化内涵》；钱张帆的《岱山岛民间信仰与渔民生活——兼论民间信仰的现代意义》等。研究地域主要集中在浙东的舟山及象山为主，内容涉及宗教信仰、渔歌、渔业、祭示文化、语言及风俗等，但对浙东其他区域的研究相对较少。这些研究对于促进浙东海洋经济发展、发掘渔文化旅游资源等都有积极意义。随着象山是被中国民间文艺家协会正式命名象山县为"中国渔文化之乡"，并在该县建立"中国渔文化研究基地"。渔文化的研究正在深入开展，整理出版了《象山妈祖文化述略》《中国渔业第一村——象山石浦东门岛》《象山渔乡民间故事》以及《中国渔文化论文集》等书籍。象山还创办了全国第一家《渔文化》杂志，并将渔文化研究引入学校教育领域。

上述研究成果不仅有助于人们认识浙东渔文化，而且也为深入研究浙东渔文化奠定了基础。但就浙东渔文化史研究而言，还没有形成完整的理论体系，渔文化史研究总体水平不高，学术成果还不够丰厚，未见专门研究渔文化史的专著，不能形成足够的影响力。本书试图在浙东渔文化系统研究方面有所突破。

三、渔文化研究对中国海洋发展的重要意义

渔文化是劳动人民在长期的渔业生产活动中所取得的具有传承性的物质和精神成果。从远古人类为求谋生而渔猎，到西周开始人工养鱼，到当代庞大的渔业产业链，渔文化已成为中国社会经济文

化的组成部分,是中国政治、经济、文化的基础之一,渔文化对于中华民族乃至人类的生存和发展都起过巨大的作用,其发展历程已成为人类文明进步的佐证。

随着经济全球化深入发展,各种思想文化交流、交融、交锋更加频繁,文化在综合国力竞争中的地位和作用更加凸显,渔文化作为中国文化的重要组成部分,是延续和创新中华文明的必然要求,是建设文化强国的重要内容,是建设海洋强国的重要抓手,是推动渔业发展、建设现代渔业的重要保障。

我国地处亚洲温带和亚热带地区,水域辽阔,水产资源丰富,为渔业发展提供了有利条件,随着各地人民生产和生活中实践活动的不同,逐步分化出海洋渔文化和淡水渔文化。我国由北至南分布着渤海、黄海、东海、南海四大海域,岛的礁滩不计其数,各地海产远销国内外。以象山渔文化为代表的海洋渔文化历史悠久、内涵丰富、丰富的节庆活动、海防文化、海鲜美食和明媚的沙滩海景吸引着各地人民前来感受认知。浙东大大小小、星星点点的岛屿,为渔区人民提供了数不尽的鱼种和水生植物。浙东在渔文化中融入了治水文化而使渔文化更加独树一帜,有着重要的研究价值。

第一,保护和发展渔文化有利于人类文明的丰富和传承,从历史看,"渔业发展史成就了人类文明史"。确实,人类衣食住行各个方面,都有渔文化的影子,捕鱼为人类社会提供食物,鱼骨是制作史前生产工具的重要材料之一,中国在 7000 年前就有了独木舟。从现实看,从南到北,从香港渔民的天后诞,到东北赫哲族的鱼皮服;从东到西,从台湾高山族的渔祭节到青藏高原的牛皮船。千姿百态的我国渔文化成为中华文明的重要载体,各具民族特色的我国渔文化成为多姿多彩的民族文化的组成部分。

第二,保护和发展渔文化是建设文化强国的重要内容,对建设文化强国有着极其重要的意义。首先，中国的渔文化提倡人与自然和谐相处，有着自己独特的风格。对外宣传中国渔文化，将赢得世界的尊重，有利于加强中国对外宣传和文化交流，有利于推动中华文化走向世界，扩大中华文化的国际影响力。其次，保护和发展渔文化，有利于促进渔业经济的发展，带动相关上下游行业的发展，激发渔业文化工作者（很多就是渔业行业从业者）的积极性、主动性和创造性，在大力提倡繁荣文化市场的今天，将会创造出更多的贴近时代、贴近生活，体现中国风格和中国气派的渔业文化产品。

第三，保护和发展渔文化有利于现代渔业产业的发展。中外渔业发展史表明，渔文化产生于渔业产业，又反过来促进渔业产业的发展。我国漫长的渔业经济发展历程中，渔文化作出了积极贡献，它激励渔民不畏艰险，战胜大海，推动着捕捞业的发展，丰富的渔船文化推动了我国海洋文明的发展。春秋时期范蠡的《养鱼经》是水产养殖文化的结晶，指导着几千年我国水产养殖业的发展。丰富多彩的垂钓文化、观赏鱼文化是休闲渔业的组成部分，又激发着我国休闲渔业的长期发展。"不涸泽而渔、不焚林而猎"的古训饱含人与自然和谐相处、可持续发展的理念，丰富多彩的"放生"文化可视为增殖渔业的雏形，今天我国东北赫哲族还保存了捕鱼时特意制作的放过小鱼的工具。这些朴素的生态理念，正是当今需要传承和发扬的渔文化。发扬并创新这些渔文化，就能够使现代渔业产业更加科学发展、更加可持续。

第四，保护和发展渔文化是建设海洋强国的重要推手。建设海洋强国，离不开强大的科技、经济乃至军事等方面的"硬实力"，同时也需要"文化"这样的"软实力"，两者不可偏废。我国渔文化的内涵就是敢于拼搏、勇于创新、不屈不挠、生生不息。

郑和下西洋，体现出华夏儿女伟大的探索精神和占领制高点的雄心壮志；中国渔民海域捕捞，不畏艰险，前仆后继，维护国家海洋主权可歌可泣，保护和发展渔文化，是建设海洋强国的重要推手。通过渔文化的保护和发展，推进海洋渔业先进理念和技术的形成和创新，带动整个海洋经济的发展，推动海洋强国建设。

第五，保护和发展渔文化是建设美丽中国的重要任务，美丽中国是中华民族共同的梦。保护和发展中国渔文化，能够丰富美丽中国的内涵，同时又扩大其外延，成为建设美丽中国的不可或缺的内容。保护和发展中国渔文化过程本身，就体现了对生态文明的尊重。渔文化里饱含的生态文明理念是美丽中国的重要内涵，体现出人与自然的和谐相处、人与人之间互帮互助的精神等。保护和发展中国渔文化，是对人类文明的珍惜和呵护，更是建设美丽中国的重要任务，渔文化体现着它自身独特的美，渔文化的发扬将会给中国增添美丽的色彩。

第一章　浙东渔文化的历史溯源

中国渔文化是中华民族勤劳智慧的结晶，是中国文化史上光彩夺目的一章。海洋渔文化是中国海洋文化乃至中华文化的重要组成部分，它的发展历史与中华文明史一脉相承。浙东渔文化肇始于新石器时代，生成于春秋战国时期，发育于汉唐时期，至宋元时期，随着海上丝绸之路的开辟与东海商贸文化圈的形成以至繁荣发展。鸦片战争以后，随着五口通商，在西学东渐之风的影响下，浙江古代海洋文化向近代转型。党的十一届三中全会以后，随着改革开放以及全球性的蓝色浪潮的到来，浙东的海洋文化又进入了一个崭新的发展阶段。

一、浙东渔文化的早期形成

浙东位于我国东南沿海，地处亚热带中部，气候温热湿润，早在旧石器时代晚期，在今天浙江的安吉、建德一带就有人类活动的踪迹。而宁绍平原跨湖桥遗址、余姚河姆渡遗址以及舟山群岛贝丘遗址的发现证明，最晚在新石器时代，浙江先民已经能够打造和利用舟楫，向海洋索取食物，海洋文化曙光初露。

跨湖桥文化遗址位于江萧山城区西南约4000米的湘湖村，经过1990年、2001年和2002年三次考古发掘，出土了陶器、石器、骨器和木器等大量遗物，经测定，其年代为8000—7000年前。其中尤为引人注目的是，跨湖桥遗址中出土了一只独木舟，这是国内迄今为止发现的最早的独木舟实物。该独木舟用整棵马尾松刳作而成，残长约560厘米，宽约52厘米。舟体平均厚度为2~3厘米，船头上翘宽约29厘米，船体十分轻薄，底部与船舷厚度约2.5厘米，船从船头起残留110厘米，其余侧弦以整齐的形式残去，残面与木料纵向纹理相合，延伸处刚好处于侧弦折收的位置，可以看出独木舟的深度比较均匀。结合独木舟旁边的遗物，其使用方法可能是在独木舟的一边或两边绑扎木架，成为单架艇或双架艇，使其在水上航行时，遇上风浪也不易倾覆。一般在小河、沼泽地区，采用独木舟形式，到大湖甚或近海地区，就采用边架艇形式。跨湖桥文化表明，早在 800 年之前，浙江先民已能驾驭独木舟出没于近海地区，从事捕鱼活动。

河姆渡文化遗址因最早发现于四明山北麓的姚江之滨，钱塘江南岸余姚江畔之宁绍平原东端河姆渡村，便以余姚这个村庄的名字"河姆渡"命名。分布于沿四明山林以北和以东的滨海平原地带和舟山群岛，经测定距今约 6000—7000 年。自 1973 年与 1977 年的两次大规模的考古发掘，出土了骨器、石器、陶器等生产工具与生活用具逾 6700 件，有"七千年前的文化宝库"之誉。

在河姆渡文化遗址中，发现木桨 6 支、舟形陶器 2 件。其中一支木桨长 63 厘米，叶长 51 厘米，宽 12.2 厘米，厚 2.1 厘米，柄与叶连接处刻有直线与斜线组成的几何图案花纹，制作精美，另支木桨残长 92 厘米、整体扁平细长。这是迄今为止发现的最古老的木桨。两件舟形陶器均为夹碳黑陶，一件外形呈长方槽形，一侧稍残，长 8.7 厘米，宽 2.6~3.0 厘米，高 2.5~3.0 厘米，是一种方头的长方形独木舟模拟品；另一件陶舟长 7.7 厘米，宽 2.8 厘米，高 3.0 厘米，舟体侧视如同半月形，俯视略呈梭形，中间掏空，两头稍尖而微上翘，头部之下还附有一个穿孔的扁平小耳，用以穿系缆绳之用，是一种两头削尖的菱形独木舟。出土的海洋生物遗骨有鲨鱼、鲸鱼以及喜欢在滨海口岸附近生活的鲻鱼、灰裸顶鲷等，其中一枚鲨鱼的牙齿还被用来制成骨钻头。另外，1996 年发掘的余姚市鲻山遗址第九层中，曾出土一件背面呈微圆弧形，尾部变薄且上翘，残长 190 厘米的独木舟残骸。在 2004 年发掘的余姚市相岙村田螺山遗址中，出土的有制作精细的木桨及金枪鱼、鲨鱼、石斑鱼、鲸鱼等海洋鱼类遗骸。在舟山群岛，处于新石器时代的孙家山遗址、白泉遗址中，也出土了螺丝、贝壳、鱼鳍形鼎及陶制网用沉锤等与海洋密切相关的遗物。

河姆渡遗址

种种迹象表明，在新石器时代，浙东沿海地区的先民除种植水稻，从事狩猎，饲养猪、狗等家畜外，已借助舟楫涉足海洋从事近海渔业捕捞，并跨过海面将文化传播到附近的岛屿上。

夏商周至春秋战国时期，舟楫不仅成为浙东先民赖以谋生的重要工具，而且随着造船水平与航海能力的提高，人们的活动范围进一步扩大，并逐渐形成了利用海洋的文化心态，浙江海洋渔文化初步生成。

夏朝建立后，浙江是越族的分布区域，夏少康之庶子无余分封到此地建立越国。商朝初年，曾令包括越国在内的"九夷""十蛮"贡献用鱼皮做的刀鞘、用鲕鱼（即"鲫鱼"）做的酱、用鲛鱼做的盾牌等。周朝建立后，越国也向周王室上贡海特产，这表明近海捕捞已成为浙江先民生活的重要组成部分。

　　捕捞与造船业的进步是分不开的。商周时期，青铜工具的使用为木板造船提供了条件，造船技术从独木舟向木板船时代过渡，《艺文类聚》卷七一引《周书》载："周成王时，于越献舟。"说明300年前，越人已将船只作为贡品献给中原王朝。《越绝书》卷八说越人："水行而山处，以船为车，以楫为马，往若飘风，去则难从。"说明春秋时期舟船已成为越人日常交通工具。当时，越国已设有专门管理造船的船官——"舟室"，能打造称为扁舟或轻舟等日常使用的船只以及戈船（古代战船的一种）、楼船等政府及作战使用的船只。而当时统治浙江北部的吴国也能打造大翼①、中翼、小翼、楼船、桥船、余皇（春秋吴国船名）等战船。春秋晚期，争霸战争由中原转移到东南，舟船已应用于海上作战行动。如鲁哀公十三年（公元前482年），越国趁吴王夫差率军北上黄池会盟、后方空虚之机，兵分两路袭吴，其中一路由范蠡、舌庸"率师沿海溯淮，以绝吴路"（《国语·吴语》）。后勾践称霸中原，迁都琅琊（今山东诸城县东南）时修筑观台，据《越绝书》卷八载，有"死士八千人，戈船三百艘"担任警戒任务。可以说，正是越国的造船与航海能力，为其北上称霸中原奠定了坚实基础。

　　春秋战国时期，随着造船业与滨海捕捞业的兴起，原始港口随之出现。当时在姚江流域有句章港，该港是甬江流域最早的港口，位于慈城附近的乍山城山渡以北（今宁波江北区王家坝村一带），顺流入甬江可出海，是越国的通海门户。在瓯越人居住的温州，出现了温州古港，在钱塘江入海与杭州湾的交汇地带，有人工修筑的固陵军港。港口的形成，不仅便于驻泊，修建船只，同时为人们的出海航行提供了可靠保障。

------

　　① 大翼：是中国古代的一种水上作战用船舶，也是中国最早出现的战船之一，由春秋时代的吴国所造，故又称吴国战船大翼。

与此同时，随着造船技术的提高，人们的航海活动范围进一步扩大，海上交通航路逐渐形成，并出现了向外迁移的活动。早在河姆渡时代，古越人已开辟了通往舟山群岛与台湾的海上航线。而周成王时"于越献舟"的记载透示出，西周时期由浙江东部至江苏东北部或山东半岛已有海上交通。从春秋后期吴越争霸中原及以后越国迁都山东半岛的琅琊可知，从浙江至山东半岛的海上航线已相当成熟。此外，近年来越来越多的历史和考古发现表明，东南沿海的古越人已经向海外移民。河姆渡遗存的大量鲸鱼、鲨鱼的遗骸及出土的木桨等体现了明显的海洋文化特征，在对河姆渡、定海、舟山、台湾等地共同发现的造船工具"有段石锛"①的年代测定后，可推算出百越先民曾有向台湾及南洋群岛迁移的历史。黄大受在对台湾高山族的断发纹身等民俗以及圆山文化大垒坑遗址的出土文物进行研究后，提出了高山族的主要族源是来自大陆的古越人一支的论点。安志敏教授认为，朝鲜、日本稻作农耕开始于距今3000年左右，而杭州湾地区是早期稻作中心，水稻稻种从海路几乎同时输入到朝鲜半岛和日本列岛的可能性最大。可见很早以前，古越人包括浙江先民在内，已经将自己的文化远播于东亚、东南亚和太平洋岛上，推动了人类文明的进步。

二、浙东渔文化的蓬勃发展

秦汉至隋唐时期，伴随着我国封建制度的全面建立与封建经济的发展，浙江的海洋渔文化也呈现出上升的态势。这一时期，浙东的海洋渔文化随着造船与航海技术的进一步提高，海

---

①　有段石锛：一种新石器，长14厘米，宽4.3厘米，厚3.4厘米，于1959年山东泰安大汶口出土。

外贸易的兴起，并开始在东亚贸易圈中占主导地位，浙东沿海地区得到进一步开发，人们对海洋资源的认识与利用也得到了进一步提高。

造船向来是浙东手工业的长项，有一种说法是秦人徐福曾从宁波慈溪达蓬山起航，入东海求"不死之药"，说明当时浙东已有远航的船只。孙吴政权统治时，罗阳县（今浙江瑞安市）罗阳江海湾南，为吴国主要造船基地。此外，海盐县已能造艨艟（古代战船，船体用牛皮保护）巨舰用于航海，隋文帝开皇十八年（公元598年），鉴于吴越一带造船业发达，不利于控制，一度下诏："其江南诸州，人间有船长三丈以上，悉括入官。"唐朝时期浙江的造船业更为发达，如贞观二十一年（公元647年）唐太宗为征伐高丽，一次就"发江南十二州工人造大船数百艘"，其中湖（今浙江湖州）、杭（今浙江杭州）、越（今浙江绍兴）、台（今浙江临海）、婺（今浙江金华）、括（今浙江丽水）六州在今浙江境内。唐朝时期浙江远洋船舶的打造也十分发达，日本学者木宫泰彦曾指出："7世纪初至9世纪中期，日本的遣唐使、遣唐学生、学问僧所搭乘的船只主要是遣唐使船、新罗船与唐船。"至9世纪中期后，则依靠唐船往来。明州（今宁波）商人不但经商，而且也能造船，甚至在日本造船。如明州商人李处人曾在日本肥前国松浦郡值嘉岛（今平户岛和五岛列岛）用大楠木打造海船，张友信也在肥前国松浦郡的柏岛为真如法亲王入唐打造海船。

造船技术的提高，为开拓新航线，扩大对外贸易奠定了基础。浙江从事海洋贸易的历史不晚于汉代。今宁波鄞州东乡宝幢附近为汉县治所在地，有小浃江通海，《十道四蕃志》说："以海人持货贸易于此，故名。而后汉以县居鄞山之阴，乃加邑为鄞。"《宝庆四阴志》卷一《风俗》亦说："古县乃取贸易之义，居民喜游贩鱼盐，颇易抵冒。"所谓"海人"当指定海、舟山岛民或滨海地区的居民，但浙江古代海外贸易的兴起，则在南朝时中日间开辟"南道"航线之后。《文献通考·四裔考》载："倭人……其初通中国也，实自辽东而来。……至六朝及宋，则多从南道浮海入贡及通互市之类，而不自北方。"所谓"南道"，即从日本难波津（今大阪附近）出发，经濑户内海，过穴门（关门海峡），至筑紫（今福冈县），然后经壹岐和对马岛到朝鲜半岛的百济，由百济横渡黄海至山东半岛的登州，再沿海南下至长江口岸。到七世纪后期，中日之间又开辟了由日本九州南下，经夜久（屋久岛）、奄美（大岛）诸岛，而后横渡东海至扬州或明州的东海航线。到 8 世纪末，中日之间又开辟了由日本九州值嘉岛向西横渡东海到明州、扬州的新航线。同时，航海者已掌握季风流向，一般在6—7月间利用西南季风时由中国沿海前往日本，8—9月间利用东北季风由日本前来中国。自中日之间开"南道"航海与东海航线之时，自然也就延伸至朝鲜半岛。这一时期，浙江与东南亚及阿拉伯半岛各地的海外贸易沿袭南海航线，即从浙东沿海港口沿海南下，转由泉州、广州与南洋航线相接。

东海新航路的开辟和人们对季风规律的掌握与利用，使浙江与日本列岛，朝鲜半岛的贸易迅速崛起，如果说在 9 世纪前期以张保皋为首的新罗商人主导着东亚海上贸易的话，那么至 9 世纪 40 年代后，以张友信、李邻德为代表的浙江明州、台州商团异军突起，活跃于东海海域，并随着张保皋商团的衰落，开始主导东亚贸易，五代时期，穿梭于东亚航线的几乎都是浙江的商船。

这一时期，浙江的海外贸易物品主要为瓷器和丝织品，除了经广州、泉州、扬州转运海外以外，由明州、杭州、温州直接外销的也不少。1973—1975 年宁波和义路唐代海运码头遗址曾出土逾

700件唐代瓷器，其中越窑产品居多，长沙窑次之。这些瓷器均没有被使用过的痕迹，是准备外销的产品；1978—1979年宁波东门口码头遗址又出土了一批准备外销的精美晚唐越窑青瓷。迄今为止，在朝鲜半岛，日本、马来西亚的沙捞越河河口，伊朗的内沙布尔，印度的阿里卡梅杜等地都有晚唐的越窑青瓷发现，其造型、釉色多与宁波海运码头遗址出土的瓷器相一致，因这些陶瓷多由海路销往各地，因此可以说浙江是"海上陶瓷之路"的始发地之一。浙江的丝绸也经杭州、明州而远销日本等国，故浙江又是"海上丝绸之路"的始发地。唐时从日本输入的主要有琥珀、玛瑙、沙金等，从朝鲜半岛输入的主要有麻布、药材、工艺品等物产。

汉唐时期，随着浙江沿海地区的开发，人们对海洋资源的认识与利用水平也进一步提高。浙江濒海，滩涂资源丰富，海盐生产历史悠久。早在春秋战国时期，越国已在杭州湾南岸设官管理海盐生产，《越绝书》是我国现存记载海盐生产的最早文献，其卷八载："朱余者，越盐官也，越人谓盐曰余，去县三十五里。"浙江的海盐县，即因盛产海盐而在秦代置县，至汉代已成为全国著名的主要产盐地。唐代，今天浙江的嘉兴、海宁、绍兴、余姚、鄞州、黄岩、宁海、临海、温州均出产海盐，分布于钱塘江杭州湾南北岸与浙东沿海。当时，制盐方法主要采用刮泥淋卤制卤法，结晶方法仍为煎盐。据研究者统计，仅浙江境内嘉兴、临平、兰亭、永嘉四监每年盐产量就逾150万石①，约占淮浙盐产量的一半。

浙江沿海海域辽阔，海岸线漫长，加之江海相通，气候条件和水质又非常适宜鱼类的生长繁衍，故海洋鱼类资源极为丰富。据吴

---

① 唐朝1石=53千克，宋朝1石=97千克，元朝1石=59.2千克，清朝1石=28千克。

国沈莹所著《临海水土异物志》所载浙东沿海鱼蟹种类就达 92 种。南朝宋时郑缉之编纂的《永嘉都记》载永嘉有鲇、香螺、文蛤等海产品，当时的海洋捕捞业主要是在浅海滩涂，正如西晋时吴郡人陆云所描述的："东临巨海，往往无涯，泛船长驱，一举千里。北接青、徐，东洞交、广，海物惟错，不可称名。……若乃断遏海浦，隔截曲隈，随潮进退，采蚌捕鱼，鳢鲔赤尾，鲲齿比目，不可纪名。脍鲻鳆，炙鲛，蒸石首，真东海之俊味，肴膳之至妙也。及其蚌蛤之属，目所希见，耳所不闻，品类数百，难可尽言也。"① 据此可见，浙东沿海的百姓，对鱼类的认识有所提高，并在潮间带附近的浅海滩涂上插簖（拦河插在水里捕鱼、蟹用的竹栅栏）、堆堰，随潮进退，捕捉鱼虾贝类。南朝后，张网作业兴起，沿海居民主要捕捞石首鱼、春鱼、鲻鱼、银鱼、比目鱼、墨鱼等。隋唐时期，浙东沿海已成为主要渔业产区，不少海产品成为贡品，如《新唐书·地理志》记载当时的温州、台州土贡蛟革，明州土贡海味。《元和郡县志》卷二十七则记载温州、台州贡鲛鱼皮，明州贡海肘子、红虾米、红虾鲊、乌贼骨等，在元和四年（809 年）明州还奉诏每年贡淡菜、海蚶。在上述贡品中，除淡菜、海蚶为鲜货外，多为海产加工品，说明唐代时期的浙江已出现海产品加工业。

三、浙东渔文化的繁荣

宋元时期，随着经济、文化重心的南移，以及封建政府对海洋贸易的重视，浙江的海外贸易进入了鼎盛期；随着浙江地区人口的不断增长与生产技术的提高，人们对海洋资源的需求及开发利用能力也大大增强，同时，在复杂的民族战争与对外战争中，海上防卫

---

① 　明·梅鼎祚：《西晋文记》卷十七《陆云答车茂安书》，文渊阁四库全书。

意识开始萌芽。

五代时期，吴越国积极从事与中原地区的海道贸易，并设立"博易务"以管理民间交易活动。两宋时期，先后在浙江境内的杭州、明州、秀州、温州等地设立市舶司（务），全面负责对外贸易事务，所设市舶司（务）数量雄居沿海省份之首。元代的对外贸易虽因中日一度"交恶"而出现波动，但庆元（宁波）作为"东南三大贸易港"之一，与泉州、广州长期并存的格局始终未变。

政府对海外贸易的重视，虽有助于海外贸易的发展，但根本原因在于这一时期浙江经济的发展为海外贸易奠定了坚实基础，而造船业与航海技术的突飞猛进则是其直接推动力。宋代浙江的官营造船业十分发达，已能打造大型的航海船只，如神宗元丰年间（1078—1085 年）、徽宗宣和年间（1119—1125 年），北宋政府曾两次组织大型船队由明州出使高丽。当时出使人员乘坐的"神舟"，即万斛①船，"巍如山岳，浮动波上，锦帆鹢首，屈服蛟螭"。其船体之庞大，装饰之豪华，有"超冠今古"之誉。据后人研究，这类"神舟"的载重量可达 2 万石，折合 1100 吨左右。与之伴行的"客舟"，其长十余丈，深三丈，二丈五尺，可载二千斛粟。故其航行海上，不畏深而唯惧浅。浙江的民间造船业也十分发达，据《梦粱录》卷一二《江海船舰》载，其"大者五千斛，可载五六百人；中等二千斛至一千斛，亦可载二三百人；余者谓之'钻风'，大小八橹或六橹，每船可载百余人"。浙江不仅能打造大型航海船只，而且船体的结构、性能、设施均已十分先进，以最具代表性的客舟为例，其船体"上平如衡，下侧如刃"，呈"V"形，便于舟船破浪而行；运用隔舱法，以防船体因一处破漏而危及

---

① 万斛：形容容量之多。古代以十斗为一斛，南宋末年改为五斗。

整船，提高抗沉能力；采用多桡多帆，以便灵活借用风力；安装指南针，以辨别航向，"若晦冥，则用指南浮针，以揆南北"，以上设施，大大提高了船只的航海能力。尤其值得一提的是 1979 年宁波古代海运码头出土的宋代海船，已应用了现代海洋船舶普遍装设的龙骨。这种装置能减缓船只航行时的左右摇摆，从而增强船体的稳定性。苏联学者勃拉哥维新斯基曾在《船舶摇摆》中说道："开始使用舭龙骨是在 19 世纪的前 25 年，即在帆船时代。"而宁波出土的海船说明，浙江早在 11 世纪已运用了这项技术，其造船技术在当时已居国内外领先地位。

造船业的发达与航海技术的进步，为海外贸易的发展提供了技术保障，使其完全有能力超越前代。自北宋中期以后，由于受东亚政治格局变化的影响，浙江的明州被宋政府指定为东南沿海与高丽、日本从事贸易活动的唯一港口。元朝建立后，虽因两次远征日本而使中日之间的官方关系降至冰点，但民间合法的贸易往来并未因此而中断，浙江在与东亚诸国的贸易中继续保持其优势。同时，随着南海航线的拓展，浙江的明州（庆元）、杭州上升为与东南亚及以远国家贸易的主要港口之一。据南宋《宝庆四明志》卷六载，当时经明州港从日本输入的物品，其细色①有金子、砂金、珠子、药珠、水银、鹿茸、茯苓，粗色有硫磺、螺头、合蕈、松板、杉板、罗板等；从高丽输入的细色有银子、人参、麝香、红花、茯苓、蜡等，粗色有大布、小布、毛丝布、松子、松花、栗子、枣肉、榛子、椎子、杏仁、细辛、山茱萸、白附子、芜荑、甘草、防风、牛膝、白术、远志、姜黄、香油、紫菜、螺头、螺钿、皮角、翎毛、虎皮、漆、青铜、铜器、双畔刀、席、合蕈等；由东南亚、

----

① 细色：宋代将舶货分为粗、细两类；贵重者称为细色，一般称为粗色。

阿拉伯等地输入浙江的，据同卷"外化蕃舶（海外入境的船舶。）"与"海南、占城、西平、泉、广州船"条载，名目更为繁多，主要是香料、药材、木材、宝货及布匹、矿石等，而经浙江输往高丽、日本的货物主要是铜钱、瓷器、香料、药材、书籍及丝织品等。在这些物品中，既有中国的手工制品和土持产，如茶叶、丝织品、瓷器、书籍、文具和各类奇花异草等，也有原产于东南亚、南亚等地而转贩的物品，如香药、犀角、象牙等；输往东南亚及以远地区的物品主要是瓷器、丝织品，其次是金银铜铁等金属制品。海外贸易的兴盛，不仅有利于拉动双边经济的发展，而且推动了文化的交流与传播，使古代浙江的港城文化呈现出多元化趋势。如当时的宁波，不少来自阿拉伯、波斯等地的商人在此经商、生活而建造了清真寺，伊兰文化由此传入宁波。

由于浙东沿海地区人口增长而土地贫瘠，于是靠海吃海，从事海洋捕捞成为当地居民的重要谋生手段，渔户、"渔业商人"等专业捕鱼者的称呼已大量见诸史载，渔业开始从农业经济中分离出来，并在整个经济中所占的比例逐渐加大，宋代浙江捕捞业的最大变化是，随着民间造船技术的提高，海洋捕捞水域进一步扩大，滨海渔民开始从浅海滩涂、沿海江汉地带向周边海域拓伸。同时，渔民们在长期的生产作业中积累了丰富的经验，掌握了渔汛和各种鱼类的活动情况。如他们掌握了石首鱼（大黄鱼）"顺时而往还"的规律和出没地点，每年三四月间，便成群结队往洋山海面捕捞石首鱼。又如春鱼（小黄鱼）的捕捞季节在三月，故每年这个时候，渔民们竞往取之，名曰"捉春"。海洋捕捞业的发展，使海产品产量大增，渔民们除将部分鲜货直接投放周边市场外，大部分则通过特殊加工予以贮存。当时，鱼类食品的加工主要采用腌制、干制，或腌制后再曝晒成为腌腊食品，如石首鱼、短鱼、魟鱼、鲟鳇鱼等多制作成鲞或鲊。

海产品加工——晒鱼鲞

此外，也有将海产品加工成酱类食品的，如舟山岱山一带制作的鲨酱，以风味独特而闻名。各类海产品除了供应当地市场外，更多地经过加工处理后销往外地。如《梦粱录》卷十二载，明州、越州、温州、台州生产的海鲜鱼蟹鲞腊等货，已销往江浙一带；明州所产的鳔胶，甚至经巴蜀贩运至荆襄地区。宋代以后，浙江沿海居民已开始从事滩涂养殖业，如他们掌握了海蛤"每一潮生一晕"的生长周期，并将蛤苗栽埋于滩涂之中，等到其长大后再挖取出来。当时专门养殖蚶子的滩涂称为"蚶田"。江瑶是肉用价值很高的珍贵海产品，宋代滨海百姓已掌握了养殖江瑶的技术。如陆游就说过："明州江瑶有两种，大者江瑶，小者沙瑶，然沙瑶可种，逾年则成江瑶矣。"这些为以后海贝类的大量养殖奠定了基础。

盐是人类日常生活的必需品，随着人口的增长，食盐的需求量大大增强，加之封建政府对盐课（指的是中国历代政府对食盐产制运销所征的税）收入的重视，浙江的制盐业得到进一步发展。浙江所产之盐均为海盐，浙西多采用晒灰取卤法，即在摊场均匀铺上草木灰成土灰，引入海水反复淋晒，使灰中盐分增加，然后将灰扫拢成堆，挑入垒筑坚实的淋坑中，用脚踩踏坚实，再往上浇淋咸水，浓度较高的盐卤便通过淋坑底下连接的管道流入一旁的卤井之中。浙东一带则多采用削土取卤制盐法，即将海滩上经日晒以后含盐分较多的表层成土刮聚在一起，垒成土墩，然后用咸水浇淋，取得浓度较高的卤水，而煎炼设备。浙西多用大铁盘煮盐，浙东一带则多采用篾盘①。由于不同海域的海水含盐度不同，因此宋代开始以盐的质量给浙江盐场各定分数。南宋绍兴三十二年（1162年），两浙有盐场 42 处，元大德三年（1299 年）两浙盐场归并为 34 所，盐场数量仍列各省之前。据学者统计，南宋浙盐产量在 0.5 亿至 0.75 亿千克之间，而元延祐年间，两浙每年额定的食盐产量达到 1 亿千克，约占全国总额的 20%。

四、浙东渔文化的衰落与转型

明清时期是中外海洋经济大发展时期，也是中外海洋社会大碰撞的时期。一方面，浙东沿海商品经济的进一步发展，需要拓展海外商品销售市场和原料供应，海洋贸易圈在经济发展的带动下逐步扩张；另一方面，在传统的大陆文化影响下，封建政府对商业活动尤其是私人商贸活动多有限制。这种扩张与国家对海洋贸易的严格管制相互交织，使浙东渔文化在这一时期经历了本土海洋渔文化与外来海洋渔文化的碰撞与融合，并逐步向近代转型。

明朝建立后，为稳定政权，一改宋元时期积极的海外贸易政

---

① 篾盘：亦称"竹盘"，海盐煎盐器具，篾竹编制。为直径约 3~6 米、深约 2~4 分米的圆盘，内外均用卤汁拌壳灰涂抹，以防滴漏。浙东场用以煎盐，每盘成盐 100~500 千克。盘之寿命，以十昼夜为限。

策，禁止中外民间商人自由贸易。这一措施不仅影响到浙江沿海正常的私人海上贸易，也给官方的海上运输带来诸多不便，明洪武二十五年（1392年）7月，浙江主管运输的部门给中央提交报告，指出由于国家出台的禁止海洋贸易的规定，给当地的海盐销售带来非常大的麻烦："商人赴温州各场支盐者，必经涉海洋，然者令军民不得乘船出海，故所司一概禁之，商人给盐不便。"[①] 为此，朱元璋不得不下令要求稽查海洋贸易的部门对海盐运输与其他海洋贸易区别对待。

海盐运输问题说明，明朝政府在建国初期推行的海禁政策虽是为了沿海地区的安全和稳定，但由于对海洋贸易的冲击巨大，故在具体执行过程中有所变通。在海禁问题上，大部分沿海巡查官员敷衍了事，胆大妄为者借此收受贿赂："沿海灶丁，假以采办，私造大船，违禁下海。始则取鱼，继则接济，甚则通番。"违禁下海捕鱼的主体不仅包括沿海平民，还有属于执法部门的沿海军户，与此同时，政府对沿海渔民的态度也有所转变。弘治十一年（1498年），政府默认了渔船近海捕鱼的事实，到嘉靖初年，浙江的私人海上贸易已达到相当规模，时任礼部尚书的张邦奇说："每岁孟夏以后，大舶数百艘，乘风挂帆，蔽大洋而下，而温、台、汀、漳之处，海贾往往相追逐，出入蛟门。"

但严格的海禁不意味着明政府断绝与海外诸国的商贸往来，洪武四年（1371年）10月，日本祖来使团抵达明都南京，与明朝建立了邦交关系，官方贸易往来随之展开。为了防止私人非法贸易和海盗冒名走私，明朝于洪武十六年（1383年）第一次向暹罗（今泰国）发放勘合，永乐二年（1404年）则开始向日本发放勘合。

---

① 于少海. 明代重农抑商政策的演变［J］. 东华理工学院学报（社会科学版），2004，23（1）：39-42.

明政府颁发给日本的勘合，将日本两字分开，制作日字号、本字号勘合，凡日本驶往中国的朝贡贸易船，每船须带本字号勘合，上面写明使臣姓名、乘载人数和所携物品的名称、数量。驶抵宁波后，经市舶司与所存本字号底簿比对相合后，方准入港登岸并赴北京朝贡。明船自宁波起程赴日时，也须携日字号勘合，以便到日后与日本所藏之日字号底簿比对勘验。

日本勘合贸易船多从兵库或堺港出发，经过濑户内海，在博多暂停，或直接从博多出发，驶到肥前的五岛或坊津一带候风横渡东海，直驶宁波。从兵库出发的时间多在每年二三月间，驶达宁波一般在五月前后，进入北京则要到 10 月、11 月，次年 5 月左右再从宁波启航返日，完成一次往返，正常时需要一年半左右。

明代从永乐二年（1404 年）到嘉靖二十七年（1548 年），以宁波为出入门户的中日勘合贸易历时 145 年。期间，日本室町幕府共向明朝遣使 17 次，派船 87 艘；中国则向日本遣使 8 次。中日官方的贸易品，从日本输入的有白金、硫磺、折扇、屏风、刀剑、砚台等；输往日本的有铜钱、锦、纻丝、罗、纱、彩绢、僧衣等。对于日本使臣搭载的贸易品，据万历《大明会典》礼部给赐日本国条所载："正贡外，使臣自进，并官收买，附来货物，俱给价，不堪者令自贸易。"由此可见，此种朝贡勘合贸易是以明政府官方收购为主体，辅以部分民间贸易的特殊贸易形式。

明朝前期，虽然政府出台了严格的海禁政策，但是中日海洋贸易却以勘合制度的形式存在下来并继续发展，中日之间的文化交往并未中断。如日本派遣的第 4 次、第 5 次朝贡使团，就开具日本尚未从中国输入的稀有书目，希望明朝政府赠予。同时，大量日僧搭乘朝贡使团船只来浙江进行佛教文化交流，并将在中国学到的文艺带回日本传播。如桂庵玄树游历苏杭之间，从当地的硕儒学习宋学，回国后在筑后、肥前及萨摩等地宣讲宋学，为振兴镇西文运做出了贡献。但嘉靖二年（1523 年）4 月，日本大内氏派出的宗设谦道使团和细川氏派出的鸾冈瑞佐使团在宁波发生的"争贡事件"[①]，给贡赐贸易以致命一击。事后，明朝政府开始严格限制日本朝贡使团来华，并缩减浙江市舶司的规模，中日官方贸易日渐式微。

政府对海外贸易的严格限制不仅没有阻绝中外商品交易，在高额利润的驱使下，浙江的走私贸易反而日渐活跃。这一时期，江南一些生产部门和地区已经出现资本主义生产关系的萌芽，再加上土地兼并的高度化，大量农村人口转而从商。以海为生的居民，在自身生活的窘困和走私贸易高额利润的驱动下，自然会谋求海外发展。而随着嘉靖五年（1526 年）葡萄牙人北上闽浙，加之沿海守备私开绿灯，浙江宁波的双屿港商船穿行如梭，热闹非凡，海上私人贸易迅速发展。随着走私贸易的进一步扩大，沿海私商在增强武装的同时，改变贸易方式，从独自经营发展为合伙经营，形成强有力的海上贸易集团，如徽州籍许氏兄弟、王直、徐海、林碧川等海商集团，其中以盘踞在浙江定海双屿港的李光头、许栋集团最为有名。

双屿港孤悬海外，离定海六十余里，进可攻，退可守，地形十分险要，双屿港地属亚热带季风气候，是常年不冻的深水良港，无论南下北上或东渡日本，均十分便利，是联结马六甲和日本的一个十分安全便利的中途停靠基地。再加上其所连接的贸易腹地和宁波虚弱的防卫力量，使其成为海商从事私人海上贸易的理想场所。作

---

① 争贡事件：即"争贡之役"，是 1523 年（明朝嘉靖二年、日本大永三年）。事件是起源于日本大名细川氏和大内氏势力各派遣对明朝贸易使团来华贸易，两团在抵达浙江宁波后因为勘合真伪之辩而引发冲突，在浙江宁波爆发了武力杀戮事件。

为嘉靖时期东南沿海最大、最有名的海上走私贸易港口，其日益频繁的走私活动和对浙闽沿海地区的侵扰，引起了浙江地方政府的严重不安，于是上奏朝廷，嘉靖二十七年（1548 年）4 月，朝廷调兵予以剿灭。遭受重创的中外海商随后又重新聚集在王直的旗帜之下，亦商亦盗，在东南沿海兼行商贸、劫掠，最终酿成长达十余年的"嘉靖大倭寇"。在战争的摧残下，浙江宁波、绍兴、台州、温州四府的社会经济和民众生命财产遭到严重破坏和损害。隆庆元年（1567 年），福建巡抚涂泽民奏请在漳州月港开放海禁。此议得到朝廷批准，地处偏僻的月港遂被辟为私人贸易港，准贩东西二洋，但日本仍在被禁之列。

开放月港和禁拒日本贡贸，导致东南沿海对外贸易格局发生重大变化，海上贸易重心由浙江向福建转移，宁波对外贸易港的地位一落千丈。此时，浙江数量众多的私商主要通过漳泉商人的配合，并在当地官府的默许下，买取"船引"，或从宁波直航日本，或经月港到吕宋等处从事转口贸易。日本江户幕府成立后，将军德川家康鼓励中国商人赴日贸易，于是浙江私商和日本的贸易又得到发展，到万历年间，浙江沿海走私贸易的势头不仅没有丝毫减少，反而出现走私区域扩大、品种增多的趋势。对此，当时在杭州任官的王在晋说："杭州之置货便于福，而宁之下海便于漳。以数十金之货，得数百金而归；以百余金之船，卖千金而返。此风一倡，闻腥逐膻，将通浙之人，弃农而学商，弃故而入于海。"①

明政府禁止浙江直接与海外诸国进行贸易，导致浙江的出口产品在正常渠道下必须通过福建方能出口，其结果使浙江、福建之间的海上贸易联系大大加强。一方面，浙江的丝织品通过福建关口远

---

① 王日根．清前期海洋政策调整与江南市镇发展［J］．江西社会科学，2011（12）：5-10.

销日本；另一方面，日本的倭刀、屏风和折扇等手工制品及其工艺也经此传入浙江，使浙江的一些手工业等生产工艺受到日本风格的影响。在与日本贸易的同时，浙江商人还远赴东南亚诸国从事贸易，万历三十七年（1609年），杭州海商"赵子明向织造蛤蜊班缎匹等货，有周学诗者转贩往海澄贸易，遂搭船开洋往暹罗、吕宋等处发卖，获利颇厚"。值得注意的是，浙江商人还以吕宋为贸易中介地，将浙江一带的丝织品等输往吕宋岛，再转手卖到日本，这就出现了每年有日本商人在吕宋转贩生丝的现象。明末徐光启就指出："我闽、浙、直（南直隶，相当于今江苏、省、安徽省、上海市）商人，乃皆走吕宋诸国；倭所欲得于我者，悉转市之吕宋诸国矣"。在这条贸易线下，随着浙江丝织品的出口、日本及东亚诸国的白银源源不断地流入中国。

浙江在通过福建出口丝织品的同时，福建的木材逐渐输入浙江。浙江杭州、宁波、温州、乍浦是著名的造船基地，但因木材供应紧缺，造船的成本较高，这就刺激了东南沿海的木材走私贸易。走私贸易的兴盛，使地方官员十分担心，崇祯二年（1629年）4月，浙江巡抚张延登上奏朝廷，表达了对这一走私活动的担忧："福建延、汀、邵、建四府出产杉木，其地木商，将木沿溪放至洪塘、南台、宁波等处发卖，外载杉木，内装丝绵，驾海出洋，每赁兴化府大海船一只，价至八十余两。其取利不赀。"

在海洋贸易的带动下，明末浙江沿海地区的商品经济日益繁荣，杭州等城市出现了手工工场形式的生产组织；同时，越来越多的农业人口弃农经商，大量农村人口向城市转移，在一定程度上缓解了浙江地区人地关系紧张的局面。

清朝建立初期，郑芝龙集团盘踞东南沿海与舟山群岛，为消灭郑氏武装集团，顺治帝在任命固山额真伊尔德为宁海大将军统率将士征剿的同时，下令全面海禁。与之前小股侵扰不同的是，这一时期浙江海防的压力来自厦门的郑氏集团。郑成功不仅拥有强大的海上武装，而作为南明重臣，在浙江沿海士绅中有相当强的号召力，因此他对清王朝浙江海防所构成的威胁远超从前，在顺治13年（1656年）9月，伊尔德收复舟山，并将岛民迁入内地。

康熙三年（1664年）8月，巴东大顺军最后一支武装被消灭。在军事胜利的背景下山东巡抚周有德上疏朝廷，以山东沿海居民"向赖捕鱼为生，因禁海多有失业"为由，请求朝廷"宽登、莱、青三府海禁，俾居民得捕鱼资生"，这一建议获得准许。至此，清朝的海禁政策出现松动。康熙五年（1666年）3月，浙江巡抚蒋国柱上奏指出，海禁已使浙江匠户、渔户逃亡，税课叠欠，需"蠲银一万五千八百余两，米二千二百余石以苏民困"。鉴于海禁对浙江民生的打击，清政府开始有计划地让迁海居民返回旧地，浙江宁波沿海开始被允许"于近海采捕"。第二年，浙江沿海展界开禁，但其人数远远少于迁海之前的人口。如台州三门县，顺治十八年（1661年）内迁沿海居民有成丁8710人，妇女5760人，展界回迁后，成丁2413人，妇女1350人。

康熙二十三年（1684年）8月，清政府在纳降台湾郑氏集团后下诏："今海外平定，台湾、澎湖设立官兵驻扎。直隶、山东、江南、浙江、福建、广东各省先定海禁处分之例，应尽行停止。若有违禁，将硝黄军器等物私载在船出洋贸易者，仍照律处分。"康熙三十三年（1694年）4月，在浙江巡抚张鹏融的建议下，朝廷开始对沿海出洋船只实行政府管制，凡"出洋贸易船只，地方官印烙，给以票照，许带军器出洋"，对没有政府凭证的船只，则"一概禁止，其暗带外国之人，偷买犯禁之物者，并严加治罪"。康熙五十年（1711年），兵部又规定："商民渔船给发执照，系州县专责。如营官擅给执照者，降二级调用。傥借执照为匪，将擅给执照之营官革职。"其后，对海洋贸易船只的管理制度虽多有变化，但均未超出康熙年间的规定范围。

在朝廷决定开海之后，康熙二十四年（1685年），清廷又决定在广州、厦门、宁波和镇江设立粤、闽、浙、江4个海关，其中浙海关设于宁波镇海的南薰门外，其主要职责是统辖浙江沿海诸口岸，管理对外贸易，征收关税，辖区南经台州至温州平阳口，北至浙西乍浦和澉浦二口，南北相距约800千米。浙江海关起初由户部管理，康熙六十一年（1722年）交与巡抚兼管，雍正二年（1724年）后由宁绍台道管理，从浙海关设立到乾隆二十二年（1757年）禁止英国人来浙贸易后的70多年间，浙海关主要负责对英、日贸易。乾隆清政府禁止英商来贸易后，浙海关仅负责国内贸易和中国商人的出海事宜，其重心放在对日铜料贸易上。浙海关下属15处关口，分别是大关口、古窑口、镇海口、湖头渡、小港口、象山口、乍浦口、头围口、沥海口、白峤口、海门口、江下埠、温州口、瑞安口和平阳口。这15个口岸均可出洋赴日贸易或进行沿海贸易，但官方对日贸易的港口主要是宁波港、乍浦港和普陀港。其中乍浦港不仅是从事沿海贸易的闽粤船舶的停泊地，也是对日贸易的始发港。直到鸦片战争五口通商前，不仅福建、广东的蔗糖，福建的木材、纸张等商品经此输向江南，而且江南的丝绸、棉布、书籍等大宗手工业品也是由此销往海外。此外，在定海设有红毛馆，以强化对来浙的欧洲尤其是英、荷等国商船的管理。

浙海关的税收主要以货物税为主，如大关口入口货税每百斤按80斤征收，安南、日本入口货税每百斤按60斤征收，从福建、广东来浙江的货物每百斤按90斤征收。除此之外，运载粮食，木材等货船及渔船按照船只大小征收船税。"梁头四尺五尺，每寸征银一分。六尺以上，每寸递加二厘，至满丈，每寸征银二分二厘。丈一尺以上，每寸又递加二厘。至丈有五尺，每寸征银三分。丈六尺，每寸三分四厘。丈七尺，丈八尺，均每寸四分。采捕渔船，各口岸不同，视其大小纳渔银税，自二钱至四两四钱八分。免税例。凡鱼鲜类十有九条，四百斤以上者征税，四百斤以下者免税。烧柴、木炭、炭屑千斤以上者征税，千斤以下者免征，蛎蝗等十有五条，无论多寡均免税"[①]。海关初设时，所定关税每年税额白银约32210两，此后约150年间，平均每年新海关税收为8万两白银左右，绝大多数年份在7.5万至8万两之间。

在浙江对外贸易中，与日本的贸易占很大的比重。康熙二十三年（1684年）清政府开放海禁，第二年中国前往日本长崎的商船有85艘。到康熙27年（1688年）这一数字达到193艘，其中浙江船有37艘，占总数的19.2%，由于赴日商船数量众多，日本政府为此将每年入港的中国商船限定为70艘，分为春船（共20艘，浙船9艘）、夏船（共30艘，浙船5艘）、秋船（共20艘，浙船1艘）三批。在中日海洋贸易中，双方政府出于经济安全，对来往的船只数量及交易的商品种类与数量予以限制。就浙江商船赴日贸易而言，焰硝、硫磺、钉铁、樟板、钉铁、米谷，杂粮、麦豆、铜器、废铜、火药等是不允许船只搭载出海，大多数船只出海搭载的主要是白丝、绸缎、糖和药材等商品，从日本返回中国的商船主要搭载铜料、铜器、白银和海产品等。对于商品数量，中日双方都有限定。如日本在1715年"正德新令"中就规定，每年出口中国的钢料为300万斤。而清政府则规定浙江前往日本贸易的船只，每船准带绸33卷，土丝1000斤，二蚕糙丝1000斤。

---

① 王居新. 清前期粤海关税则考 [J]. 历史教学, 2010, (10).

沿着这条贸易线路，中日间文化交流与人员的交往日益紧密，其中 1725 年和 1726 年浙江有 48 部地方志传入日本，通过这条贸易线，朱舜水、张斐、陆文斋、隐元隆琦等一批人将本国的文化传往异国，促进了中日双方的文化交往。

1840 年鸦片战争爆发，在英国的坚船利炮面前，腐朽无能的清政府彻底失败。1842 年 8 月 29 日清政府被迫与英国签订《南京条约》，此后，宁波正式开埠，成为近代浙江第一个对外开放的通商口岸，1843 年 12 月 19 日，英国驻宁波领事罗伯聘率兵舰抵达宁波，在宁波江北岸租赁民房设立领事署。此后，法国、美国、普鲁士、荷兰、挪威等国也来宁波设立领事和副领事。此外在宁波江北岸还划定了类似"租界"的"外人居留地"，只不过中国政府对这一区域仍有相当的管理权力。英国领事在该区域召集会议，设立工厂、商店、船埠，向居民收税，处理道路和码头事宜，修建房星、挖沟排水等，形成了市政机关的雏形，而这一时期，设置在宁波的浙江海关也发生了重大变化。宁波开埠后，对外贸易事宜仍归原设在宁波江东的浙海钞关办理。由于兼顾国内贸易与对外贸易颇有不便，咸丰九年（1859 年）另设新关于江北岸，专征对外贸易税。咸丰十一年（1861 年）5 月，经费士来、华为士和张景渠会同议定，改组设在江北岸的新关："主管征税者曰税务司，以客卿任之，隶属于浙海关监督。初名新关，俗称洋关，地址在江北岸海关巷。"[①] 海关的主要任务是征收关税，其税种包括进口税、出口税、子口税（子口半税）、复进口税（复进口半税）、吨税（船钞）。

1844 年 1 月 1 日宁波正式开埠，开埠后的第一年贸易额达 50 万元，但 1849 年的贸易额大大下降，只有 5 万元，仅为开埠后

① 吕铁贞. 论清代海关监督的法律职权 [J]. 南京大学法律评论, 2016, (1), 83-96.

第一年的十分之一。究其原因，浙江海关进口的外货，主要由上海转口而来，其进口税和子口税均在上海缴纳，直接到宁波进口的外货不多，而在国际市场上比较有竞争力的生丝、茶叶和丝织品出口量虽增长迅速，但这些商品多被上海吸收，宁波的土货出口增长很慢。

1876 年根据中英《烟台条的》的规定，温州辟为通商口岸。次年 4 月，港口正式对外开放，此后，温州、衢州、处州等处的货物直接由温州出口。甲午战争后，随着《马关条约》的签订，杭州于 1896 年开埠，一些大宗货物如茶叶、鸦片改由这里出口或进口。温州、杭州的先后开放对宁波的外贸带来巨大冲击，宁波作为最近的通商口岸，本省和邻省的商业中心进出口货物在很大程度上依赖宁波，但不久贸易状况发生了变化，主要是所有的徽州茶贸易都转到了杭州，还有几乎一半的鸦片贸易也转到了那里。此后宁波在对外贸易中逐渐丧失优势，作为贸易集散地的功能进一步削弱。

中日甲午战争失败后，清政府意识到了发展民族工商业的重要性，在一定程度上鼓励造机器，开矿藏、修铁路等，倡导华商多办织布厂、丝绸厂，并奖励技术发明。在此背景下，浙江沿海地区的工商业得以快速发展，从而促进了航运业的发展。1895—1900 年，浙江先后有外海商轮局、永安商轮局、志澄商轮局、永宁商轮局、宁绍轮船公司、镇海商轮公司等多家商轮局成立。航运业发展又直接推动了港口经济的发展。这一时期宁波进出口的轮船数量发生了变化，船舶数量在逐年增加。

在宁波、温州和杭州先后对外开放的同时，大批外国传教士将西方教育、先进的医疗和出版技术传入浙江。1844 年，英国传教士东方女子教育会委员阿尔德赛小姐（Miss M. Aldersey）在宁波开设女塾，不仅开宁波女子教育先声，亦开全国女子教育之先河。此后，在美国浸礼会、美国长老会、英国循道公会等的支持下，浙江涌现出一大批教会学校，其中最为有名的是之江大学（浙江大学的前身）和甬江女子中学。几乎与阿尔德赛小姐同时，美国基督教浸礼会传教医师玛高温（Daniel J. Macgowan，1814—1893 年）在宁波城区北门佑圣观设主诊室行医传教。1845 年 4 月建院，此后一再扩建，而且还从国外得到一批医疗器械、书籍、图片，解剖模型捐赠，1847 年美国浸礼会为了加强施医传教的力量，又派医师罗尔悌（Edward Clemens Lord）来宁波主持诊疗业务，该医院即为现在宁波市第二人民医院的前身。1845 年 7 月，美国长老会传教士柯理（Richard Cole）夫妇带着印刷机器，从澳门到达宁波创建了专门的出版社，即"华花圣经书房"，同年 9 月 1 日正式投入使用，1860 年迁沪以后，易名美华书馆。其印刷所也被称为"华花圣经书房"。华花圣经书房在宁波开办 14 年零 4 个月，使宁波成为外国教会印刷出版中文书刊的一个中心。

在传教士将西方先进科学思想传入中国的同时，许多浙江学子纷纷踏出国门，向西方学习先进的技术和近代科学，19 世纪 70 年代，在清政府选派的赴美留学生中，就有丁崇吉、陈乾生、沈德耀等 8 名浙江籍学子，这是浙江最早的一批出国留学生。而浙江地方政府选派留学生赴日本学习，则始于甲午战争后到 1901 年年底。中国在日留学生有 269 名，其中浙江籍 39 人（官费 18 人，自费 2 人）。庚子事变之后，清政府对出国留学采取了更为积极的鼓励政策，到 1903 年浙江在日本的留学生就达到了 153 人。不过，值得注意的是赴日学生进入高等学校学习的只有 27 名，其余均接受中等程度的专科学校、普通中学和短期培训性质的"速成"教育，与之形成鲜明对比的是浙江籍赴欧美的留学生则要好很多。1908 年美国用减免的庚子赔款吸引中国留学生赴美国留学后，浙江在 1909 年赴美留学生就有王士杰、王璀、邢契莘、金海等 8 人，1910 年和 1911 年这一数字分别是 14 人和 7 人。

大批传教士涌入浙江及大批留学生赴西方国家学习，使近代科学传入浙江。19 世纪末浙江籍学者翻译和介绍了大量西方近代科学知识，如海宁籍科学家李善兰于 1852 年前往上海，与西方的传教士合作，先后翻译了《几何原本》《重学》《植物学》等西方先进科学。同时期的还有归安的张福僖、临海的周郇雨、慈溪的舒高第等，成为近代著名的科学家，为西学中用作出了杰出贡献。

张福僖（？—1862 年），字南坪，浙江归安县（今湖州市）人，清咸丰三年（1853 年）经李善兰介绍到上海结识艾约瑟，并受聘为墨海书馆译员，从事翻译天算格致诸书，他在沪从事翻译工作最重要的事情是与艾约瑟共同翻译《光论》一书，并由他撰写《自叙》，说明翻译此书的主要目的是要弥补郑复光《镜镜吟痴》一书的不足，较详细而系统地介绍了当时西方的几何光学知识，这在我国所出版的书籍中尚属首次。

周郇雨（1850—1882 年）是清代后期很突出的一位科学家，他青年时初习训诂音韵之学，为俞樾所称赏。后习天文算数，转而研习西学，对物理、化学、医药、机电、火器制造等无所不通，因被聘为江南"广方言馆"翻译，其间又热心于洋务。他的译著有《镀金书》《制造巴得兰水泥理书》《电学纲目》《作宝砂轮法》等。

舒高第（1844—1919 年），字德卿，曾在江南制造局翻译馆任职 34 年，是中国早期著名的科技翻译家。舒高第出生在慈溪县庄桥舒家（现属宁波市江北区庄桥街道）的一个农民家庭，其父舒恺福后来携全家迁居上海，舒高第进教会开办的男生住读学校求学。聪明上进的舒高第深受老师们喜爱，1859 年老师回美国时带他和几位高才生一齐赴美深造。他学习的专业为医学，1867 年毕业，成绩列全班第一。舒高第是江南制造局翻译馆最主要的一位中国口译人员，其译作颇丰，在中国译员中名列第一。

可以说，这三位是在开放的海洋文化培育下成长起来的优秀科学家，也印证了海洋文化、渔文化兼容并蓄的开放与包容特性，是浙东经济发展与文化发展的坚实基础。

五、浙东渔文化的现代新气象

新中国成立后，人民政府废除了一系列不平等条约，取消了帝国主义国家在中国享有的特权，收回了列强在中国海关的统治权，走上了独立自主发展的道路。1978 年 12 月党的十一届三中全会后，全面实行改革开放，浙江省成为全国最早实行对外开放的省份之一，在海洋经济发展的同时，也带动了浙江海洋文化的繁荣，海洋民俗文化、海洋宗教信仰文化、海洋商贸文化，还有渔业文化、港口文化、海防文化等呈现出了蓬勃的生命力。进入 21 世纪，海洋越来越受到世界各国的重视，浙江社会各界积极投身于新世纪海洋文化建设事业中，海洋文化建设呈现出欣欣向荣的可喜局面。

1951 年中国与波兰政府合资的中波轮船股份公司成立，开辟了欧亚远洋航线，新中国的航海事业逐步拉开帷幕。1958 年国家组织"中国近海环境与资源综合调查"，历时两年完成，对中国近海环境与能源有了清楚认识。1964 年 7 月，国家海洋局正式成立，担负起全国海洋工作的综合协调工作。我国的海洋事业在百废俱兴的时代背景中步入新的征途。

改革开放以后，浙江海洋经济和海洋文化的发展迎来了自己的春天。1978 年国务院正式批准浙江为对外贸易口岸；1979 年，宁波、沈家门、海门等港口首先对外开放；1984 年 4 月，宁波、温州被列为全国沿海 14 个对外开放城市。改革开放的春风推动了海洋经济的发展，海洋产业逐渐成为多数沿海省份的支柱产业。与此相应，浙江省委、省政府在 1993 年和 1998 年先后两次召开全省海洋经济工作会议，提出建设"海洋经济大省"的战略构想，有力地推动了浙江省海洋经济的发展。在海洋经济取得令人瞩目成就的同时，海洋文化也呈现繁荣局面。

浙江濒临东海，具有优越的地理环境和丰富的海洋资源。伴随改革开放的春风，浙江的港口建设、渔业、盐业等商贸领域也焕发着勃勃生机，形成了充满现代气息的商贸文化。

浙江是一个港口资源大省，经过"八五""九五"期间的资金投入，在港口设施建设以及设备更新方面都有了长足进步，逐渐形成了以舟山港、温州港为全国性主要港口，嘉兴港、台州港为地区性重要港口的分层次布局，拥有大中小海港 34 个，其中较大规模港口 5 个。生产性泊位 877 个，其中万吨级以上泊位 58 个。港口成为市、县的景标建筑，嵊泗县以"港、景、渔"著称，具有优越的深水航道和锚泊资源，嵊泗海域是远东和我国南北航线的要害，同时也是国际轮船进入长江口、吴淞口的必经航道，岱山县拥有华东地区两个重要深水港——蛇移门和衢黄港，能够满足第七、八代集装箱卸载。浙江丰富的港口资源成为联结陆海的重要物流枢纽，高速增长的港口货物吞吐量，将人、物、资金、信息等串联汇聚起来，形成了畅通的产业链，同时也带动了运输业、造船业、加工业、仓储配送、金融、保险等产业的发展，构成了以港口为依托的临港产业带，并且形成了众多的产业基地、工业园区，弥漫着现代气息。

除了港口建设，渔业也是浙江商贸文化中的一大亮点。浙江海域位于亚热带季风气候区，温暖湿润，热量丰富，雨量充沛，多支水流交汇，带来大量的饵料；沿岸海流与台湾暖流交汇，使得近海盐度低而季节变化大，营养盐丰富，众多岛屿、难以计数的岩礁周围浅海海域和潮间带，为海洋生物栖息提供了良好的场所，天然的地理环境为浙江渔业的发展提供了得天独厚的优越条件，浙江的渔场面积有 22.27 万平方千米，拥有鱼类 523 种，游泳虾类 78 种，头足类 26 种，底栖生物 340 多种，浮游生物 220 多种，浮游植物 260 多种，潮间带生物 580 多种，大型藻类 160 多种。舟山市渔业年产量在 120 万吨左右，舟山渔场是全国最大的渔场，有"东海鱼仓"之称，近年来先后荣获"中国渔都""中国海洋之都"等称号，丰富的渔业资源带动了水产品加工企业、渔业专业合作社的成立与发展，远洋渔船众多、作业区域广大，深深吸引着经营商家与外来游客，成为一道亮丽的时尚风景线。

改革开放以来，浙江海洋文化在继承历史文化的同时，又进一步改革创新，呈现出强劲的发展势头，除了海洋商贸文化、民俗文化、宗教信仰文化以及文学艺术文化外，浙江丰富的海洋饮食文化、历史文化、海防文化、名人文化等也不断得到挖掘和发扬光大。

第二章 历史变迁中的浙东渔文化功能演变

中国渔文化是不断变化发展的历史范畴，它受自然因素与社会因素的制约，其演变呈盛衰强弱的曲线运动。渔文化，首先是鱼的文化。从鱼文化的显隐交替的运动曲线来看，以彩陶鱼图为标志的新石器时期，以玉鱼和青铜铭纹为标志的商周时期，以画像砖石为标志的两汉时期，以墓俑、金银器及各种鱼纹器用为标志的唐宋时期，以民间鱼形俗用物品和鱼类风俗活动为标志的明清时期，是我国鱼文化历史发展中的五大高峰。

中国渔文化时历万古，地传九州，其持久的生命力就在于具有永不消歇的功能。功能是人的自然属性与社会属性的体现，是协调主客体相互关系的重要基础，功能引导着作为特殊自然力和社会力的文化创造，决定着宗教、民俗、艺术生灭盛衰的转化。中国渔文化是一定的自然环境与社会环境交互作用的结果，是先民的生活需要和精神追求的结晶，多变的功能是其丰富发展的前提。

一、浙东渔文化的特色

在浙东海洋渔文化的长期发展中，形成了不同于中国其他区域海洋渔文化的特色内涵。从文化构成学的角度看，浙东渔文化的特色主要由以下四个层面的内容构成：其一，具有历史悠久、精致创造的物质性海洋渔文化特色；其二，具有协作团队性的海洋行为文化特色；其三，体现了海洋文化实质性内蕴的海洋商贸精神特色；其四，体现了粗犷与柔和相济的海洋审美文化特色。①

（一）物质性海洋渔文化特色

物质性海洋渔文化是海洋文化的主要内容构成，是濒海人群创

---

① 柳和甬. 简论浙江海洋文化发展轨迹及特点 [J]. 浙江社会科学, 2005 (4): 125-127.

造海洋文化能力的最直接体现。浙东人发扬吴越文化传统，充分利用浙江海域的海洋资源优势，形成了浙东物质性海洋文化的精致创造性特点，并具体表现在勇于探索创新及精于技艺性创造等方面。

（1）从探索创新的角度看，浙江开创了中国海洋航行、造船和海洋渔业捕捞之先河。萧山跨湖桥遗址出土的距今 8000 多年的独木舟，以及余姚河姆渡文化遗址出土的木桨、陶舟及鲸鱼、鲨鱼等鱼骨，表明了浙东先民是中国最早的木船制造、海洋航行和海洋捕鱼者。中国的跨国航海也萌芽于浙江古越人，据《越绝书》记载，越王勾践从长江口越海航行至山东半岛琅琊一带的漫长航海，标志着中国的航海技术初步形成。此后浙东人为了发展中国海洋事业勇于探索，如唐代开辟了中日来往最便捷的航线，明州商人张友信商船曾从明州望海镇（今镇海）启航赴日本，只经三昼夜就抵日本，创当时最快纪录。宋代已把指南针用于航海中，拓展了远洋航线，到元代，浙东出发的船队向西直达地中海沿岸和东非海岸。此外，从唐代开元年间起，筑造海塘来抵御海侵的创举，也充分表现了浙东人坚忍不拔的精神。从温州的永嘉、乐清出土的石网坠看，4000—5000 年前的新石器时代，浙东先民已开始用网具来捕捞海洋鱼类；公元前 505 年，吴越两国在海战时大捕石首鱼，这说明浙东沿海渔场早在 2000 年以前就开发利用了。

（2）浙东海洋文化的精致创造性也表现在先进的制造水平方面，这是浙江追求精致善于创造的文化传统深层影响的物质表现。在古代，中国航海、造船等都是科技含量很高的技艺性生产，不但涉及数学、材料学、物理学和大文学等学科，而且还需要掌握科学的制造工艺和先进的制造技术。浙东人民在这些重要的涉海生产领域，取得了重大成就。

至今学界普遍认为越人精于造船和擅于航海，他们是中华民族中最出色的航海家和造船技艺师。《周书》中记载"于越献舟"之说，可见越族先民在 3000 年前已经能够制造高质量的船，并作为礼物献到中原。长期以来，浙东先民为中国航海及造船事业发展作出了多项贡献。汉时所造的大船已长 20 余丈，能载六七百人，六朝时，温州曾是三国孙吴的造船中心。隋唐时期，浙江是全国造船业最发达的地区之一，官营和民营造船业发达，五代时期吴越国的杭州、越州、台州、括州（今丽水）等地都是造船基地，当时往来中日两国船只全都是中国的，而中国船几乎都是吴越船。从 1979 年宁波出土的宋代海船看，已运用具有防摇减摇作用的龙骨状的构件，并用加麻丝的桐油灰，保证防水密封。而郑和下西洋时所乘海船，前期有许多也是浙江制造的，足见当时浙东造船技艺水平之高。

同样，砌筑海塘需要准确计算，精心施工，浙江人不断改革，提高海塘长期抗海潮性能。如改砌石多纵少横为纵横交错，使其"属不可解"，"层必渐缩而上作阶梯形，使顺潮势无壁立之危"，还根据不同地段的潮流，提出不同筑法。

（二）海洋行为文化协作团队性特色

海洋行为文化是沿海人群海洋生产、生活中人际交往关系的具体表现，是浙东区域海洋文化特点的重要构成内涵，它往往与区域物质性海洋文化创造特点及地域文化传统密切相关。浙东的海洋行为文化显示出较强的协作团队性特点：

（1）体现在浙东涉海生产组织方式中的协作团队性。浙东先民擅长的造船、航海涉及多种复杂的工艺和技术，往往需要许多人共同协作才能达到预期目标。海洋捕捞也需船老大与其他渔民的密切配合，而修筑海塘，更要依赖万众的齐心协力。浙东颇具特点的海洋生产组织方式，长期潜移默化地影响着浙东涉海人群的行为方式和人际交往，孕育了他们重视协作的团队精神，并通过这种优良的团队精神，使浙东的这些海洋产业在中国古代保持较长时期的领先发展地位。

（2）表现在海难救助等民风习俗上的协作团队性。涉海性生产具有较强的危险性，航海常遇风浪之险，出海捕鱼正如渔谚所说："船隔三寸板，三寸板内是娘房，三寸板外见阎王"，"一只脚踏在棺材里，一只脚踏在棺材外"，足见出海捕鱼风险极高；修筑海塘也会在频繁的台风侵袭中有倒塌之危。因此，浙东涉海人群养成了乐于救助的美德，建立了珍贵的团队互助性。

（3）日常生活中体现的协作团队性。从船员、渔民尊敬船长、船老大到集中的渔村民居，从爱凑热闹的民风到一年一度举办的谢洋节祭祀仪式，从清一色的灯笼裤到浓抹重彩的装饰爱好，都能让人感受到浓浓的团队精神。

浙东渔事不同于内陆江河湖泊的作业方式，更有别于农民一家一户男耕女织的小农经济模式。渔民们面对广袤无垠、变幻莫测的大海，不论工具简陋、还是繁杂，想靠一己之力有所渔获绝非易事，渔民们只有靠相互协作、依靠团队的力量，才能在浩瀚的大海中有所获取。同时，在漂泊中互相交流渔汛对于渔获的多少有着至关重要的意义，这就使渔民形成了迥别于农民的组织形式。正是这种因鱼而渔的生产方式，促进了最初的团队协作精神和注重相互交流理念的形成。

（三）海洋商贸精神特色

具有较强商贸精神是浙东海洋渔文化又一重要特色内涵。商贸精神往往积淀着与社会发展相关的理念，它应属于准意识性层面的文化构成，能体现区域海洋文化的深层特点。古代浙江长期远离中国政治纷争中心，战事较少，社会安定，百姓较为富庶，民众商贸意识历来较为深厚。宋代以后浙东经济更为发达，"两浙之富，国之所恃"，商贸也更加繁荣。同时，浙东区域发达的手工业、航海业，以及独特的海岛、海岸优势等都会促进多种形式海洋商贸活动的展开，使浙东海洋文化中蕴含着较强的商贸精神内涵。

（1）表现在浙东滨海人群具有浓厚的海洋贸易意识。海岛四面环水，以渔业经济为主，海岛人群必须进行商品交换贸易，才能满足日常生活的多种需要，又加之目睹海上贸易的兴盛及暴利，这无疑培育了他们的海洋商贸意识，洋溢着开展海洋贸易的文化氛围。

（2）兴盛的海外贸易活动也感性地显示了蕴含着较强的海洋贸易精神。古代浙东沿海的海外贸易一直较为发达，早在战国时，会稽（今绍兴）、句章（今宁波市西）、东瓯（今温州）等已成为海外通商口岸，开展海外贸易。此后，历朝历代的浙东海外贸易都十分繁荣，五代十国时吴越国设有博易务，管理海外贸易；北宋起浙江设市舶司，以促进海外贸易；南宋两浙市舶司先后管辖杭州、明州、温州、秀州华亭县、青龙镇五处市舶务，足见当时海外贸易兴盛。即使在明清两代海禁之时，仍有较多的民间海上贸易活动，冒死取利。宁波双屿港的走私贸易规模为当时全国之最。

（3）海洋商贸精神也体现在浙东思想家明确倡导重商思想上。基于繁荣的海洋和陆地商贸活动，以叶适为代表的永嘉学派思想家们向一直占统治地位的"君子喻于义，小人喻于利"和"谋道不谋食"的思想提出挑战，认为人都有自利本性，"就利"是"众人之心"；工商业的发展与农业同等重要，反对国家对工商业领域的限制，倡导"以国家之力扶持商贾"。这种重视商贸注重功利的思想，深深地影响了以后许多思想家，并成为浙东学派的重要思想，也成为中国海洋文化中少有的自成体系的意识形态性思想内涵，这无疑是浙东海洋文化特点的亮丽体现。

就渔文化的价值取向而言，它这种趋利重商的特性与内陆文化的重农抑商不同，渔民们没有可供农耕的土地，他们所有的工具主要是漂移的船，随船而变的网和用为贸易经商的港口。若无贸易，他们的生活资源就只有鱼鳖虾蟹，经商下海是理所当然的选择。作为象山最有名的渔港石浦，同时也是著名的商埠重镇。历史上一度商贾云集，万店林立，并由此衍生出了极具特色的渔商文化。

（四）刚柔相济的海洋审美文化特色

海洋审美文化是以美的艺术形式，在展示奇异的涉海生活中表现真挚的审美情怀，她是海洋文化的纯意识性内容构成。海洋审美作品特色既受海洋浩瀚无垠、变幻莫测等自然审美特点的影响，更与区域文化审美传统密切相关。因此，浙东海洋审美文化往往在给人以粗犷海洋生活美感的同时，会感受到偏于雅致、恬淡的审美情趣和深层吴越文化底蕴。这除了文学作品外，在浙东海洋审美音乐舞蹈中也能得到具体感受。

（1）诗歌是古代浙东海洋审美文化的最主要艺术形式。那些具有较高艺术修养的浙东籍作家，深受吴越文化的长期熏陶，往往擅于在展现粗犷涉海生活画面中，委婉地表露真挚感情，如黄宗羲的《得吴公及书（二）》：

十里洋船上下潮，一杯相对话漂摇。

马兰万树远荒岛，饥鹗千群泊乱礁。

公已千秋传信史，我开九帙冷计瓢。

宫人何事谈天宝，清泪能无温绛绡。

诗歌回忆了海岛艰苦生活往事，虽与吴钟峦"一杯相对"历历在目，但现在生死阻隔，欲吊何处？诗作在荒蛮的海岛景象中所表现的友情真挚感人，粗犷中透溢出柔和的审美情调。

浙东民间性的海洋诗作往往更贴近涉海生活实际，更具浓郁的浙东地域气息。这些诗作常以质朴的生活化语言，直接抒发对生活的真挚感受和情怀，如渔歌、渔船号子、歌谣等，都具有很强的直白粗犷美。由于这些诗作的创作者和接受者深受吴越文化传统的全方位浸润，其语言、意象和情感都带有更强的浙东海域风俗感，作品在再现涉海生产、生活中，流溢出偏于柔和的审美情趣和美感特色也就不足为奇了。

（2）有关海洋事物的传说故事也体现了浙东海洋审美文化的特色。浙东有关海洋事物的传说故事，几乎也都是根据事物特征，用现实生活的内容进行附会演化往往在粗犷的形式和故事内容中，透射出浙江气息的审美传统。如《鲻鱼的传说》抓住鲻鱼秃顶、不吃小鱼小虾、专吃海底泥的特征，编讲了和尚见美貌女子起邪念、而被观音菩萨摔到海底的离奇故事，把民俗风情、大胆想象与审美情趣融为一体，会在品味野趣美感的同时，感受到爱的柔情及优美。

（3）民间涉海舞蹈和伴奏的音乐是浙东海洋审美文化的重要构成。此类舞蹈和音乐大都无固定的配法，舞蹈者主要是根据浙东特有的音乐节奏，模仿海洋生产动作和鱼类活动状态翩然起舞，如"贝壳舞"用拟人化的形式夸张表现贝壳的新奇活力；又如曾流行于宁波舟山渔区的"跳蚤舞"，舞者在变化多端、铿锵有力的民间锣鼓音乐伴奏下，用"矮步"、"耸肩"和"跳转"等动作，模仿颠簸渔船上劳作的基本动作，节奏鲜明有力粗犷而豪迈，而舞蹈动作灵活，富有浓厚的生活气息，颇有粗犷与柔和相济的美感特点。

浙东文化在成长期就有两个动力：一是本土文化的发展，二是大陆农耕文明的促进。面朝大海的劳作方式和外来文明的撞击，成就了它兼容并蓄的阔大胸襟。渔民不像农民被固定在土地上，而是随波逐浪的海上游牧者。海上的渔、商交流，岸上的渔、农合居，使他们有机会接触各种文化元素并汲取所长，由此形成了文化精神上的开放性和兼容性。更重要的是，这种开放性还衍生出了对外扩张的开拓精神以及不畏强敌的反抗性格。这种开拓精神体现在两个方面：对内，从象山历代进行的海塘围垦工程中可见一斑。据统计，历年来象山共围显海涂 45 万亩，其中耕地 34.7 万亩，创造了罕见的人间奇迹。对外，早在 4000 年前，吴越人就已驾船航行到太平洋的许多岛屿，秦汉以后，与南北丝绸之路相比肩的就是海上丝绸之路和海上陶瓷之路，这其中也必有象山人的贡献。有资料表明，郑和下西洋时从行者中有三名就是象山人。披风搏浪的创业历程孕育了象山人不向命运、强权低头的具有强烈的反抗意识。明代半岛居民抗倭，清代张名振抗击八旗铁骑，以及近代王家谟、贺威圣等革命烈士的英勇斗争，都为浙东的文化增添了雄壮的一笔。

二、浙东渔文化的功能多元性特征

中国渔文化的功能具有多元性、转换性和确定性的特征。功能的多元性来自自然世界和社会生活，以及不同地域和民族间的永动不息的文化触染。它能在不同的文化结构层次上展开，发挥组织、教化、认识、整合、满足、改造、选择、向心等作用。功能的转换性来自社会生活的渐进性，它随物质世界与人类社会的发展而相应变化，也体现了主体在文化创造中的需要转移和能动的自由。功能的确定性来自人类文化创造的目标性，在一定历史范畴和一定的地理空间中，文化虽有纷繁复杂的外在形式，但总有明确的、一贯的内在目标。正是功能的这种确定性，导致了价值观念的产生。当某些功能观、价值观为全民族所认定，并成为全民族生活依归的准则时，它就能升华为民族精神。

浙东渔文化在其历史变迁中，主要体现了以下四个功能：

（1）教化功能。文化的本质是以文"化"人，通过智慧的启迪、知识的传授、环境的熏陶情感的诱导等，促进人的发展和社会全面进步。燧人氏教人捕鱼、伏羲氏教人结网，舜"渔雷泽、雷泽之人皆让居"，吕尚受封齐后兴渔之利、使齐成为大国，范蠡著《养鱼经》，开创世界渔书之先河。里革断罟匡君之忠、羊续悬鱼之廉、王祥卧冰求鲤之孝、庄子濠梁观鱼之乐等，均以熏陶、濡染、启迪、激励等方式，发挥其教化之功能。

（2）认知功能。老子曰"治大国、若烹小鲜"、孔子曰"钓而不网"。周代渔人置柴木于水中、诱鱼栖息围而捕取的渔法，是今日人工鱼礁的雏形；汉代渔人置木制红鱼于水中、引鱼上钩，是后世拟饵钓之先导；东晋渔人以长木击板、惊吓鱼类入网的"鸣"，是声诱渔法；东海渔民以绳编连，植于滩涂的竹子，捕获退潮时被竹枝所阻鱼类的"沪"渔法，成了上海的简称；周代关于禁渔期禁止毒鱼和密网捕鱼等规定，与现行《渔业法》对渔具、渔法的限制一脉相承。

（3）满足功能。渔文化游乐赏玩的满足功能，内容五花八门，丰富多彩，原始人捕鱼摸虾掌握水性后，出现古称"水嬉"的游泳、弄潮、戏水、赛舟。鱼体形象"文"字、《山海经》称其为"文鱼"的彩色鱼，形态优美、娇姿艳体的金鱼，绚丽多彩、婀娜多姿的热带鱼，点缀庭院雅室、美化人们生活。五彩斑斓、富贵华丽的锦鲤，寓意吉祥幸福、象征和平友谊。除了饲养"水中宠物"、养殖与观赏外，垂钓、斗鱼等更是人们喜闻乐见的娱乐项目。

（4）社会功能。古往今来，渔业生产为社会创造了丰富的水产品，为中华民族的繁衍作出了重大贡献。在长期生产实践中创造的渔文化，以雄厚的物质基础作为舞台，导演出了灿烂的历史篇章。以渔文化带动其他产业的发展，在倡导渔文化给人们精神食粮的同时，充分发挥渔文化的"拉动效应"，通过举办渔文化节、建渔文化博物馆、水族馆等举措，带动旅游、轻工业、科普等行业的发展。设计相关的活动和休闲空间，为大众提供渔业的活动，达到休闲、娱乐的功能。休闲渔业不仅为渔文化增添了新的内涵和经济价值，而且拓展了渔区发展新空间、开辟了渔业发展新领域，对渔业结构的战略性调和渔民转产转业，起到积极的推动作用。

三、渔文化蕴涵的文化价值

渔文化是人类文化的重要组成部分，也是中国传统文化的重要源头之一。渔文化包括鱼类捕捞、养殖、渔获物加工等渔业生产方式，也包括渔民独特的生活、习俗、宗教信仰等内容。渔文化的发生、发展和传承，凝结着广大渔民世世代代不懈的追求和企盼，其所蕴含的文化价值十分丰富。

（1）不畏艰险、开拓进取的海洋文化精神。对于渔民而言，茫茫无垠的大海，"万川归之，不知何时止而不盈；尾闾泄之，不知何时已而不虚"（庄子《秋水》），大海充满了神秘、危险、诱惑和希望。渔民面对大海会有一种渴求生存、鼓起勇气奋勇超过大海的愿望。渔民与海不断搏击，海既是他的敌人，也是他的同伴。在变幻莫测、险象环生的风浪中，渔民增长了他的智慧和才干。天天出海，四处漂泊，决定了他的生存不是封闭性的，这使他有一种开阔的视野和较清醒的头脑。渔文化使渔民"胸襟像海一样广阔无垠，思维像潮水一样深沉宽广，理想像长帆一样高扬鼓舞，意志像船舵一样坚定不移，智慧像波涛一样蕴含丰富而升腾不息，心灵像鱼汛一样充满生机而永不枯竭"。梁启超曾说："海也者，能发人进取之雄心者也。试一观海，忽觉超然万累之表，而行为思想，皆得无限自由。彼航海者，其所求固在利也，然求之之始，却不可不先置利害于度外，以性命财产为孤注，冒万险而一掷之。故久于海上者，能使其精神日益勇猛，日益高尚，此古来濒海之民，所以比于陆居者活气较胜，进取较锐，虽同一种族而能忽成独立之国民也。"（梁启超《地理与文明》）由此可见，渔文化孕育了渔民以不畏艰险、开拓进取、乐观进取的品质。

（2）朴素的生态智慧与生态文化精神。生态文化是指人与自然关系方面的文化，蕴涵着人与自然和谐发展的生态哲学思想。渔业是中国最古老的生产行业，古代渔业的发展不仅对中华民族的生存和发展起了巨大作用，而且对世界渔业的发展产生了积极影响。早在公元前 21 世纪，古代先民就已经认识到渔业资源保护问题，并创立我国第一个渔业法令《逸周书》，这也是世界最早的渔业资源保护法，该法令规定："夏三月川泽不入网罟，以成鱼鳖之长。"这是中国对世界渔业的贡献。而欧洲关于渔业资源保护法，于公元 5 世纪才出现。保护渔业资源在以后的朝代中得到发展，成为重要的政令。如西周时，捕捞鱼作王族食品、祭祀、馈赠等，还设立了专门职守的"敔"（"渔"的异体字）（《周礼》），并规定了捕鱼季节在孟春、在春季、在秋季、在十月、在冬季。基于此，保护渔业资源也成为一种美德，一种道德行为准则。

（3）渔业地区的民间风尚习俗。它包括捕捞民俗、渔业作业民俗及渔民信仰礼仪饮食、起居等日常生活民俗。渔俗文化的最初形成无不与先民的生产与生活状况相关。对于渔俗文化的主线，有学者认为，沿海地区渔俗文化因"海而生，因渔而兴"，"海"是渔民生存的唯一依托和希望，"渔"是渔民生存的条件和手段。因此，渔俗文化以海为点，以渔为线围绕渔业生产、渔民生活而展开。比如，渔民以捕鱼为生，海上不定生活使他们不得不相信命运，因此而产生了很多渔俗和船忌：造渔船要择日开工，船头称"船龙头"，渔船出海俗称"开洋"，第一次"开洋"，要用猪头供奉；渔民上船后忌说"倒""翻""没有"等词语；出海结束也用猪头等祭品谢龙王，俗称"谢洋"。这些种种生产、生活习俗无不与"渔民以海为伴，靠海为生"的生存状态相关。渔文化所蕴涵的独特民间信仰与习俗，既是一种历史文化现象，也是一种社会现象，是人类文明进步的结晶。

总之，渔文化是世代相传的一种文化现象。渔文化的积累与传递传播与交流融合与冲突是渔民群体文化心理长期积淀的结果，是渔民共同的社会化过程中所形成的一种稳定的共有的心理倾向、心理特征以及与之相适应的行为方式。它是中华民族的宝贵财富，我们应当以中国渔文化而骄傲，我们更应努力发掘发扬中华民族的渔文化。

第三章 浙东渔文学艺术的文化展现

浙东沿海地区人杰地灵，人才辈出，丰富的海洋自然资源和人文资源为海洋民间文学艺术的发展提供了取之不尽、用之不竭的源泉。沿海居民运用语言、音乐、舞蹈、色彩以及贝壳等材料创造了各种类型的民间文学作品和艺术作品，如东海鱼类故事、东海龙王传说、普陀观世音的故事，以及渔民画、渔民号子、舟山锣鼓等极富地域特色民俗。浙东海洋民间文艺蕴涵着渔民的精神世界，反映着质朴的审美观，不但在浙江沿海地区广为流传，而且在国内外也享有盛誉，在中华民族艺术宝库中有着独特的、不可忽视的地位。

一、浙东渔文化民间文学艺术概述

民间文学艺术是针对学院派文学艺术、文人文学艺术的概念而提出。广义上说，民间文学艺术是劳动者为满足自己的生活和审美需求而创造的文学艺术，包括民间文学、民间工艺美术、民间音乐、民间舞蹈和戏曲等多种艺术形式。民间文学艺术是一切文学艺术之源，是我们祖先数千年以来创造的极其丰富和宝贵的文化财富，是民族凝聚力与亲和力的载体也是发展先进文化的精神资源与民族根基，在综合国力中有着不可或缺的精神内涵。

根据浙东沿海民间文艺目前流传的体裁，可以把它归纳为民间文学和民间艺术两大类，而两大类中又可具体划分为若干小类。

（一）浙东民间文学

浙东民间文学主要包括：浙东民间故事（包括民间神话、民间传说）、浙东民间歌谣（包括渔歌、渔谣等）和浙东民间谚语（包括渔谚、气象谚等）三类。

（二）浙东民间艺术

浙东民间沿海艺术主要包括：民间音乐（包括民间器乐等）、民间舞蹈（包括贝壳舞、龙舞、鱼舞等）、民间灯彩（包括龙灯、整鱼灯、水灯等）、民间戏曲（包括小戏、木偶戏等）、民间曲艺（包括鼓词、走书等）、民间美术（包括剪纸、渔民画等）、民间工艺（包括贝雕、贝塑、贝饰等）和民间游戏（包括吹海螺、掷贝壳、鱼骨玩具等）八类。

以上各类浙东民间文学艺术与渔民的日常生活贴近，在浙江渔港、渔岛流传较广，影响也较深。古老神话传说在渔民休闲"讲古话谈海经"中口耳相传，剪龙船花、画渔民画、舞龙舞狮是浙江渔村、渔乡欢庆节日不可缺少的文娱活动，还有唱鼓词、舞龙灯、放水灯等。这些流传于浙东乃至浙江沿海的各种民间文学艺术，渗透在广大渔民的生产活动和生活之中，构成了浙江渔民文化生活中的精神世界。

二、浙东渔文化的民间文学

海洋民间文学艺术作为人类海洋文化创造的心灵审美化形态，记录并展示着人类海洋生活史、情感史和审美史，是人类海洋文明发展史上重要的精神财富。这些流传于浙江沿海与岛屿的民间故事、民间歌谣和民间谚语体现着浙江民众的传统美德，揭示了人民群众辨别真善美与假恶丑的道德标准，反映着人们爱憎分明、扬善弃恶、爱美厌丑的思想和愿望。这些民间文学作品，集中体现出浙江沿海居民热爱劳动、为追求美好理想而艰苦奋斗的创业精神，团结互助、先人后己、舍己为公的崇高品质，诚信谦虚、礼貌待人的道德风尚，崇尚家庭和睦、尊老爱幼的伦理道德，以及劳动人民在渔业生产、生活中敢搏风浪、善驾风向、勇斗海天的聪明才智。在民间文学中不论是正面颂扬，还是侧面揭露，都反映了人们的精神寄托和对美好生活的热切向往，因而受到当地民众的广泛欢迎，构成了独特的海洋文学艺术景观。

(一) 海洋民间故事

从广义上讲，民间故事就是人民大众创作并传播，具有假想（或虚构）的内容和散文形式的口头文学作品，也就是社会上所泛指的民间散文作品的通称；从狭义而言，是指神话、传说以外的那些富有幻想色彩的现实性较强的口头创作故事。

《浙江省民间文学集成·舟山市故事卷》共收录了长期口头流传于舟山民间的各种散文叙事类作品 292 篇。其中神话类有 11 篇，传说类（包括人物传说、佛道传说、史事传说、地方传说、海岛特产传说、民俗传说）158 篇，故事类（包括龙的故事、鱼类故事、生活故事、鬼怪故事、机智人物故事、寓言、笑话）123 篇。洞头县（现温州市洞头区）从 1979 年开始采集海洋民间故事活动，至 1987 年共采集到涉及海洋动物的传说、故事等 200 多篇。有人变鱼虾的传说，有鱼虾入药的故事，有龙宫、人、鱼类之间的故事等。上世纪八十年代，浙江洞头县采集了海洋动物的传说、故事200 多篇，属特定含义的海洋动物故事近 100 多篇，整理成文的80 余篇。这些故事发表后反响极大，全国民间文学界的许多专家学者赞扬其"为我国民间故事开辟了新的领域"，"对于民间故事研究极为珍贵"。其中专集《东海鱼类故事》，获全国首届（1972—1982）民间文学作品二等奖，另有多篇作品获浙江省民间文学奖。

在浙江沿海区域，较有特色的海洋民间传说故事有以下几类。

1. 鱼类故事

浙江沿海多渔场，渔民们世代出洋捕鱼，捕鱼的多少直接影响到他们的生存，因此，必须对鱼类的生活习性有全面的了解，久而久之，渔民对鱼类产生了特殊的感情，从而在他们中间流传着许多有关鱼类的故事。如黄鱼为什么身上总是金光闪闪？每年冬天章鱼为什么总会吃掉自己的脚手？乌贼为什么老是吐黑水？这些鱼类故事饱含着渔民的生产经验，也往往含蕴着耐人寻味的生活哲理，长期以来被渔民当做他们自己的口头教科书，其文化功能不容低估。如在《癞头黄鱼》的故事中，虾虫屏、黄鱼与箬鳎鱼三种鱼的特征、性格均形象地描述出来——黄鱼与箬鳎鱼赛跑，黄鱼傲气十足，猛冲猛闯，一头触在礁石上，结果撞得头破血流，头里还嵌进两粒石头（石首），至今仍未取出。箬鳎鱼投机取巧想走近路，心急慌忙钻进一条石缝，被刮去了半边蜂，至今还有半边身体长不出鱼鳞。站在一旁看热闹的虾虫屏，见两个赛手双双受伤，幸灾乐祸哈哈大笑，结果笑得合不拢嘴巴，成为"拖嘴虾虫屏"。类似这样的故事，还有《梅子游大海》《带鱼舞师》《鲻鱼投亲》等，都含有丰富的知识和情趣。

2. 信仰神传说

浙东海域信奉的神灵众多，有关的传说也极为丰富。如世居东海的舟山岛民，由于天天与大海打交道，受龙的影响甚深，因而把自己的生产、生活、命运都与龙的传统意识联结在一起。出海打鱼获得丰收，认为是龙王的保佑；渔船在海上遭灾遇险，认为是海龙王的作祟。"渔民穿笼裤""造船定龙筋""船上扯龙旗""打鱼撑木龙""元宵迎龙灯"等习俗，以及"龙山""龙舌""龙眼""龙洞""龙潭""黄龙岛""青龙山""滚龙呑""双龙石""龙蛋岩"等岛礁地名，都与龙相联系。陈十四夫人（陈靖姑）传说是从福建传入，但到了浙南传入浙东后，与当地山川风物密切结合，就成了土生土长的民间故事。主人公陈十四是个美丽热情、豪爽刚强的少女，她立志为民除害，经过多次惊险搏斗，终于除掉了罪恶累累的蛇妖，但因触犯天条不得不含怨离开人间。春秋战国时的伍子胥为人刚毅正直，传说他被吴王夫差赐死后冤魂不散，浙江沿海百姓就祀奉他为潮神。舟山地区才伯庙中的菩萨，穿着渔民常穿的那种灯笼裤，传说他本来就是当地一位优秀的渔民等。象山县的鱼师传说也极具特色。

3. 滨海历史故事

几千年的海洋文明史，在山海之间传承千年至今，曾经发生过的、曾经创造过的或者曾经大规模流传过的文化现象和大规模的生产活动、军事活动、文化活动等，虽有文字记载，但更多通过活生生的故事记忆在于民间，成为一笔宝贵的文化财富。如在浙江象山沿海区域，具有明显历史及人物印记的民间故事就很多。如"徐福东渡传说""赵五娘传说""戚继光传说""王将军传说""泥马救康王传说""吴王夫差与鲞鱼"等，这类传说故事约占到象山非物质文化遗产总量的30%。

4. "灵异"传说逸事

清乾隆间纂修的《重修南海普陀山志·灵异卷》中，就有"文宗嗜蛤蜊""梵僧礼潮音，大士说法授以七宝石""日僧慧锷留不肯去观音""短姑道头""大智和尚入山见光熙""红毛人进山寺掠夺财物，将归去，船忽焚，贼俱溺海""倭寇欲盗明赐藏经，大鱼挡舟不得动弹""倭寇盗佛像，飓风沉贼舟"等传说逸事。

5. 渔民生活故事

浙江海岛民间故事中，有许多是反映渔民生活的，如"鱼哪里最好吃""状元老爷与柯鱼阿毛""二浆团打赌招亲"等，都是赞颂渔民的聪明才智；还有一类专讲渔民精神的，如"青浜庙子湖、菩萨穿笼裤"中主人翁才伯公，每逢雾天，就上山点火为过往船只导航，指引过往船只到庙子湖港湾避风，以致劳竭身亡。"岑港白老龙"故事说的是白老龙帮助年轻寡妇捕鱼的故事。

（二）海洋谚语

海洋谚语是浙东海洋民间文学的又一个重要组成部分，尤其是独具口语化、地方化特点的渔业谚语和气象谚语，语言简练，艺术性强，是浙东沿海渔民几千年来在生产、生活实践中总结出来的宝贵经验与集体智慧的结晶。《浙江省民间文学集成·舟山市谚语卷》共搜集民间谚语2110多条，内容涉及生产、自然、社交、社会、生活、时政、事理、修养等。例如：

上山怕虎，落海怕雾。

八月十六明月照，海水浸过龙王庙。

春潮五更改，夏潮黄昏送，秋潮两头大，冬潮太阳红。

平风平浪天，浪生岩礁沿；发出哨哨声，天气马上变

浪叫有礁，鸟叫山到；混水泛泡，趁早抛锚。

三级四级是亲人，八级九级是仇人。

东南风是鱼叉，西北风是冤家。

有风走一日，呒风走一年。

东风带雨勿拢洋，挫转西风叫爹娘。

浙江谚语也真实地记录了浙江沿海人民对生活的切身体验，对自然的独特感悟和人生的思考。如以下谚语就是反映渔民海洋捕捞经验，渔民对鱼汛规律的认识和航海驾船的体会。

打鱼靠三硬：人硬、船硬、渔具硬

打鱼靠勤，拔网靠初。

要问鱼群，先看鸟群。

三冬靠一春，三春靠一水，一水靠三潮，一潮靠三网。

小雪小杮，大雪大杮，冬至旺杮。

洋上吼风有响，渔船勿可动桨。

小满到，黄鱼叫。

一听黄鱼叫，船头向北调。

乌贼靠拖，海蜇靠窝。

蟹到立冬，吼影吼踪。

南瓜开花，海蜇飘来。

立夏百客会，夏至鱼头散。

港里防走锚，山边防断缆。

海洋能使八面风，全靠老大撩风篷。

老大勿识潮，伙计有得摇。

千摇万摇，勿如风篷直腰。

海洋变幻无常，海上捕捞极具风险。在长期海上作业中，渔民们积累了丰富的气象知识，并凭借气象谚语代代相传，应用于生产实践①，这些渔谚是浙东渔民勤劳智慧的结晶。再如：

初八、廿三早夜平。

初二、十六昼过平，潮水落出吃点心。

夜里东风吹潮大，八月十六大潮汛。

涨潮风起，潮平风止。

海水黄牛叫，必有大雨到。

风起长浪，勿久风雨降。

远望海水清，天气必定晴；远望海水暗，必有风雨来。

---

① 周志峰. 海洋文化视野下的浙东谚语 [J]. 汉字文化, 2008（6）：46-50.

海水分路，勿是风就是雨。

海潮乱，台风来。

海水哈哈响，要有台风来。

条浪打先锋，后头跟台风。

海水发臭发泡，台风即将来到。

这些渔谚是浙东渔民捕捞生活的一面镜子，折射了渔民在大海中讨生活的艰辛，是渔民日积月累代代传承的经验和智慧结晶。

（三）沿海渔民歌谣

千百年来流传于浙江沿海民间的渔歌，是沿海渔民根据渔业生产的特殊性和流动性，逐步积累和创作出来的一种口头文学，它不仅富有浓郁的海洋气息和渔乡风情，而且蕴含着深刻的人生哲理和生活知识。如《浙江省民间文学集成·舟山市歌谣卷》共选编歌谣164首，内容包含劳动歌、时政歌、仪式歌、情歌、生活歌、历史传说歌、儿歌、其他等八大类。许多歌谣是渔民专为传授知识而创作的，它紧扣"海"字主题，运用艺术手法，通过口授传承，把海洋航行、海洋生活、海洋气象以及船网工具、鱼类习性、船员职责等知识，以歌谣形式代代相传。许多一字不识的渔民，就靠这种方法学习古人知识，掌握生产技能，战天斗海，驾驭海洋。

在温州洞头区，有一首《东海鱼谣》是这样唱的：

黄　鱼

金口银牙实风光，金面金身如金装；

头内暗嵌玉宝石，腹中膘胶赛宝藏。

带　鱼

头戴银盔好名声，身穿白袍水内行；

龙宫抛出青龙剑，渔网取来敬弟兄。

鳓　鱼

蓝甲碧袍真成风，铜身铁骨硬当当；

时时拿起双刀拼，只怕入网倒退亡。

红　虾

红甲战袍紫罗裙，头顶雉尾左右分；

长矛挺起个个惊，海中算我女红巾。

墨　鱼

个小胆大称智囊，身穿短花衣裳；

一口吐出团团烟，摇摇退退离战场。

蛏　子

半日浸水半钻泥，身披铁皿脚朝天；

捆着一条金腰带，日夜倒吊吱吱吱。

海　龟

背着八卦带金钱，远游四海乐如仙；

仙人没伊这尼畅，身壮命长寿三千。

海　蜇

海内算我顶奇巧，红头面顶八只脚；

四朵鲜花无肠肚，白肉外面血结疤。

浙东渔民就用这种歌谣形式，传唱出识别不同的鱼类知识。

舟山的《金塘谣》则用生动的金塘岛口语，向人们叙说了金塘洋及金塘海峡水深流急、遇浪行船艰难的景况：

无风无浪，无米过金塘，

有风有浪，斗米过金塘，

大风大浪，石米也难过金塘。

歌谣中的"无米、斗米、石米"，意思是说：无风无浪的天气，一顿饭工就可渡过金塘洋，若遇大风大浪，即使你吃完一石米的饭也难过金塘洋。

舟山《船上人马歌》，则形象地唱出船老大对船上人马的不同岗位、职责和要求：

> 一字写来抛头锚，头锚抛落船靠牢，
> 锚缉起来心里安，乾隆皇帝游江南。
> 二字写来板二桨，厨顿一到做鱼羹，
> 鱼羹会做一篮多，西周文王来卜课。
> 三字写来扳三桨，三个大砫船外亢，
> 八十拖鱼绳放得长，仁宗皇帝勿认娘。

"抛头锚""扳二桨""扳三桨"均是船上人员的职务。抛头锚在船上的主要职责是保证抛锚、起锚的安全，只要这个任务完成了，他就做好了本职工作，可以像乾隆皇帝那样逍遥自在地"游江南"了。往下唱的扳二桨、扳三桨，一直到头多人、伙桨团、拔头片、拖上纲，以及出袋、出网、撑船等，个个职责分明，就像现在说的岗位责任制，前后有序，唱起来朗朗上口，便于记诵。

渔歌不仅容纳了广大渔民创作的生活主题和艺术手法，表达了自己的思想、期望和理想，而且有许多歌谣真实、生动地反映了渔区各个历史时期的社会状况。在舟山有一首《黑秤手》的渔歌，全篇歌词用一个"黑"字来贯串：

> 黑风黑水黑沙滩，黑天黑地黑老板，
> 黑船黑网黑风帆，㧢来黑鱼赚铜板，
> 铜板赚得万打万，买田造屋做棺材，
> 一张恶脸像黑炭，黑袖里伸出黑手板，
> 十指拨拔算盘扳，黑秤里称出巧机关，
> 秤陀下面克几把，打鱼人只配吃苦饭。

这首《黑秤手》用具体而生动的细节表达了渔民内心对黑心老板的痛愤，记录了渔民在旧社会被鱼老板克扣、盘剥的历史。新中国成立后，渔歌创作得到迅速发展。新创作的渔歌，多是反映渔民、渔村的新生活。电影《海霞》中有一首《渔家姑娘在海边》插曲：

> 大海边哎，沙滩上哎，
>
> 风吹榕树沙沙响，
>
> 渔家姑娘在海边哎，
>
> 织呀织渔网，织呀织渔网。
>
> 哎，渔家姑娘在海边，织呀织渔网。
>
> 高山下哎，悬崖旁哎，
>
> 风卷大海起波澜，
>
> 渔家姑娘在海边哎，
>
> 练呀练刀枪，练呀练刀枪，
>
> 哎，渔家姑娘在海边哎，练呀练刀枪，练呀练刀枪。

这首歌犹如一幅美丽的画面，展现了洞头海岛风光旖旎的美丽景象：在湛蓝色的天空下，在波光粼粼的大海边，风儿掠过海面，荡起层层涟漪，风儿掠过悬崖上的树梢，抖落叶儿片片，轻柔的海风拨动姑娘的发梢，撩拨着姑娘多情的心弦。她们尽情地沐浴着夕阳的余晖，享受着柔柔海风甜蜜的亲吻，用梭子在编织着渔网，也编织着明天的美好和希望。

三、浙东渔文化的民间艺术

浙东沿海民间艺术是通过塑造具体生动的形象来表现海洋、反映海洋社会生活的意识形态，它最大的特点就是依靠色、声、形、情等静态和动态的形象来表现人们对海洋社会生活的理解、情感、愿望和意志，按照审美的规则来把握和再现生动的海洋社会生活，并用美的感染力影响海洋社会生活。海洋艺术具体包括海洋雕塑、涉海书法、绘画、装饰、海滨海上旅游、鉴赏等艺术形式的海洋人文景观，以及涉海音乐、舞蹈、美术、戏曲等海洋民间艺术景观①。大海的神秘、雄奇、广远令人遐想，易于激起人们的创作灵感，浙江区域自古以来以"海"为题材的艺术创作手法多样，不少名篇佳作又为"海"增添了无限魅力。

（一）浙东海洋民间音乐

浙江海洋民间音乐是浙江沿海与海岛居民利用口头传唱与器乐演奏来表达自己思想、感情、意志与愿望的一种民间艺术形式。在浙江的海洋民间音乐中，最具特色的有舟山锣鼓、渔民号子与洞头吹打乐《龙头龙尾》。

1. 舟山器乐曲《舟山锣鼓》

浩瀚的东海和美丽富饶的舟山群岛孕育了别具特色、精彩纷呈的民间音乐，而《舟山锣鼓》就是其中的杰出代表之一。

《舟山锣鼓》又名《回洋乐》《海上锣鼓》《白泉锣鼓》，是大套复多段吹打乐。乐队中吹、拉、弹、打各项乐器配制齐全，排鼓、排锣两大主奏乐器别致新颖，演奏风格独特，音乐、音量对比鲜明，音响色彩丰富，具备表达多种情趣的功能。由于地域特色，《舟山锣鼓》表现了东海渔民那种豪爽粗犷的性格和战斗风浪的壮阔、惊险场面以及开船、拢洋等节日欢腾热烈的气氛。

旧时的《舟山锣鼓》大多用以出会（旧时一种迎神赛会活动）、抬阁（是集历史故事、神话传奇于一体，融绘画、戏曲、彩扎、纸塑、杂技等艺术为一身的特色传统民俗舞蹈）、海祭、拢洋、欢庆

① 王苧宣. 中国海洋人文历史景观的分类［J］. 海洋开发与管理，2007（5）：83-88.

《舟山锣鼓》

等民间活动，当时锣鼓简单，形式单一。后在与外来民间文化艺术交流中逐渐得到丰富和发展，从单一到复杂，从呆板到灵巧，先后出现了《太平锣》《船形锣鼓》《三番锣鼓》。新中国成立后，在专业音乐工作者的参与和整理下，民间的《海上锣鼓》改编成为大型吹打乐《海上锣鼓》，并在 1957 年莫斯科举行的第七届青年联欢节民间音乐比赛中荣获金质奖，《舟山锣鼓》开始走向世界。20 世纪六十年代，《舟山锣鼓》红极一时，许多专业文艺团体，如中国艺术团、中央民族乐团等国家级院团纷纷到舟山学打《舟山锣鼓》，有些团体还把《舟山锣鼓》作为出国演出或平时演出的重点节目。如 1976 年中国艺术团赴美演出的《渔舟凯歌》等，深受国内外观众的欢迎。

　　进入 21 世纪，《舟山锣鼓》这支海岛民间奇葩越开越鲜艳。近年来，用《舟山锣鼓》形式创作的作品多次在国家级及省级各类比赛中获奖。尤其是 2002 年创作的纯打击乐齐奏《沸腾的渔都》，以其热烈、火爆的气氛，丰富、多变的演奏，赢得专家和观众的一致好评，在浙江省首届民间锣鼓大赛中，获得创作、演奏双金奖，并被邀请参加浙江省 2003 年新春团拜会演出。该曲既保留了《舟山锣鼓》的传统精华，又增添了许多新的元素，使人感觉气势恢宏，激动人心，是近年来《舟山锣鼓》改编较为成功的作品之一。

随着群众性文化活动的蓬勃发展和舟山市政府对民间传统文艺的重视、支持，《舟山锣鼓》在民间的发展十分迅速。目前，不但沈家门有训练有素、装备精良的舟山锣鼓队，而且在海岛渔村也活跃着数支颇有地方特色的舟山锣鼓队。如虾峙岛的女子舟山锣鼓队，她们在各种节日庆典、文艺演出等文化活动中，以其热烈、欢快、激情的表演，给活动增添了火爆、喜庆的气氛，深受群众喜爱。

2003 年 8 月，普陀区举行了规模空前的首届中国沈家门渔港民间民俗大会。《舟山锣鼓》作为当地最有特色和最具表现力的民间传统文艺项目之一，在民间民俗大会的踩街巡游和文艺演出中进行了精彩的演示，受到来自全国各地广大观众的好评。2006 年 5 月，《舟山锣鼓》经国务院批准列入第一批国家级非物质文化遗产名录。

2. 渔民号子

在众多的海洋传统音乐中，渔民号子无疑是最贴近生活的音乐类型。作为中国民歌体裁劳动号子的一种，渔民号子是渔民们在集体下网、捕鱼、入仓等劳动过程中传唱形成的。浙东乃至浙江东南沿海地区渔业资源丰富，渔民号子也十分流行，有《舟山渔民号子》《象山渔民号子》《沙柳渔民号子》《椒江渔民号子》《温岭渔民号子》《清江渔民号子》《瓯海渔民号子》等。但由于不同地区方言存在差异，浙东乃至浙江东南沿海地区的渔民号子又各具地方特色，名气最大的当属舟山、象山、玉环三地的渔民号子，其中以《舟山渔民号子》最具代表性。

　　舟山渔民号子起源于舟山渔场的舟山、岱山等大岛，依捕鱼工序可分为《起锚号子》《拔篷号子》《摇橹号子》（分单人摇、双人摇）《打水篙号子》《起网号子》《挑舱号子》《宕勾号子》《抬网号子》《拔船号子》等；又因不同的劳动节奏、劳动强度，在领、合周期、节奏形态、音调风格方面形成差异，如《拔篷号子》是这样唱的：

　　　　一拉金嘞格，嗨唷！二拉银嘞格，嗨唷！

　　　　三拉珠宝亮晶晶，大海不负昧鱼人，嗨嗨唷！

　　渔船上摇大橹，一般由两人一俯一仰相配合，而且摇橹往往时间较长，所以"摇橹号子"唱的内容更丰富，有的唱各种戏文名，有的唱十二月花名，下面所录就是唱十二月花名的《摇橹号子》：

　　　　嗨嘞个哈嘞个嗨嘞个哈！嗨哈嘞个嗨嘞个哈！

　　　　正月会开牡丹花，二月会开水仙花，

　　　　三月杜鹃是清明，四月蔷薇伴篱笆，

　　　　五月石榴红似火，六月荷花映水下，

　　　　七月稻花遍地开，八月桂子嫦娥家，

　　　　九月菊花小蒸头，十月阳春芙蓉花，

　　　　十一月草子小浪花，十二月腊梅白花花

　　　　昧鱼人有福勿会享，一年四季看浪花。

　　舟山渔民号子与浙东乃至浙江东南沿海其他地区渔民号子相比，有其短小精悍、品种多样、方言浓重、风格粗犷、海洋气息浓郁等特点，充满了舟山渔民朴实、豪迈、奔放的个性，体现了鲜明的舟山海洋文化特征，具有厚重的历史价值和独特的艺术价值。2008年经岱山县非遗保护中心申报，舟山渔民号子列入第二批国家级非物质文化遗产保护名录。

3. 洞头吹打乐《龙头龙尾》

温州洞头流行的吹打乐，除吹、拉、弹、打器乐组成外，在乐器使用上还有一套独特的表现手法。他们常在鼓类中加用一只比一般堂鼓高两倍的"高鼓"，演奏者用一只脚搁置在鼓面上自由移动，使鼓的音色随之变动，听起来犹如风起潮涌，令人有置身于惊涛骇浪中之感。

《龙头龙尾》是一首优秀的民间吹打乐曲，是洞头一带民间风俗生活中婚丧兼用的伴奏曲，至今仍深受洞头人民喜爱。早在100多年前，民间艺人叶卿等人最先从福建泉州带来了民间布袋戏木偶戏在洞头演唱，伴以唢呐为主要演奏乐器的南昆调，如《海螺》《梳妆楼》《黄花连》等，奠定了洞头民间音乐的基础。在叶卿等民间艺人的传授下，先后出现了一批优秀的民间艺人，从而大大加快了洞头民间音乐的发展，其中《龙头龙尾》经过几代人演奏、提炼、加工，已成为一首优秀的器乐曲。该乐曲最初以唢呐为主，到20世纪四五十年代，洞头艺人开始从乐器上进行改革，先后加入弦乐、二胡、板胡、琵琶、三弦、吹奏乐、笛子以及打击乐，包括钢钟、马锣、小云锣、鼓、大小和堂鼓，使整部乐曲更加优美动听。《龙头龙尾》全曲由《水波浪》《龙头》《龙尾》《状元游》联缀而成，演奏起来气势雄伟、热情豪放，表达了渔民勤劳勇敢和喜庆乐观的精神状态。

1957年7月洞头县民间艺人施书宝、洪喜等组织乐队赴京参加全国第二届民间音乐舞蹈会演《龙头龙尾》荣获一等奖。20世纪七十年代以来，洞头县文化部门多次组织参加省市音舞会演并获奖。2004年，经过对该乐曲的初步整理，又获得了省级立项，并参加了温州市第十二届音舞节和中央电视台《乡村大世界》的演出，受到好评并获奖。目前，乐曲已作为浙江省主要民间器乐曲目编入《中国音乐词典》。2007 年 6 月,《龙头龙尾》被列入第二批浙江省非物质文化遗产名录。[①]

(二) 浙江沿海民间舞蹈

民间舞蹈起源于人类劳动生活,它是由人民群众自创自演,表现一个民族或地区的文化传统、生活习俗及人们精神风貌的群众性舞蹈活动。浙东沿海民间舞蹈流传广泛形式多样,无论是临近城市的渔港,或是远离大陆的海岛,大凡有渔民聚居的地方就有民间舞蹈的痕迹,是中华民族艺术宝库中的一颗璀璨明珠。

1. "跳蚤舞"

"跳蚤舞"原是流传在海岛迎神赛会、喜庆丰收时表演的一种民间民族舞蹈,后发展成每年农历腊月廿三民间祭灶神仪式的舞蹈,以示辞旧迎新,祈求消灾免祸,故民间又称"跳灶会"。"跳蚤舞"是舟山群岛颇具魅力的海洋舞蹈,为"船舞"("调船灯")的一个重要组成部分。每当岛上举行盛大的文化娱乐活动,如过年、庆丰收、祭海,"船舞"是必演的节目。

"跳蚤舞"始于清朝乾隆年间,经福建渔民从福建传入舟山沈家门渔港,再由沈家门传到定海、岱山和嵊泗列岛、宁波镇海一带。节目原无人物情节,只有两位舞者跳跃逗趣。1922 年舟山定海白泉章孝善将民间传说"济公斗火神"故事情节融入其中,始有济公与火神(女角)两个人物形象,成为舟山群岛特有的一种海洋舞蹈。

"跳蚤舞"不论是双人舞,还是群舞,它的基本舞步是大八字步半蹲跳走式。因其舞姿酷似蚤跳蹦,故而称之为"跳蚤舞"。它

---

① 张汉珠.《龙头龙尾》,洞头新闻网,2010 年 5 月 11 日。

舟山的"跳蚤舞"

的表演以轻盈、诙谐、灵活、逗乐的舞蹈动作取胜。男的为济公妆饰，穿破袈裟、破鞋，腰系草绳，一把破蒲扇；女的是火神娘娘妆饰，头戴珠冠，身披红色宫衫，红绿花鞋，一手握一柄花伞，一手舞动一块红手帕，也有手敲两块竹板的。火神娘娘菩萨的一身红色装束，正是火的色彩象征。表演时，男角在前，主要以阻拦和戏耍动作为主；女角在后，以挑逗、躲闪，配以突进动作。女进男拦，女退男进。三拍子节奏，伴奏的乐器是鼓和钹。在一派欢乐的气氛中，"跳蚤舞"伴随着锣鼓和丝乐的节奏，尾随着灯船，在大街上边演边走，沿途观众不时爆发出阵阵笑声。因是民间群众舞蹈，舞步和节奏并不太复杂，关键在于演员的挑逗动作和滑稽表演水平。在舟山各渔岛，饰火神的多是该岛最漂亮、最出众的姑娘，饰济公的是岛上具有幽默感、善于演滑稽戏的中青年渔民。在众多的海岛广场文艺演出中，"跳蚤舞"历来是最受群众欢迎的娱乐节目。

2. 西台鱼灯

浙东民间都有元宵灯会习俗。从农历年前到元宵期间，玉环县坎门渔区的西台乡一带有玩鱼灯舞的传统习俗，清光绪六年（1880年）纂修的《玉环厅志·风俗篇》载："制禽兽鳞鱼花灯入人家串演戏阵，笙歌达旦，环观如堵。"鱼灯队所到之处，鼓乐喧天、鱼跃龙腾、金鳞闪烁、银鳍熠熠，呈现出一派欢乐、和平的节日景象，一幅欢快、祥和的渔区生活画卷。

鱼灯舞是大约在300多年前从福建东山岛传入浙东沿海的，这种习俗性娱乐活动据说可以追溯到海洋渔民早期的图腾崇拜。起源于对于海龙的敬畏、崇拜以及对被捕获物的祈祷和表达对于获得丰收的意愿，既有娱"神"的功能，又能用以自娱。随着社会的进步，这种"巫"的意识已被淡化，而以鱼灯和鱼灯舞表现"吉庆有余（鱼）"和丰收的喜悦，在新年活动中又包含着"连年有余（鱼）"的寓意。

鱼灯的制作，不但讲究形似，也追求神似。鱼灯以木为架，用竹篾、布、绸等按各种鱼类形态扎制轮廓，糊以白漂布，再按照各种海鱼的首尾身形，鳞鳍皮色描线着色，制成鲳鱼、鳜鱼、鲅鱼、黄鱼、鲳鱼、墨鱼、龙虾、鲥鱼、马鲛鱼、海鳗、马面鲀等灯具，灯内可以插上蜡烛或装上小灯泡，夜间舞动，更是优美动人。

每队鱼灯分为两个队列，每队鱼灯至少有6种鱼，12人组成，各由一人舞动龙珠指挥，龙头紧追不舍，其后有黄鱼、墨鱼、马蛟鱼、鲳鱼、海豚等跟随游舞，模仿各种鱼类在水中的游泳姿势，或摇头摆尾，或平衡浮游，或反向游动，两队同时舞动，配合默契。主要舞式有"流水阵""四方回环""十字交叉""五路梅花""抢珠""跃龙门"等，以龙头抢着龙珠为表演高潮。此时，舞龙珠的人被龙头逼得席地而卧，作回环转动，龙头紧追不舍，衔珠不放。围观的人一边喝彩，一边把鞭炮、火花、焰火等，"火力"集中射向场中，只有压阵的"海豚"可以保护其他舞伴，将可能伤及人身的鞭炮扔出场外。到龙口"衔"定龙珠，舞蹈所表现的，便是一种悠然满足的情态。整个场面体现出人们喜获丰收的热烈气氛，气势宏伟，动人心魄。

西台鱼灯

西台鱼灯有两队，分别在前台、后台两地，各有其特点。前台的鱼灯表现上比较奔放、浑厚；而后台的鱼灯则比较细腻、灵活，活动幅度较小，适合女子舞跳和在舞台上表演。

鱼灯队以前由当地社庙组织，由当地士绅、财主、船主等操持。新中国成立后，鱼灯舞则一般都由村、社等生产组织或集体集资操办。近年来，西台鱼灯曾参加地区调演获奖，曾被江苏电视台拍摄进专题节目，被《中国民族民间舞蹈集成·浙江卷》编辑部收进录像资料①。

---

① 《漫画西台鱼灯》. 台州旅游网（http：//www.eutz.cn）。

3. 镇海龙鼓与澥浦船鼓

镇海龙鼓作为宁波镇海区重要的民间艺术，在各乡镇广为流传，有着很高的观赏价值与艺术价值。镇海古称"蛟川"，乃藏龙卧虎之地。自古以来，镇海人民以出海捕鱼为生，为保出海平安、捕捞丰收，舞龙和锣鼓表演历史悠久，在民间十分盛行。

宁波镇海素有"浙江门户"之称，大小战事频繁，先后经历了抗倭、抗英、抗法、抗日等反侵略战争，每当将士们凯旋，镇海百姓都会以舞龙和锣鼓庆祝胜利。近年来，镇海民间艺术家吸取传统艺术的精华，并加以创新，将舞龙和锣鼓表演巧妙地糅合在一起，形成了龙鼓这一共有独特风格的新民间艺术表演形式。镇海龙鼓寓意战风斗浪，"镇海"以保风调雨顺。镇海龙鼓既有龙舞的细腻奇巧，又具有锣鼓的雄壮粗犷，合为龙鼓，似蛟龙出海，雷霆万钧，变幻自如，气势如虹。镇海龙鼓使锣鼓富有动感，使龙鼓更具节奏，锣鼓音乐与舞蹈动作相得益彰，蔚为壮观，极具震撼力。

镇海龙鼓曾先后参加宁波市庆祝新中国成立 50 周年广播电视文艺晚会、象山海鲜节开幕式、浙江省投资贸易洽谈会开幕式等省市重大庆典活动 30 多次。2000 年代表宁波市参加浙江省广场民间舞大赛获表演金奖。2001 年 6 月代表浙江省参加由中国文联、中国民间艺术家协会等单位主办的"山花奖"居庸关长城杯中华鼓舞大赛获最高奖。中央电视台、《人民日报》及省、市众多家新闻单位均对镇海龙鼓作过报道。

宁波镇海澥浦船鼓始于清代嘉庆中后期。当时澥浦是一个较大的渔业集镇，当地渔民多从河南和福建迁居而来。每当出洋捕鱼、归来谢洋，河南籍渔民往往以敲锣击鼓庆祝，福建籍渔民则常常将竹木条扎成船形载歌载舞。后来，二者逐渐融合，出现了船形舞与锣鼓伴奏合而为一的船鼓队。清末民初，船鼓最为红火，并扩展至民间庙会、传统节日与喜庆活动中。

旧时溯浦船鼓的演出场地，多为渔港空旷地，演出人数可多可少，多则数十人，少则七八人，由龙头作导，众人相随。表演者服饰以画有龙虾、鱼等图案的渔民对襟衫为主，背景常常是画有与海洋相关图案的渔船。表演的乐器由唢呐、大堂鼓、小京鼓和锣钹等响器组成。船身由粗毛竹制成，缠上各色花朵，人在船中央，鼓在人前方。表演者斜挎一条粗布带，用以连起船身。队伍最前面为一只大鼓，以鼓声作指挥，船随着鼓的节奏，或前进，或后退，犹如在海浪中行驶奋进。每逢游行活动，船鼓打头阵，有气壮山河之势。

溯浦船鼓

溯浦船鼓是一种以打击乐加曲牌形式演奏的民间歌舞，演奏时曲调高亢，和声粗朴，节奏有力且起伏跌宕，形成虽欢却不噪的独特音韵，具有浓厚的喜庆气氛，兼以舞蹈动作粗犷奔放，非常适宜于场地演出，因而其随意性也较强。为了将溯浦船鼓搬上舞台，船鼓在传统的基础上又作了改进。道具上，以一艘大渔船为主角，12艘小渔船为配角，组成舞台阵容。将原来由两人拍船、一人击鼓的"早船"设计成舟鼓合一的"单人蟹鼓渔舟"；设置16个手持镇海宝塔的渔姑，内容上增添了渔民斗浪场景和渔姑企盼出海亲人平安归航的剧情。在表演人员服饰上，男演员的服饰以海蓝色为底色，饰以金色的渔网装饰；女演员则以红色为主，与手持的金色宝塔互衬，强化了舞台视觉的喜庆色彩。曲调上，在保留江南马灯调旋律的基础上，增强了江南丝竹的音乐成分，整个曲调以海潮波涛为基调，以号子鼓声为高潮，特色非常鲜明。①

2005 年 6 月，瀣浦船鼓参加浙江省海洋体育文化展示和海洋特色体育项目比赛，获得亚军。2007 年 9 月，赴平湖参加浙江省"群星奖"广场舞蹈大赛，荣获金奖。并参加迎接奥运会倒计时一周年进京演出。2011 年 10 月，又亮相第八届全国残疾人运动会开幕式。作为宝贵的非物质文化遗产，瀣浦船鼓散发出强大的艺术渲染力和生命力。

（三）浙东沿海民间戏剧

浙东民间戏曲有着悠久的历史传统，最早反映东海故事的《东海黄公》，就源于汉代的"角抵戏"。晋代葛洪《西京杂记》载："有东海人黄公，少时为术，能制御蛇虎。佩赤金刀，以绛缯束发，立兴云雾，坐成山河。及衰老，气力羸惫，饮酒过度，不复能行其术。秦末有白虎见于东海，黄公乃以赤刀往厌之。术既不行，乃为虎所杀，俗用以为戏。汉帝亦取以角抵之戏焉。"我国戏剧家周贻白在《中国戏剧的起源与发展》一文中也认为，《东海黄公》是中国戏剧最早的萌芽。到了宋元，有"海东之胜"之称的温州成为中国古南戏的诞生地。明人祝允明《枝山猥谈》记载："南戏出于宣和之后，南渡之际，谓之温州杂剧。"清顺治《瓯江逸志》

---

① 张落雁，毛雷君. 瀣浦船鼓响天下［N］. 东南商报，2008-10-12（11）.

也说温州一带"民众好演戏"。民国以来,浙江沿海民间地方戏曲更为繁荣,不仅有流传温州、绍兴、金华浦江的"乱弹",台州的"高腔",宁波的"甬剧",还有流传舟山群岛的"木偶戏"等。

1. 浙江"乱弹"

清乾隆五十五年（1791 年）,乾隆南巡时,两淮盐商调集了全国 100 多个地方剧种在扬州接驾。地方官为便于上奏,将各地方剧种分为"雅""花"两部。 "雅"单指昆腔,"花"即杂,杂者乱也,故统称"乱弹"。

浙江是乱弹的天下,有绍兴乱弹、浦江乱弹、温州乱弹等。新中国成立后,分别改称绍剧、婺剧和瓯剧,唯台州乱弹沿名至今。台州乱弹

台州乱弹

的声腔有昆腔、高腔、徽调、台州词调以及乱弹中的慢乱弹、紧中慢、二焕、紧二焕、慢二焕、应司二焕、西皮二焕、上字、和元、山坡羊等。其唱腔高亢激越,表演粗犷奔放,文戏武唱。尤其是独特的表演绝技,如耍牙、钢叉、双骑马、抱瓶滑雪等,至今仍为戏剧界所称道。其舞台语言以中原语音结合"台州官话",充满乡土气息。

台州乱弹有 300 多个剧目,老高腔有《三星炉》《紫阳观》《鸳鸯带》等,昆腔有《连环记》《长生殿》《单刀会》等,纯乱弹有《五虎平西》《薛刚反唐》《锦罗衫》《紫金镯》等。创作剧目有反映戚继光在台抗倭的《双斧记》,抗清剧目《金满大闹台州府》及家庭剧《拾儿记》等。由台州乱弹剧团排演的《拾儿记》《空花

轿》《荒魂》曾在浙江省第一、二、三届戏剧节中获得编剧、表演、音乐等多项大奖。尤其是章甫秋、曹志行根据台州乱弹传统戏《奇缘配》改编的《拾儿记》，由于该剧极富地方民俗特点，在1983年浙江省首届戏剧节上引起轰动，被誉为"一幅立体的台州风俗画卷""中国剧坛上富有浓郁乡土气息的一朵兰花"。

早在唐五代时期，台州地区已有参军戏或杂剧演出。1987年，黄岩县灵石寺塔大修时，发现一批制作于北宋乾德三年（965年）的阴刻戏剧人物画像砖，有参军戏剧或杂剧角色形象。宋代南戏逐渐形成，台州为其发源地之一。当时州县均有官办演剧组织，名为"散乐"。现存最早南戏剧本《张协状元》中有《台州歌》，为地道的台州曲调，其语言也具有浓厚的台州乡土气息，不少对白都是使用台州方言。元代，杂剧流行于台州。元末明初，黄岩人陶宗仪《辍耕录》记载台州戏曲资料颇多。明宪宗成化二年（1466年），陆容《菽园杂记》卷十《禁例》载，台州黄岩、温州永嘉等地"皆有习为倡优者，名曰戏文子弟，虽良家子不耻为之"。此后，高腔与昆腔继起。明末清初，宁海县（包括今三门县）等地有平调，所唱高腔较平，故名。清代乾隆年间，乱弹腔在黄岩一带兴起，以紧乱弹、慢乱弹、二焕为主于唱调，兼唱昆腔，高腔，形成三腔合唱的台州式的"黄岩乱弹"。民国初期，乱弹发展迅速，共有20多副戏班，同时有高腔班10余副、微班5副。

温州乱弹（瓯剧）曲调丰富，有民歌风，长于抒情。剧目大多取材于民间故事与历史故事，爱憎强烈、忠奸分明。唱白为温州方言加上北京话的混合语，俗称"乱弹白"。另外，瓯剧的脸谱也有自己的特色，如一字眉、手形脸，以及神话中的鲤鱼脸、鸟脸、虎脸、龙脸等，惟妙惟肖，有独特的创造。再加上词句通俗，表演细腻，形成了朴素、清新的风格，深受当地百姓欢迎。

2. 舟山木偶戏

木偶戏又称傀儡戏，是由演员操纵木偶以表演故事的戏剧。表演时，演员在幕后一边操纵木偶，一边演唱，并配以音乐。根据木偶形体和操纵技术的不同，有布袋木偶、提线木偶、杖头木偶、铁线木偶等，各具艺术特色。浙江木偶戏历史悠久，是浙江民俗观念的重要载体，反映着浙江民俗文化的特征。

舟山木偶戏

木偶戏流传于舟山已有150余年的历史。据1923年编撰的《定海县志·风俗·演剧》载：傀儡戏有二种，俗皆称之曰"小戏文"。一种傀儡较巨者，谓之"下弄上"，皆邑中堕民为之，围幕作场，大敲锣鼓，由人在下挑拨机关，则木偶自舞动。其唱白亦皆在下之人为之。一种小者，其舞台如一方匣，以一人立于矮足几上演之，谓之"独脚戏"，亦曰"登头戏"，为之者皆外来游民。傀儡戏大者多民间许愿酬神演之，小者则多在街市演之，演毕向观众索钱。亦有以此许愿酬神者。人们请演木偶戏，无论是为驱邪避凶、解厄消灾，还是招财求福，都是希望借助木偶戏这一形式来与神沟通，与神对话，祈求神灵的保佑与赐福。可见，舟山木偶戏的发展与舟山民间宗教信仰密切相关。

据《舟山民俗大观》记述，定海南门口（今人民中路）是旧时定海城内最繁华之地，每逢农历七月十五鬼节，由南大街各商家集资在南门口搭台、放焰火，举行盛大的祭祀活动。当晚，南大街自状元桥至南城门口所有商店均不打烊，每家在店堂里摆设香案，供上糕点果品、香茶水酒。街道两边拉两条长草绳，从每家店门口横贯而过，各家店铺负责将自己门前这段草绳挂满金银纸箔和各种纸钱。南城门口挂上一幅用布做的鬼王像，鬼王腰束虎皮裙，手举催魂铃，青面獠牙，面目狰狞。天黑后，各项祭祀活动全面展开，主要包括城门口打醮放焰火、各商家设香案祭祀和木偶戏演出等三部分，其中最热闹的要数木偶戏演出。演木偶戏的场地有两处：一处在里太保庙，另一处在水门桥畔的空地上。在进行祭祀活动过程中，街上灯火通明，行人如织，锣鼓声不绝，十分热闹。深夜，祭祀活动结束，木偶戏演出散场，人们便把草绳连同上面悬挂的锡箔、纸钱收拢，堆在街中心焚烧。

至 20 世纪 40 年代，舟山有 20 多个木偶戏班在城乡、岛屿流动演出。50 年代初，木偶戏班逐渐增多。1956 年，定海县城关镇举行舟山专区木偶戏会演，全区 20 个木偶剧团近 80 名演员参加演出，上演的节日达 40 多个。1959 年，40 余名木偶艺人加入舟山地区曲艺队，由木偶世家出生的潘渭涟组建成立了东升木偶剧团。此后，东升木偶剧团对原有表演形式进行改革，使木偶戏从"唱门头""做愿戏"等流动演出改变为在书场、礼堂等固定场地演出。当时的舟山书场（1952 年设于城关镇竺家弄，1963 年迁址状元桥西侧，内设近 200 个座位。同年分设道头书场，内设有 150 个座位。1967 年道头书场被拆除）专演木偶戏。为适应固定场地演出的需求，木偶戏由单人演出改为多人演出，内容与动作更加复杂、生动，表演难度也增大。同时，在演出过程中还添置了灯光、布景等。1977 年，东升木偶剧团改名为新放木偶剧团，后因经费原因解散，由民间自由组团演出。此后，由侯雅飞为首组织的"侯家班"

开始活跃于定海及周边农村①。舟山布袋木偶戏于2003年列入浙江省第一批民族民间艺术资源保护名录，现已被列入市级非物质文化遗产名录。

（四）浙江沿海民间曲艺

曲艺是中华民族各种"说唱艺术"的统称，它以说、唱为主要艺术表现手段，是民间口头文学和歌唱艺术经过长期发展演变而形成的一种独特的艺术形式。说的如小品、相声、评书、评话；唱的如京韵大鼓、单弦牌子曲、扬州清曲、东北大鼓、温州大鼓、胶东大鼓、湖北大鼓等；似说似唱的如山东快书、快板书、锣鼓书、萍乡春锣、四川金钱板等；又说又唱的如山东琴书、徐州琴书、恩施扬琴、武乡琴书、安徽琴书、贵州琴书、云南扬琴等；又说又唱又舞的如二人转、十不闲莲花落、宁波走书、凤阳花鼓、车灯、商花鼓等。据不完全统计，至今活跃在中国民间的各族曲艺曲种约有400个。浙江沿海民间曲艺是活跃在海港、海岛地区深受广大渔民喜闻乐见的民间说唱形式，它以曲折的故事情节、生动的说唱内容、简便的表演形式，渡海穿洋，为广大滨海渔民所喜爱。

1. 宁波走书

宁波走书，又名莲花文书、犁铧文书，在浙江宁波、舟山、台州一带广为流传，深受群众欢迎。宁波走书约诞生在同治、光绪年间，据传最早从绍兴上虞县（现绍兴市上虞区）传入。当时有几个佃工在农作中你唱我和，自我娱乐，借以消除疲劳。后来由唱小曲发展到唱有故事情节的片段，每当夏夜乘凉或冬日闲暇之时，几个人凑拢到晒场，堂前为大家演唱，以后也有一些人在逢年过节时出

---

① 毛久燕.舟山布袋木偶戏的流传、发展及演出特点［J］.浙江海洋学院学报（人文科学版），2007，（2）：58-65.

外演唱，赚一些"外快"。宁波走书在刚开始演唱时，并没有什么乐器，只有一副竹板和一只毛竹根头敲打节拍，曲调也十分简单，光绪年间，这种演唱形式已流行于余姚乡间。后来，余姚有一些农闲时从事曲艺演唱的农民、小贩和手工业者，成立"杭余社"，经常交流演唱经验，研究曲艺书目。其中有位叫许生传的老人，吸收绍兴莲花落曲调，率先采用月琴伴奏，自弹自唱，深受群众欢迎。在他的影响下，许多艺人也都采用各种乐器伴奏，还从四明南词、宁波滩簧、地方小调中引进不少曲调加以改造应用。同时，在书目方面也有了发展，出现了《四香缘》《玉连环》《双珠凤》《合同纸》，以及《红袍》《绿袍》等长篇，演唱活动的范围也逐渐扩大到宁波、舟山、台州三个地区。

宁波走书

宁波走书曲调常用的有四平调、马头调、赋调三种，俗称"老三门"，有时也用还魂调、词调、二簧、三顿、三五七等。"四平调"一般作为一部书的开头，末句常由乐队和唱。"马头调"据艺人所传，系从蒙古民间曲调中转化而成。"赋调"随内容情节、人物性格，有紧、中、慢之分。如慢赋调节奏缓慢，曲调下行为主，多用于哀诉之类的叙述或回忆。走书演唱伴奏的乐器中，四弦胡琴是必不可少的乐器，也是宁波走书音乐具有独特风格之处，其他乐器有二胡、月琴、扬琴、琵琶和三弦等。2005年6月，"宁波走书"列入浙江省第一批非物质文化遗产代表作名录，2008年6月，列入第二批国家级非物质文化遗产名录。

2. 蛟川走书

蛟川走书是宁波地方曲艺中一个乡土气息浓郁、风格独具的曲种。追溯蛟川走书的由来，相传在光绪年间（1875—1908年），由住在镇海县城小南门一个名叫谢阿树（又名谢见鸿）的艺人在吸收宁波走书的基础上加工而成。因他家所住的小南门拱形城墙上刻着蛟川两字，遂以此为名，称蛟川走书。早期蛟川走书仅一人演唱，没有乐器伴奏，也无后场和唱，艺人只用两只酒盅、一根竹筷，有节奏的敲打，自唱自和。以后演变成以一唱一和的形式，并使用二胡、扬琴，有时还用琵琶、三弦、萧、笛等多种乐器伴奏。演出时，演员在右位，伴奏员在左位，对唱时右位为主，左位为辅。

蛟川走书

蛟川走书曲调有 30 多种，常用者有 20 多种，如小起板、基本调、赋调、杭调、词调、平湖、一字沙袋、五彩沙袋、娃娃调、乱台、哭调、水底反、正平湖、三顿、清丝两簧、流水、一根藤、五更调、武体调和急板等。演唱的内容多为演义类历史长篇大书，如《反唐》《飞龙传》《大明英烈传》《杨家将》《包公案》《七侠五义》等。自 1956 年曲艺队成立后，《抗台英雄贺玲娣》《养猪姑娘张芸香》《互助合作是方向》等多项获省曲艺调演奖①。2007 年，蛟川走书作为"宁波走书"之一，列入第二批省级非物质文化遗产保护名录。

3. 翁州走书

翁州走书在舟山流传已有 400 多年的历史，因舟山古时为翁州县，故名翁州走书。最早演唱翁州走书的是清嘉庆年间（1796—1820 年）马岙乡的安阿小，传入普陀六横后称为"六横走书"。由于地处海岛，往来交通不便，翁州走书仅流行于舟山普陀区的六横、桃花、虾峙、蚂蚁等岛屿以及定海、岱山部分地区。艺人偶尔也到大陆上演唱，但也仅限于宁波的镇海、北仑以及鄞县的咸祥等地。由于宁波的镇海、北仑地区与舟山隔海相望，锣鼓之声相闻，民间来往十分频繁，再加上明清时期，舟山居民曾两次内迁大陆，故也有一说认为走书在光绪年间传入镇海后，演变成为蛟川走书。

早期的翁州走书由表演者一人自鼓自唱，演唱内容多为流行于民间的古今史话和传说，后吸取戏剧中的走、唱、念、表相结合的表演手法，改单档坐唱为二人或多人演唱。常规演出为 1 人主唱，辅以一两人帮腔伴奏。其基本调为"慢调"与"急赋"，另吸

---

① 宁波市文化广电新闻出版局. 宁波市非物质文化遗产大观·北仑卷［M］. 宁波：宁波出版社，2012：138-140.

翁州走书

收其他曲乐中的"二簧""流水"等曲调，演唱朴实、清晰，"四工合"帮腔为其特性音调，以唱、表白、演为主要表演形式。2001年，赵学敏又创作《把木梳卖给和尚》，由陶根德根据州走书曲调改编，由吴萍儿导演，范翠素主唱，参加浙江省曲艺会演，获创作、表演二等奖，成为浙江省知名的曲种之一①。2005年，翁州走书被列入浙江省民族民间艺术资源保护名录。2007年，翁州走书又作为"宁波走书"之一，列入第二批省级非物质文化遗产保护。

4. "唱新闻"

"唱新闻"是浙东地区流行的一个曲种，在宁波的北仑、镇海、鄞州、奉化、象山以及舟山定海等地尤为普遍。旧时，多为盲女瞽男演唱，因其演唱时多带有哭腔，似乞者求食之状，故称"讨饭腔"。又因"唱新闻"艺人常常在人家居处门口或往来于岛间的航船上唱，故而又被称为"唱门头""唱船头"。"唱新闻"有一人演唱的，即自唱自伴奏，叫单口调；也有二人演唱的，一唱一敲并帮

---

① 定海档案局．马岙——翁州走书［OL］．定海档案网（http：／dhdla.zsdaj.gov.cn）．2012年7月17日。

腔，叫双口调。

"唱新闻"历史较为悠久，但具体年代难以查考，据说由唱官方新闻"朝报"演化而来。由于演唱的内容大多为本地及外乡的时政新闻或传奇故事，用的又是地方方言，听起来格外亲切。唱的曲调有人们熟悉而且好听的民间小调，有"宁波走书"中的赋调、二簧，变化较多，深受渔民的喜爱。相传定海"唱新闻"的"祖师爷"江阿桂艺技高超，一部《石门冤》唱了半个月还未结束，如果要听到大团圆，还得唱半个月。

"唱新闻"开唱前，艺人先击打几番锣鼓，俗称"闹场"。"闹场"结束，即开始演唱。开篇的唱词叫"书帽子"，一般是以"天上星多月不明，地上人多出新闻，新闻出在何方地？某某乡里某某村"作开场白。也有如"犯关犯关真犯关，宣统皇帝坐牢监。正宫娘娘担监饭，红皮老鼠拖小猫（读'蛮'音）。世上新闻交交关，且听我来说一番"。书帽子拖腔完毕，即转入正书。正书有说有唱，有时边唱边用鼓槌或锣片有节奏地轻轻叩打鼓沿或小锣。等到唱罢一段，再敲几番锣鼓，接着说唱。新闻书目可分两类：一种是小书目，也叫开场书，如《光棍调》《打养生》《游码头》等，也有用小调唱小段社会新闻的；一种是大书目，也叫当家书，如《双兰英》《邬玉林》《日月琴》《钉鞋记》《石门》《三县并审》《杨乃武与小白菜》等。2007年6月，"唱新闻"被列入第二批浙江省非物质文化遗产名录①。

（五）浙东沿海民间工艺美术

民间工艺美术是民众为适应生活需要和审美情趣的要求，就地

---

① 宁波市文化广电新闻出版局. 宁波市非物质文化道产大观·北仑卷［M］. 宁波：宁波出版社 2012：134-136.

取材以手工生产为主而创作制成的工艺美术品。它生动、质朴、刚健、清新，饱含着鲜明的民族情感和气质，具有独特的艺术技巧和强烈的艺术感染力。浙江沿海的民间工艺美术与浙江海洋民俗活动关系极为密切，如沿海民间的节日庆典、婚丧嫁娶、生子祝寿、迎神赛会等活动中的年画、剪纸、春联、戏具、花灯、符道神像、服装饰件、舟船等。浙江海洋民间工艺美术分布于沿海各地，因地域的差异又形成不同的品类和风格，但都具有实用价值与审美价值统一的特点。另外，其技巧高超、构思巧妙，擅长大胆想象、夸张，且常用人们熟悉的寓意谐音手法，表达了沿海居民对美好生活的憧憬，极富浪漫主义色彩。

1. 舟山渔民画

舟山渔民画是舟山地区海洋民间艺术之一，主要由定海渔民画、普陀渔民画、岱山渔民画和嵊泗渔民画组成。它由舟山当地渔民自己创作，以大海为背景，以渔民的生产、生活为题材，表现手法既没有传统民间美术的平实中庸，也不受学院派既定规范的约束，有着大海般自由随意和纯情流露、天真可爱的鲜明个性。其丰富的内容题材，鲜明的地方特色，独特的艺术表现手法，堪称渔民艺术的典范。

舟山渔民画出现于 20 世纪 50 年代初期，崛起于 80 年代。1983 年 3 月，旨在繁荣和推动浙江民间传统美术的浙江省群众美术工作会议在杭州召开，会上拟定舟山为民间绘画试点之一。会后，定海区文化馆率先组织人员前往上海，考察学习金山农民画创作经验，并着手组织有关人员集中进行创作。同年 7 月，舟山市群艺馆举办了首届全市渔民画作品加工班于 8 月送杭州参加全省评选，58 件作品获省一、二、三等奖。其中，有 6 件作品入选《全国首届农民画展》，占浙江省入选此画展作品总数的 45%，同时 2 件作品荣获全国二等奖。

舟山渔民画题材，多为体现大海及与海有关的事物，即使是神话传说，也是在大海里遨游。渔民出没于狂风巨浪，甚至生死搏斗的生活经历，造成作品奇幻、神秘、抽象近乎怪诞的风格，赋予作品现代民间气息，具有强烈的地域特色和民族意识。而这些主观的感受和强烈的生活气息又通过造型上的夸张、随意和色彩上的艳丽、强烈而表现出来，由此形成了舟山渔民画特有的整体性艺术魅力，在中国现代民间绘画艺术中独树一帜。渔民画家们把他们对理想，对生活的美好追求与渴望都反映在作品中，如刘云态的作品《渔姑梦》《咪咪梦》，张亚春的作品《嬉鱼》；有的以渔民生活、生产和渔家风俗风情活动为内容，如林国芬的《拣鱼》《剖鲞》，陈艳华的《补网》等；有的反映了海岛的民间传说，如张定康的《穿龙裤的菩萨》描绘了"青浜庙子湖，菩萨穿龙裤"这一民间故事。

渔民画家们热爱海岛，热爱自己的劳动和生活，他们以海为动力，依照自己的环境和生活在创作中进行联想，用形象的思维来表达他们朴素的思想情感。他们从客观事物的真实形象出发，进行大胆的创意和夸张，立意奇特，想象丰富，用画笔流露着自己对生活的真情实感和对大海的深情眷恋，作品散发着浓郁的"海腥味"。这些充满大海气息的艺术作品，无一不具有鲜明的地域特色和生活气息。如在鱼的身上画渔网、海鸥及海洋动物，它们巧妙地组合在一起，交织成一个具有民间特色的造型，形式十分新颖。再如渔民捕鱼、捕蟹要用到很多工具，渔民画家们在表现时，把不同时间、不同空间、不同视点和各种物体的特征要领错综复杂地交织在起，把自己感兴趣的东西都描绘在一幅画面中，使画面有很大的生活容量。在造型上，他们不受任何限制，大胆想象，大胆变形，大胆夸张，以自己的感情为中心，根据需要在同一画面里出现仰视、俯视、平视、侧视等现象，构成了舟山渔民画特殊的造型模式。

舟山渔民画

越是民族的，就越是世界的。舟山渔民画正是以其独具魅力的艺术风格，走出国门，走向世界。迄今为止，约有 300 余件作品分别在澳大利亚、日本、德国、瑞典、挪威、西班牙、比利时和美国展出，国内外媒体纷纷撰文介绍舟山渔民画。舟山渔民画作为一种特殊的文化现象，吸引了不少国外友人前来访问考察。美国艺术家卜丝赤专程前来舟山考察，并发表了评介舟山渔民画的专访文章，德国艺术家佛朗西斯卡对舟山渔民画更是情有独钟，他自筹资金在嵊泗县举办了 25 天的渔民画创作班，并收购了其中的 23 件精美画作。

1988 年 1 月，文化部命名舟山四个县区为"中国现代民间绘画画乡"。至此，舟山渔民画创作初步形成了一支具有独特风格的群体。近年来，随着国家对非物质文化遗产保护的重视，舟山渔民画中的普陀渔民画、嵊泗渔民画、岱山渔民画分别被列入第一、二、三批浙江省民族民间艺术保护名录。2006 年 12 月，舟山渔民画被列入舟山市"首批市级非物质文化遗产代表作目录",为舟山渔民画的发展奠定了基础。[①]

2. 竹根雕与贝雕艺术

(1)竹根雕。竹根是利用毛竹的竹根及其天然形态,通过艺术构思、造型,雕刻成各种造型生动、形态传神的艺术品。中国的竹根雕艺术起源于唐代,兴盛于明代,长期来主要集中在上海的嘉定和南京一带,从而在雕刻艺术风格上形成了嘉定和金陵两大派系。

浙江竹根艺术兴起于 20 世纪 70 年代后期。当时,象山县以张德和、郑宝根为代表的一批民间工匠艺人,凭着对自然美的独特感受,利用当地丰富的竹资源,摸索着走上竹根雕之路。他们在继承我国明清时期竹根雕刻工艺及其风格的基础上,推陈出新,发明"仿古法""局施雕法""乱刀法"和"大写意法"等,利用竹根的天然形状,将其雕刻成形象生动、形态逼真的各种人物、佛像和动物。在造型艺术上,象山竹根雕突破了传统的竹根用料,连根带须,一并应用,再现返璞归真之天趣,适应了人们热爱自然的审美趋势,这是对我国传统竹根雕艺术的一大突破。如张德和创作的《张飞》,把竹根须作为张飞的胡须,使其具有倒竖、密麻、蓬乱、针刺般效果,显示出张飞嫉恶如仇、刚烈如火的性格特征,具有其他艺术形态所难以达到的传神效果。他创作的《眷恋》,利用竹根尖的根须团块,加工雕磨成昭君后梳上盘的发髻和头饰,使昭君这一人物神形兼备。近年来,张德和的《眷恋》《洪荒年代》,郑宝根的《两小有猜》《窥视人间》,周秉益的《红颜》《渔舟唱晚》,先后荣获"刘开渠根艺奖"金奖。1996 年 11 月,象山县被文化部命名为"中国民间艺术·竹根雕之乡",成为继东阳木雕、黄杨木雕、

---

① 罗江峰. 舟山渔民画传承与发展究 [J]. 浙江师范大学学报(社会科学版),2009,(1):79-84.

青田石雕"浙江老三雕"之后的新一代"浙江名雕"①。

象山竹根雕大师张德和创作的《张飞》

（2）贝雕。贝雕工艺是利用贝壳的天然色泽和纹理、形状，经剪取、车磨、抛光、堆砌、粘贴等工序精心雕琢成平贴、半浮雕、镶嵌、立体等多种形式和规格的工艺品。贝雕巧妙地将人与海相结合，其形状多样，质地坚硬细腻，打磨后亮丽光滑，可以灵活表现各种花鸟山水、人物博古等艺术题材，且其体积大小随意，是居家和公共场所的理想装饰品，具有特殊的艺术价值、经济价值和民间民俗文化研究价值。

浙江贝壳资源丰富，沿海各地贝雕工艺丰富多彩，其中以舟山、温州地区最为有名。

舟山传统贝雕工艺已有近百年历史，贝雕品种繁多，有贝雕

---

① 陈青．新一代浙江名雕——象山竹根雕［OL］．中国宁波网（http：//www.cnnb，com．cn）2007年4月25日．

画、贝雕台屏、贝雕镶嵌、贝雕首饰等。据有关史料显示，1917年，定海设浙江省水产品制造模范工厂，以壳为原料小批量制作螺钿扣。新中国成立后，舟山成为我国贝雕制造基地，作品多次被国家选送给外国元首和政要。20世纪六七十年代，舟山贝雕工艺盛行，贝雕作品被很多收藏爱好者收藏或作为高中档礼品作馈赠之用。80年代后，由于种种原因，贝雕生产企业纷纷倒闭，艺人散失，贝雕工艺几近失传。2000年起，舟山市旅游品研究所对贝雕传统工艺实行了抢救性保护，如安排专用场地，购置设备，召集老艺人对年轻工人进行传帮带等。目前，具有舟山海洋文化特色的贝雕工艺得到了初步恢复。

舟山贝雕

舟山贝雕是利用当地的贝壳作原料，采用国画形式，融玉雕、石雕、浮雕等工艺形式为一体，吸收油画、装潢及装潢美术色彩鲜艳、格调优雅的艺术风格，根据贝壳的天然色彩、光泽、纹理，精雕成神形兼备的风景、人物、山水、花鸟等画屏的工艺美术品。2000年以来，舟山贝雕多次在评为浙江省新优旅游商品，浙江省旅游交易会旅游纪念品、工艺品优秀奖，浙江省旅游交易会文化旅游商品展最佳创意奖。贝雕作品《屈原》曾获全国工艺美术百花奖优秀创作二等奖。

洞头贝雕至今已有 100 多年历史。过去，洞头人家把贝壳收集后，小的贝壳穿成串，挂在颈部、手腕当装饰品，大的贝壳外沿取下制成钩，悬吊蚊帐，当作日常用品；把形状特异的螺贝置于案头，作为摆件。更为普遍的是，孩子生日或农历七月初七日，用贝壳给孩子作佩戴悬挂饰品。这是洞头贝雕工艺的发端。

20 世纪 70 年代中期至 90 年代初，是洞头贝雕兴盛期，无论是工艺手法，还是作品内容、市场销售，都有可圈可点之处。这一时期，随着洞头贝雕工艺厂的成立，诚聘了一批有较好艺术底蕴的民间艺人和青年美术爱好者作为设计骨干，并在温州市工艺美术研究所的支持下，在生产贝雕工艺品的同时，全力攻克贝雕画屏的技术难关，拓展贝雕工艺新领域，使贝雕工艺生产一度成为洞头海岛经济的一个亮点，其贝雕工艺品通过上海进出口公司，远销东南亚和西欧，广受好评。作品《云海流音》《如来佛》分别获得 1996 年、1999 年浙江·中国民间艺术展金奖，《镜座观音立像》荣获 1983 年浙江省轻工产品三等奖。

从贝串、贝堆、贝雕画到圆雕，洞头的民间艺人不断发现、创造、继承和创新，使贝雕艺术进入中华传统文化的宝库。2007 年 6 月，洞头贝雕被列入第二批浙江省非物质文化遗产名录。

3. 绳索结编织工艺

作为我国四大传统渔场之一的嵊泗列岛，历来是我国东部沿海渔业生产的重要区域。随着航海及海上生产技术的发展，海洋捕鱼也从用投竿猎取发展到用渔网，独具特色的渔用绳索结编织工艺应运而生，海岛生产习俗也由此增添了新的内容。

渔用绳索结是海岛居民生产和生活的基本手工技艺，精巧实用，被人们誉为"渔民结"。在新石器时代，渔网即已用于海洋捕捞。当时在嵊泗诸岛上栖息的先民，就在这杭州湾外、长江口近海洋面上网罟渔获。距今约一千五百年前，在海涂、浅海渔捞中出现了小型兜网，人们在海涂或浅海上插竹竿、围布网，利用潮汐涨落来捕获鱼虾。自宋朝至明代，用于海洋捕捞的网具已相当发达。经过渔民和网师不断改进，世代相承，渔网也逐步演变成一个兴旺的大家族，有对网类、拖网类、流网类、张网类、抄网类和围网类等，由此产生了不同的渔用绳索结编织工艺。

长期以来，浙东沿海各地域渔民的海洋作业和生活方式的差异使海岛绳结逐步丰富完善，最多时达上百种之多，渔用绳索结分为渔船生产绳结、渔网绳结和综合绳结三类。渔船生产绳结用于渔船内外的生产劳动，有渔船结、船槽结、兜绳结、船缆结、货运结等之分。渔网绳结用于编织渔网、组装渔网、补网等，综合绳结是多种用途尤其是生活上应用的绳结，在海岛流传甚广。随着渔业生产和海岛居民生活方式的改变，以及渔用工具、材料的发展变化，许多绳结的编织技艺因长期不用而失传或濒临失传，现流传和能挖掘的有70多种。

渔用绳索结源于生产实践，是渔民长年在海上恶劣的自然环境中辛苦劳动的产物，浸透着他们丰富的想象和无穷的智慧。有些绳结简单、易解、牢固，有些复杂，但易解，有些虽简单，但难解（如死结，又称卖老婆结），抬拉重物时，绳索往往断开，人们通常将两股断头合并，打一个"单结"，称"和把结"。或者将两个"单结"重叠为"糖饼结"。"糖饼结"简易又牢固，在陆上颇为实用，但在渔船相接处使用往往会钩住渔网，或卡在船舷上，给捕鱼作业带来不便，于是，渔民们便创造出一种相应的绳结，将断处三股交叉对接，隔股相交，有一定的花纹，互相扣压，既牢固，又无突出的接头，不会钩住渔网和船舷，极为实用。

过去，绳的材料以麻为主，比较粗糙。用这种线织网，网眼大、少固定、网形不多，因此多用"扁结"来编织。随着社会的进步，科技的发展，塑料逐渐代替麻料成为织网的主要原料。塑料线很滑，如仍用"扁结"，就会使网眼有大有小，易于变形和破损。于是，渔民们就在"扁结"的基础上多绕一圈，称为"网眼单垫头"，或多绕两圈，称为"网眼双垫头"，使网眼定型。

渔用绳索结不仅是一种渔业生产的基本技能和手工技艺，更体现着渔民特殊的想象和审美情趣，是一种艺术、一种文化。远离大陆的海岛居民还用绳结作为挂饰，装扮服饰、新房和庙堂等，有的编结成生活中的各种用具。

随着渔业生产的变迁、网具及渔具的改进和发展，一些绳结应用得越来越少，熟练使用绳结技艺的老人也逐渐稀少，原有的百余种绳结已消失近半，现有的也处于濒危状态。为了保护这一充满渔

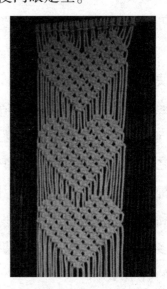

绳索结编织工艺

岛先民智慧的技艺，嵊泗县文化工作者们通过搜集、记录、分类、编目等方式，建立绳索结编织完整的工艺档案，将收集的各种渔绳结在县青少年宫的海洋博物馆及青沙社区的渔村民俗馆进行展览，对中、小学生进行本土文化的教育。同时利用各地的节庆活动开展渔嫂织网比赛及渔民编织绳结大赛，使"渔民结"这门海岛特有的民间文化艺术得以保护和传承。

第四章　浙东渔民
习俗文化演进

中国自古就有重视习俗的传统。"观风俗，知得失"是历代君主恪守的祖训。浙东沿海地区的先民在长期与海洋打交道的过程中，总结传承了大量涉海生活的规约习俗。这些具有地域特色的规矩，都潜移默化成沿海人自觉认可和遵守的一种习惯。这种海洋渔民习俗伴随着沿海渔民子孙后代繁衍生息，反映了沿海人的民俗、民风，反映着沿海人对海洋的认识历程，折射着沿海人的心态特色。沿海人的海洋习俗是为适应当地的海洋自然与人文环境而形成的，后世人们把这些习俗惯例收集、整理，成为认识、研究、利用海洋资源与环境的重要内容。

浙江沿海渔民习俗，是中华风俗的一部分，它既与全国各地的风俗相同，又有自身的地域特色。其相同性主要是长期以来与中原文化的交流与融合。其特殊性，源于浙江沿海渔俗自身的自然环境以及历史的、社会的多方面因素。

一、浙东渔民习俗文化形成因素

渔民习俗文化，就是和渔民有关的风俗文化，即缘于适应海洋环境、开发利用海洋资源而生成的习俗文化，包括渔民的衣食住行风俗，以及涉及海洋的传说与歌谣等。

浙东渔民依海洋为生，他们的海洋生活习俗文化是海洋习俗文化的重要构成部分。一方面渔民作为海洋习俗文化的创造者、承载者和传播者，他们从先辈们那里接受、继承下来的约定俗成的行为规范，并不断发扬光大，构成其海洋习俗生活的主要内容；同时，随着他们对涉海生活的发展和创新，一些旧的习俗被抛弃，一些新的习俗被涵化、吸收进来，形成新的习俗。另一方面他们把自己继承的海洋习俗留传给后代，又借助于海上交通往来，吸收、融合其他海城风俗文化，使之变成自己风俗的组成部分；同时，作为文化交流也把自己的习俗文化传播出去，为对方所接受、吸收，成为对方海洋习俗文化的组成部分。这种海洋习俗文化的相互传播，相对于大陆风俗文化，更具有共同性大、变化快等特点。但海洋生活又不能完全脱离大陆，所以海洋习俗文化又与大陆习俗文化有不可分割的联系，海陆习俗文化的相互影响和互动，也是海洋习俗文化形成与发展的一个动因。

（一）浙东渔民习俗文化形成的自然因素

浙江地处中国东南沿海，东临东海，南部以仙霞岭、洞宫山与福建毗连，西境以天目山、白际山、怀玉山、仙霞岭与江西、安徽两省相连，北部因太湖南岸及杭嘉湖平原而与上海、江苏为邻。境内山地丘陵多、平原少，岸线曲折绵延、海岛星罗棋布，舟船如织，自古以来对外贸易繁荣。浙江的平原地貌，从北开始，分布有杭嘉湖平原，河网密布、水上交通发达，马家浜文化、良渚文化均出自该区域。与杭嘉湖平原隔着钱塘江相望的是宁绍平原，河姆渡文化发源于此地。另外，往南还分布着温黄平原、温州沿海成片小型平原。浙江多山，境内74.6%的面积是山地，故有"七山一水两分田"之说。"浙江地势由西南向东北倾斜，地形复杂。山脉自西南向东北呈大致平行的三支。西北支从浙赣交界的怀玉山伸展成天目山、千里岗山等；中支从浙闽交界的仙霞岭延伸成四明山、会稽山、天台山，入海成舟山群岛；东南支从浙闽交界的洞宫山延伸成大洋山、括苍山、雁荡山"。在西南向东北倾斜的山脉走势影响下，浙江水系发达，从北到南，有苕溪、钱塘江、曹娥江、甬江、灵江、瓯江、飞云江、鳌江等八大水系。从地理学的维度看，"浙江"既是地方政区之名，也是水系之名。作为水名之浙江，即钱塘江，古称"浙江"，全长668公里，其地域范围涵盖整个钱塘江及其上游的新安江流域，是省内最大的河流。钱塘江有南、北两源，两源在建德市梅城镇汇合后，经桐庐、富阳（古称富春）至萧山的闻家堰段称"富春江"。闻家堰到杭州闸口的河段特别曲折，形如反写的"之"字，而得名"之江"；闸口以下因江流经古钱塘县（今杭州）境，故称"钱塘江"，后来渐被泛称全江（民国时期的统称）。①

1. 浙东沿海的地理环境

东临大海是浙江地理环境的一大特色。根据《浙江省沿海地区海洋文化资源调查与研究》，浙江所辖沿海区域有：嘉兴、杭州、绍兴、舟山、宁波、台州、温州7个副省级或地级市，平湖、海盐、海宁、滨江、萧山、定海、普陀、岱山、嵊泗、绍兴、上虞、余姚、慈溪、镇海、江北、海曙、江东、北仑、鄞州、奉化、宁海、象山、三门、临海、椒江、路桥、温岭、玉环、乐清、鹿城、龙湾、洞头、瑞安、平阳、苍南36个县（市、区）及相关乡镇，相关区域陆域面积约2.81万平方千米，约占全省陆域面积10.36万平方千米的27.1%，人口2125万人，占全省人口4980万人的44.7%。②

独特的地理环境是浙东习俗文化被创造、被传承的最为重要原因。紧临大陆腹地，东临大海的独特地理区位和复杂的海洋环境，由此生成了多姿多彩的渔民俗文化，并形成其自身特点。浙江独特的海洋地理条件表现在如下几点：

（1）浙东海岸线曲折绵长、海域岛礁众多。根据调查数据统计，浙江全省海岸线长约6700千米，占全国海岸线总长的20%以

---

① 钱塘江志编纂委员会编. 钱塘江志 [M]. 北京：方志出版社，1998：2.

② 杨宁. 浙江省沿海地区海洋文化资源调查与研究 [M]. 北京：海洋出版社，2012：2.

上；海岛总数约为 3800 个，占全国海岛总数的 40% 以上。浙江岛屿资源丰富，是全国岛屿最多的省份。浙江众多的岛屿，以其近岸、或近港口航道、或近渔场的区位优势，留下了大量的海洋渔文化遗存，也将海洋渔文化开发持续推向纵深。

（2）浙东港口、海湾资源丰富。浙东海岸线漫长曲折，沿海较大的港湾有杭州海、象山港、三门湾、台州湾、浦坝港、隘顽湾、漩门湾、乐清湾、大渔湾、沿浦湾等。这些港湾大多水清浪平，是海水养殖的优良场所。浙东沿海港口地域分布较为均匀，自北向南乍浦港、宁波港、舟山港、海门港、温州港均为天然深水良港，优良的港口资源使浙江沿海形成综合性、多功能的现代化港口群体。渔港是渔船的集散地，也是其停泊避风的宁静港湾；是渔夫舟子扬帆起航的起点，也是他们装卸贸易货物的繁忙之地。

（3）浙东沿海渔业资源优势相对明显。在东海广阔的海域中，分布着大大小小的渔场，其中位于浙江洋面的有：舟山渔场、嵊山渔场、花鸟渔场、岱衢洋渔场、浪岗渔场、洋山渔场、渔山渔场、洞头渔场、披山渔场、积谷洋渔场、南北麂渔场等，都是浙江渔民赖以生存的海上主要捕捞场所。每当鱼汛时，来自全国各地的数十万只渔船汇聚于此，形成了"无数渔船一港收，渔火点点漾中流，九天星斗三更落，照遍珊瑚海上洲"奇景。浙东渔民俗的生成与传承既离不开海洋社会的每一个个体，也离不开与海洋息息相关的场域。

2. 浙东沿海的水文、气候环境

浙东近海多种水流交汇的水文条件为鱼类索饵、生长及洄游提供良好的条件，进而促进了渔业的发展。浙东沿海温暖湿润的气候条件为稻作农业发展提供了良好的条件，季风性气候为鱼类的季节性洄游提供了可能性。多风多雾是浙江沿海主要的气象灾害，沿海渔民与风暴，尤其是台风的抗争从未停止过。由此，沿海渔民将关于天文潮汐、气象物候等客观规律浓缩为渔谚、口诀，世代相传，用于指导渔业生产。

（1）潮汐观测。潮汐在古代一直有三种说法，一说以潮水的涨落作区分，海水涨为潮，海水落为汐。持此说法的有五代丘光庭《海潮论》，北宋徐兢《宣和奉使高丽图经》，明张燮《东西洋考》等。另一说是以海水上涨的时间作区分，朝至为潮，夕至为汐。持此说的有汉许慎《说文解字》，南宋马子严《潮汐说》等。还有一说法是潮、汐作名词，分别指代日潮和夜潮。《现代汉语词典》的解释为："通常指由于月亮和太阳的引力而产生的水位定时涨落的现象。"面对大海、面对恶劣天气，掌握潮汐规律、潮流时刻是沿海渔民、水手出行必备之技能。如果靠海的人不了解潮汐，在古人看来是件奇怪的事情。如清周春《海潮说》记载："客问于余曰：'山人习于山，海人习于水，今我辈生于海国而不明潮候，如之何？'"这则故事与俗语"拘鱼人勿读四书，也晓得大水小水"所表达实则是一个意思。

潮汐不仅与海上作业息息相关，也影响着船只航海出行。"顺风行船，顶流下网"，在涨潮的时候，潮流由海向岸，船舶进港容易。反之，退潮时，水流向海，船舶出海容易。

浙东沿海及岛屿日常办喜事，如造屋上梁、新船下水、新人结婚、老人做寿，都要择潮升时刻，意为步步高升，兴旺发达。反之，丧葬出殡、生病吃药要选择退潮时分，意为此类事情速速退去永不发生。这些或多或少说明了潮汐、气象在沿海百姓日常生活、言行中留下了烙印，也闪耀着沿海百姓的生活智慧。

（2）风暴预测。空气在海上的流动不似陆地，在几乎没有任何阻挡的情况下，风速快、风力强。冬春两季，受北方冷空气影响，渔场经常出现6级以上大风，夏秋两季受太平洋副热带高压控制，易受台风侵袭。台风突发性强、破坏性大，登陆时往往带来狂风暴雨甚至潮灾，影响沿海地区的农业种植、海产养殖。随着沿海渔民对于海洋气象、海洋风暴的认知深化，他们不仅从风向、海水颜色变化还依据生物兆来观测风暴，尽量减少因台风带来的经济损失，以确保人身安全，这是人与自然的抗争中慢慢领悟的和平相处之道。

浙东沿海处在季风区，冬季刮北风，夏季刮南风。沿海渔民根据不同风向，来安排渔业生产及海上航行。渔谚"东南风是鱼车，西北风是冤家"说的是，刮东南风的时候，鱼群向上游动，网鱼较多；如果是西北风，鱼多在海水深层，网鱼较少，再如"夏至发北，撑船人进屋，虾鱼蟹要哭""夏至烂（下雨），鱼虾烂得剩半担""夏刮西北风，晒死河底老虾公"，又如"八月十五刮大风，只能张网捉虾蛄"。旧时，虾蛄的经济价值不比现在，且经常扎破渔网，又被唤作"虾不懒虫"，特别不受渔民待见。风暴还与鱼发、鱼群的分散、集群密切相关，在海洋生产实践中，渔民掌握风暴规律，利用鱼群常在风头、风尾集群这一规律，无惧风浪，从而获得高产。

台风来临前，近海会先产生涌浪，古代称之为"移浪"。《舟师绳墨》记载："天神未动，海神先动，或水有臭味，或水起黑沫，或无风偶发移浪，礁头作响，皆是做风的预兆。"移浪会使得潮水异常，浅海淤泥搅起，海水发臭，舟山地区民间流传"海风臭，风将起；下隔动，有台风""海上起蛮涌，必定发大风""滩横生浪叫声哄，不久有大风"等说法。由于浪涌作用引起海洋动物习性异常，古代亦用此来预报风暴。明李时珍《本草纲目》卷四《鳞部》曰："文鳐鱼……有翅与尾齐，群飞海上，海人候之，当有大风。"另据《测海录》记载："飓风将起，海水忽变为腥秽气，或浮泡沫，或水族戏于波面，是为海沸，行舟宜慎，泊舟尤宜防。"除了水族外，旧时沿海渔民也有将海鸟乱飞视作台风征兆。渔谚有云："海鸥飞进岙，天气要打暴"。另有"海潮乱，台风来""海水哈哈响，要有台风来""条浪打先锋，后头跟台风""小潮像大潮，台风随着到"等谚语与古人台风预测方法相互佐证，成为生活经验的一部分。

（二）浙东渔民习俗文化形成的人文因素

从文化发生学的角度看，浙东渔民习俗是在特定的地域文化中孕育形成、不断发展，成为海洋文化的有机构成。"任何一种文化形态的形成和发展，都与当地的人文背景有着直接或间接的渊源关系，并表现出与所从属文化系统的同一性和差异性。"① 因此，梳理浙东沿海的人文因素包括政区变革、历史文化变迁等要素，有助于厘清浙江渔民俗文化的形成及其发展特征。

1. 浙江政区的历史变革

早在新石器时代，浙江境内的人类活动范围已相当广泛，其中河姆渡文化、马家浜文化和良渚文化最为典型。春秋时期，浙江省境分属吴越两国；秦代，浙江分属会稽、鄣、闽中等郡，今浙江境内设 15 个县；汉代，浙江隶属扬州；隋朝时浙江境内设有余杭郡、会稽郡、东阳郡、永嘉郡，部分区域属吴郡。唐贞观元年（627），浙江省全境属江南道；"浙江"一词作为行政区域名自此始。宋设两浙路浙西、浙东，设两浙都督府，至元二十一年（1284），改名江浙行省。作为省级行政区之浙江，始于元明之际，即公元 1366 年，朱元璋攻占杭州设置浙江等处行中书省，简称浙江行省。明洪武九年（1376），改浙江行中书省为浙江承宣布政

---

① 张伟，苏勇军. 浙江海洋文化资源综合研究 ［M］. 浙江大学出版社，2014：26.

使司。清初袭明制，设浙江承宣布政使司，后改为浙江行省。作为一个相对独立的地域社会，浙江至今不过 600 余年的历史。从行政区归属来看，历史上的浙江属地一直与今江苏南部、安徽南部、江西东部和福建省联系在一起，分分合合，互为统属，且受周边地区经济生活、风土人情、语言习惯等潜移默化之影响。钱塘江以北至太湖边的杭嘉湖平原地区，受吴文化影响较重，钱塘江以东的宁绍平原地区（包括舟山）受到越文化影响较深，浙东沿海一带椒江和瓯江流域的台、温滨海地区同属于瓯越文化。这种区域社会的文化演进，自然而然地会在浙江渔民俗文化中落下或深或浅的痕迹。在宁波象山，旧时本土居民不多，大多是甬、台、温、闽的移民，其渔区文化既受到吴越文化的影响，也不乏闽南文化遗风。

2. 浙东历史文化变迁

从浙江海洋民俗的演进、发展与重构看，影响其形成与发展特点的传统地域文化主要有吴越文化，同时，由于战乱、政权更迭等历史原因，中原移民曾在西晋永嘉、隋唐、南宋等时期大量入浙江，他们与浙江原有文化交流与融合，构成了浙江沿海地区较为特殊的人文环境和文化背景。此外，浙江沿海不少地区还受到闽台文化的影响。温州南部苍南、泰顺、洞头等地使用闽南语和蛮语，究其原因，该地百姓多半是明清之际的福建移民，他们不仅带来了渔业技术上的革新，也将自己的语言习俗、信仰习俗扎根于温州、台州等地。

人口的迁徙、文化的交流融合等因素，直接或间接导致民俗文化的发展演进，其中，不断被强化的民间文化获得生长，构成新的民俗、新的生活方式，而被弱化的文化形态可能退出历史舞台。西晋末永嘉年间，大量北方人口大量南迁，带来了以儒家思想为核心的制度文化、衣冠文物，浙江文化的南北融合加速。有史以来，浙江人接触、接纳的多元异质文化远甚于任何一个朝代。中原汉族的衣冠文物对浙江民间文化的影响显著，浙江等地关于婚姻、丧葬的习俗也明显传承于中原地域的礼俗。

浙江有着典型的水乡泽国风貌，与水密切相关的渔业、造船航运业发达，而南方水路的发达又影响着对外贸易的发展，其中，丝绸、瓷器制造中心的南移与南方交通便利有直接关系。隋唐，南北大运河的贯通，开辟了黄金水道，浙江充分发挥水乡近海的地域优势，渔盐并举，富甲一方。两宋时期，随着航海技术的发展，浙江与外界的联系、交流不断增多，海洋文化的开放性不断彰显。至元代，浙江境内各郡因手工业的发达而声名鹊起。明中叶后，出现了一大批规模较大、功能齐备的农村集市、小城镇，庙宇附近商业气氛浓郁，商业习俗渗透于百姓的日常生活之中。

二、浙东渔民渔业生产习俗文化

浙东渔民渔业生产习俗是指涉海民众从事的海洋生产活动，主要包括渔产、海盐、船具等物质实体形态及附着其中的相关制度文化、社会文化和精神文化。以渔业生产习俗为例，既涉及海洋捕捞与海水养殖，也包括附着于渔产中的渔具制作技艺、渔法革新和信仰习俗变迁等。

海洋渔业生产习俗具有悠久性、动态性、多样性及民间信仰的规约性等特征，是系统了解海洋生活习俗、岁时习俗、精神习俗和口头语言习俗的物质基础。

（一）浙东渔民的海洋捕捞习俗

浙江地处亚热带季风气候区，四季分明，年温差较大，光照明显、雨量充沛，海洋渔业资源丰富。那些分布在浅海海域或港湾内的海岛，不仅方便渔船停泊避风、补给生活物资及销售鱼货等，同时也为浅海、滩涂养殖提供良好条件。

浙东具有悠久的海洋渔业捕捞史。吴越先民在海滨及江河采用原始的一击、二突、三搔、四挟捕鱼方式。"击，就是击打水族之法，用树枝、石块等将鱼类击伤或击毙，从而获取。突，就是刺杀水族之方法，工具是尖锐的树杈，这就是鱼叉的雏形。至于搔和挟，则是捕捉栖息于泥沙中的贝类的动作。这四种动作，以及所采用的树枝石块等物，俨然是渔具的雏形。"① 舟山渔谚："东南风是鱼叉，西北风是冤家。"浙江沿海处于典型的季风带，刮东南风时，鱼群向上游动，产量较多，这里用"鱼叉"比喻海洋捕捞丰收，依稀可寻浙东先民鱼叉捕鱼这一古老习俗的遗风。秦汉以来，浙江沿海人口增多，捕捞业也相应得到发展，沿海一带居民"喜游贩鱼盐"。《舆地志》述及鄞县地名之来源："邑人以其海中物产于山下贸易，因名鄞县。"② "海中之物"，顾名思义自然是以鱼盐为主。西晋末年，黄河流域一带混战不止，中原百姓纷纷南迁，其中一部分人迁居到浙江沿海，一定程度上推动了海洋捕捞业的发展。唐代，海产品海运或取道浙东运河至杭州，经由京杭大运河销往内陆地区。明州的淡菜、蚶子在当时为岁贡品，郡贡品有石首鱼、鲻鱼、螟干（乌贼干）等。温州进贡的海产有鲛鱼皮。南宋明州造船业大振，海洋捕捞发展成为常年性作业。宝庆《四明志》载："渔人每以潮汛，竟往之，曰洋山鱼（即大黄鱼），汛发洋山附近。舟人七郡出洋取之，多至百万艘。"海洋生产的动态性很大程度上决定了渔民追踪鱼汛进行集中捕捞作业，捕捞海域从苏南沿海

① 盛文强. 渔具图谱［M］. 北京：北京时代华文书局，2019：1.
② 《太平御览》卷一七一《州郡部十七·江南道下》引《舆地志》. 中华书局，1960年，第833页。

南下至浙江，一直延伸到福建沿海。渔民追随鱼汛主动迁移，相应地带来了渔具、渔法的改良。平阳渔民出海捕捞作业，主要集中在洞头渔场、南北麂渔场和闽东渔场。清道光年间，部分平阳渔民北上捕捞黄鱼，吸取了浙北作业方式，故渔具渔法兼有南北特色。宋代以后，福建沿海渔民陆续迁入温州平阳定居，随之传入该地渔业传统作业。

（二）"赶小海"生产习俗

赶小海，又称之为"落小海"。早期渔民通过滩涂、礁石附近拾贝捉鱼，根据不同海产特征习性掌握"独门"捕捞技艺，如捉望潮、钓红钳蟹、敲牡蛎、攻淡菜等，一些滩涂作业技艺流传至今。温州渔谚："海涂是大田，够你吃千年。"落潮时，赶小海的渔人，腰系蟹篓，脚踏"泥马船"，下滩涂猎觅。"三月三，泥螺爬上滩"，泥螺旺季，男女老少下滩采拾，日潮一人可拾一、二千克，夜间携灯拾采，可多达十千克左右。当潮汛来临时，雄者触脚上下摇动，似在招呼潮水到来，故名"望潮"。望潮触脚的吸盘吸力极大，可将渔民的手足牢牢吸住，只有趁着涨潮入水，它才松开。捉望潮时，先看洞，如洞内有水混浊，说明望潮藏得浅，滩涂不易行走，离海岸线越远，滩涂泥质越软，双腿也陷得越深，如果此时潮水涨来，十分危险。沿海百姓发明了简易而又实用的"弹浮泥船"（又称"泥马"），用木材加工制作，形似小船，长四尺左右，船体中部装制一把横柄，使用时双手扶柄。每逢潮退，宁波、台州、温州、舟山一带渔民就扶着泥马在海涂上滑行出海，他们一腿跪在船中，一腿伸向身后的泥滩中，每蹬一下，船能向前滑出数米远，可以在落潮时行于滩涂，拾得滩涂贝类，摘取网里各种鱼虾。"弹浮泥船"作为滩涂上捡拾小海鲜的交通工具，曾被明朝抗倭名将戚继光用于海涂上追杀倭寇，大显神威，浙东沿海渔民整理历史碎片想象而成了《弹浮泥船的传说》。

近海礁石附近采贝习俗随潮而定，主要采捕紫菜、龙须菜、牡蛎、佛手、淡菜等。自然采集，不论是上礁还是下滩，以大潮汛为最佳，中潮汛次之，小潮汛最差。采集牡蛎时，为了携带轻便起见，用工具将其外壳敲碎，只取壳中蛎肉放入容器内，俗称"敲蛎黄"。淡菜，靠"足丝"依附在礁石上，生长在礁的中上层，俗呼"燥搁淡菜"，也有生长在礁石的中下层，或长年淹没在海水深处，俗呼"深水淡菜"。采集附生在礁壁中上层的淡菜，一般用铁铲沿礁壁连壳一起铲下，装入篓中即行。"深水淡菜"个头大，肉嫩多汁，需潜水到礁岩底部去撷取，俗称"攻淡菜"。

三、浙东渔民海洋生活习俗文化

浙江地处中国东南沿海是中国岛屿最多的一个省份。在这样一个有着丰富的海洋资源、浓厚的海洋气息的沿海省份，浙东渔民的生活从来没有离开过海，他们在自然环境影响下形成的生活民俗，也被深深打上了海洋的印记，形成了极富海洋特色的生活习俗和文化。

（一）浙东渔民的饮食习俗

俗话说："靠山吃山，靠海吃海。"长期以来，浙东沿海渔民的饮食习俗既沿袭了周边农村共有的稻作文化传统，又保持了自己独特的渔海文化特色。

浙东沿海居民食物谱系中多以海洋食物为主。早期临海而居的先民们就地取材，从大海中渔猎采集浅海贝类来充饥。我国东部沿海遗存了大量的贝丘遗址，这些都是先民们把吃剩下来的贝壳抛弃在居住地附近，日积月累堆积而成的，这足以见证当时浙东沿海先民的饮食习俗。随着独木舟的出现、航海业的发展，先民们逐渐开始以捕鱼为生。将多余的渔获物晒干储存。以备不能出海捕鱼时食用。随着耜耕农业的发展，再加上农作物的易储存性，周边农村部分谷物进入渔民食谱。渔获物与农产品两者逐渐共同成为渔民的主要食物。

1. 渔民的日常食俗

"一日三餐，两干一稀，农忙季节，三餐均干"。这是浙东渔民的典型食谱。渔民们的早餐以泡饭或粥为主，然而一到农忙季节，稀饭类的早餐就不能满足他们高强度的生产劳动需求了。午餐和晚餐以大米为主，有些地方如象山一带，曾主食番薯干，尤其在青黄不接的年代。清明至中秋期间，由于白昼较长，家人会在下午三四点钟给百工、客人及家里小孩加餐，加餐以点心为主，辅以一些简单的菜肴。

浙东渔民的餐桌上，除了当地农家特有的腌菜，如咸菜、苋菜股、臭冬瓜等菜之外，还有渔家特色的菜，如成蟹、泥螺、糟鱼、咸绳鱼等。另外，渔民们还有家庭制酱的习惯。渔民们平时吃得较为简单，时蔬类有瓜茄豆菜以及刚捕上来的小海鲜，若碰上渔船返岸时，为庆祝家人团圆，就会有满桌的各种做法的海鲜菜肴改善伙食；招待客人时，一般都会倾囊设宴，有鱼有虾，有鸡有猪，加上冷菜，满满一桌，并且一定要喝酒助兴；喜庆筵席时，更要杀鸡宰鸭，一般为"九大碗"，丰盛的有"十大碗""十二大碗"随着时代的变化和渔民生活水平的提高，桌上碗数渐有增加，到 20 世纪 90 年代渔民餐桌上常常多至二三十碗，鸡鸭鱼虾、牛羊猪肉必备。

浙东沿海盛行风味小吃，花色繁多，主要以糯米粉或掺米粉制成，有年糕、团、发糕、馒头，汤团、麻糍、麦饼筒等。米团按馅料不同，可分笋团、菜团、萝卜团、红豆团；麻糍则用纯糯米掺蓬蒿或将糯米用乌叶汁浸泡制成；灰汁团、灰汁麦果。多在早稻登场时制食；夹沙糕，俗称"状元糕"，多用于喜庆场合；和气团、麻团，多用于婚嫁；寿桃（馒头）则用于寿辰；金团多用于婴儿"周岁"时馈送亲友。最有特色的当属红圆和红龟，它们是寄托意愿、祈福求祥的象征物。其用途和用意在各个不同的场合不尽相同，例如，孩子满月、周年、用12只红圆垒成一盘，先在祖宗牌位前奉祀，然后到相关庙里去供奉，祈求孩子一年到头无灾无病、身体强壮。再如，新房落成后，在上梁这一天，要制作很多红圆。在浙东沿海渔村，其他点心还有鱼滋面、米豆腐、汤果、百宝饭等。旧时由于百工劳作强度较大，一般会在两餐间准备点心。点心往往是成批预制，不易变质，携带也方便，要吃的时候拿出来蒸一下或煮下即可。渔民出海作业，少则十天，多则一个月，风餐露宿，辛苦自不用说，于是，体贴的家人就会给他们准备各种好吃的点心带到船上去，渔民无论饿了还是想家了随时都可以拿出来吃。点心在主餐期间和其他菜一起上，已经成为浙东渔民宴席上必不可少的一道程序，点心文化也因此成为浙东沿海一带食俗的重要特色。

2. 渔民的海鲜食俗

中国食材中有"山珍海味"之说，海味多指海鲜。海鲜因其口味鲜美而深得食客们的喜好，又因其鲜味难以持久，保鲜不易而弥显珍贵。靠海吃海，渔民的食俗从来就没离开过"海鲜"两字。

（1）浙东海鲜品种多、个体小。浙东地区地处东海之滨，属亚热带海洋性气候，气候温和适宜，热量丰富，鱼类生长速度适中，鱼体肉质相比其他地区更显细腻鲜嫩。同时，浙东地理环境优越，大陆架海底平坦，港湾多，滩涂多，加上江南水乡的淡水径流与海水形成的混水区，饵料生物丰富，水产养殖业发达。因此，这里海鲜品种多、个体小，更显鲜活，独具风味。

（2）海鲜的分类方法很多。最常见也是最简单的分类是从外观和品质来分类，有鱼类、蟹虾类、贝类、软体类、海藻类及其他。从生养地域范围特征来分类，有洄游性、近岸性、河口性等。从处理程度和新鲜度来分类，有活海鲜、冷冻海鲜和干海鲜之分。其他还有野生和养殖类之分，以及一些不完全的分类说法，如经济类、食用类、生态类、饵料类等。

（3）海鲜餐食的做法很多。浙东渔民既保存着传统的烹饪工艺，又不断地创新现代厨艺并融入国内其他菜系中的精华。常见的海鲜做法有清蒸、煮、烩、烤、晒、焗、醉、焖、醋、红烧、盐腌等。对于新鲜的海味，渔家人一般会用最简单的烧法来保持其原汁原味，如清蒸米鱼、清蒸鲳鱼、盐水虾、白煮蟹等。烩法也是很常见的一种做法，不仅制作更为精细，而且配以各种佐料，如菜花、香菇、肉丝等，往往会勾一点芡粉，打出的浆汁浓浓的、香香的，真正的色香味俱全，尽显主人厨艺。

①鱼羹，是渔家海鲜饮食中一大风味。鱼、蟹之肉皆可作为主料做羹，有黄鱼羹、鲳鱼羹，鲈鱼羹和蟹肉羹等。因为鱼羹是渔民的家常菜肴，又比较容易展现烹调技艺，因此从古至今，渔家女总是把做鱼羹和织渔网一样，当作自己的必备手艺。渔家新媳妇在夫家，脱去新嫁衣，就要为公婆做一顿鱼羹。要是谁家的新娘子鱼做得好，很快就会传遍渔乡，受到称赞。无论逢年过节还是婚嫁喜宴，一道精制的鱼羹，总是能成为餐桌上的亮点，也是就餐者品尝美食佳肴的焦点。

②鱼冻，是渔家人的另一道海鲜风味美食。每逢大年三十家家户户都要红烧一锅鲜黄鱼、鲜米鱼或鲜带鱼，用碗盛满，一碗一碗地存放于食橱中，一般会有十几碗。由于春节前后气温较低，碗中鱼就会结冻，数天内不会变质，将上年留下的鱼，在新年中一碗一碗慢慢地吃，寓有"年年有鱼（余）"之意，寄托了渔家人企盼年

年丰收的美好望。渐渐地，鱼冻不再是过年的专利，整个冬天都可以做，渔家人也不再一碗一碗地装，而是盛放于一个缸盘里，要食用时再一碗碗地取。

③ 鱼粥、鱼饭也是海鲜风味美食。制作鱼粥和鱼饭，一般选用新鲜带鱼。冬季带鱼汛，每逢头水带鱼上市或到冬至节时东海舟山一带的渔家人总喜欢做满满一锅带鱼粥或带鱼饭，让家人尽情品尝。做鱼粥、鱼饭，通常是选用 1 斤至 2 斤重的中条鲜带鱼，去头尾和内脏，洗净后用利刀片割下鱼肉，放进煮得八成熟的粥锅或饭锅里，再加入些许葱花或青菜。做好后，雪白的米粥，晶莹的鱼肉，还有淡淡的葱香，都令人胃口大开，食后鲜味久久不绝。

（3）最能体现浙东海鲜独特风味的还数腌制和剖晒类的海货。许多徙居他乡的宁波人总会念念不忘小时候的炝蟹，糟鱼、鱼鲞、龙头烤等。

① 炝蟹，也叫咸蟹。在宁波一带是响当当的招牌海鲜菜。活蟹买来后用刷子刷干净，然后调制盐水，这是关键一步，按水与盐 2∶1 的比例彻底溶化，把活蟹壳朝下分层叠装进瓷坛，最后倒进盐水，浸没螃蟹即可，可放些料酒，过夜即能食用。也有取出后用保鲜袋分别包装直接放入速冻箱，只要冰不化就不会发黑，放一年都没问题。类似的做法也可用于制作蟹糊、蟹浆等。

② 糟鱼，也叫醋鱼。其他地方也有，但是浙东渔民们会将糟鱼做得更有味道。他们往往会挑那种肉肥少刺的鱼类，如鳗鱼、青占鱼、米鱼等，先将鱼肉切成薄片，并在醉鱼的鬈内撒入盐、香料，浇上酒，然后一层鱼片一层佐料，待鱼片层层叠满后密封鬈口，放置月余或两三个月即可食之。糟鱼开封时，醋香扑鼻，是出海渔民钟爱的下饭菜。

③ 剖晒鱼鲞。剖晒鱼鲞的习俗可以追测到春秋时期。《吴地

记》记载："吴王归，思海中所食鱼，问所余，所司云，'曝干'。王索之，其味美，因书美下着鱼，是为鲞字。"当时吴王在海上作战时曾令士兵大量捕捉石首鱼充当军食，吃剩剖晒后带回。用大黄鱼加工制成的白鲞，味鲜美、肉结实，是浙东最负盛名的名贵海产品。其他还有米鱼鲞、鳓鱼鲞、目鱼鲞等。

④烤头，是宁波一带渔民对小鱼类剖晒成干后的一种统称。主要有龙头烤、梅童烤、带鱼丝烤等，尤以龙头烤最为闻名，被誉为宁波土特产之一。

渔家人常年都备有这些蟹酱、咸泥螺、鱼干等极易下饭的食物，尤其是早餐，泡饭就着咸的蟹酱，简便又美味。

3. 渔民饮酒习俗

海上渔民常年以船为家、以海为生，于是便养成了以酒为伴的习俗。浙东渔民普遍爱喝黄酒或自制米酒，这类酒存防时间较长，俗称老酒。渔民喝老酒有许多名堂，体现出独特的习俗趣事。

渔家人一向豪爽好客，凡有客来，定会倾其所有，把家里最好的菜和酒拿出来招待。哪怕菜不多，老酒是不能少的，热两壶酒，劝客人尽量多喝，劝酒风盛。无论是家里请客还是酒席场合，大伙儿喝得兴致高时就会猜拳，渔民本来风里来浪里去的嗓门就大，划拳时往往大声吆喝，比谁的嗓门大，以便以声势夺人，镇住对方，输的人则只能装出一副豪爽样，满大碗地喝罚酒，场面热闹非凡，往往会引来许多人围观起哄。

（1）酒为旧时祭祀、宴请所必需。无论农忙还是渔业生产，渔民干过累活后都会喝上一碗热腾腾的本地米酒；也可冲上鸡蛋，叫"酒冲蛋"，甜甜的，既爽口又滋补。本地酒多自酿，大多是米酒，也有黄酒，度数不高，味甘苦。出海的渔民们则不满足于这些温性酒，他们更酷爱烈性酒，既能驱除海上的寒意，又能打发船上的寂苦日子。"枪毙烧"酒是奉化、象山一带渔民的最爱，这种酒很烈，酒精度有 60 度，但喝了很爽口。

（2）酒在渔民的日常生活和传统节日中都扮演着十分重要的角色。据传，周代时，冬至日是新年元旦，是个很热闹的日子。如今的浙东一带仍有"吃了冬至夜饭长一岁"的说法，俗称"添岁"。渔家主妇们把做冬至羹饭作为一桩重要的大事，需配齐各色祭品、菜肴和酒水，一点也不逊于年夜饭和清明瓷饭。冬至阴极阳生，初生之阳不很强壮而需人"扶"，故又有喝"扶阳酒"之说。也有一说是，冬至后捕带鱼的渔船就要上南洋，渔民要离家外出，因此渔家人精心准备酒肴为即将离乡出远洋的亲人钱行，寄托平安，丰收之愿。

（3）年节酒也颇为重要。渔民长期身居海上孤舟，出没于波涛海浪间，回家时间无法固定，唯有过年定要回家团圆。他们把过年这个节日看得最重，因而也以饮酒相庆。一则因常年劳作海上，难得与家人团聚、与亲友相会，在漫长的使用木帆船的年代，渔民们在春节前后半个月是不出海的，许多渔村、渔家就相互请吃年饭，欢聚喝酒。有的从农历十二月二十起就开始互请，大多数则是从正月初三四开始互请，直到正月初十后出海捕鱼。吃年饭喝酒，是渔民过年时最为热闹和开心的事。有的船老大喝酒兴致高时，酒量惊人，久喝不醉，干脆脱了鞋袜，光脚踏地，浑身酒热透过脚心，通体散发。

（4）"初六开架"祭祖酒。按东海渔乡习俗，正月初六就要开始做春汛生产的准备，如张网渔户要打桁缉，扎网窗；拖虾捕春鱼的，就要补网修船。因此，无论是有船网工具的渔民为自己备汛，还是受雇于船东的渔民上工，都有"初六开架"（即开工）之说。于是，在正月初五或提前一天，渔家主妇要做新年羹饭，再次祭祖，同时也借此备些酒菜，让即将开始一年辛劳的丈夫或父兄再畅快地喝顿酒，这叫"新年酒"。

（5）祭祀酒。除此之外，酒在祭祀仪式中也发挥着重要的作用，祭海神酒就是其中一种。祭海神酒又分为开洋酒和谢洋酒。每逢在春汛、夏汛、秋汛和冬汛的第一天出海之前，渔家总要聚集港湾滩头，举行祭海神仪式，以酒、鱼和三牲供奉。祭海神仪式结束后，渔民就在海滩上大碗大碗地饮酒，以壮开洋征海之胆识，以求一汛之丰收，此谓"开洋酒"。而"谢洋酒"则是渔民为庆贺一个渔汛的丰收，也为感谢海神的护佑，在海滩上举行的祭海神仪式。此仪式后，渔民将船抬上岸搁置安全处，然后开怀畅饮。一时，港湾海滩上酒碗高举，酒香四溢。

（6）新船入水酒。还有就是庆贺木龙赴水酒，即在新船造好，举行祭海神、祭船官菩萨仪式之后，渔民在自己新入海的渔船上祈求吉祥、平安的喜庆酒。渔民有两处家，除了岸上自己的家外，另一处就是船。捕鱼人一年四季大部分时间在船上劳作，因此以船为家的时候更多；再者，渔船是养家糊口之本，因此，渔民爱船、敬船之情不是常人所能想象。渔民把新船入海称之为"木龙赴水"（"赴水"谐音富庶），并将其视作自己的盛大节日。即使再贫困，也要置办酒水鱼肉，邀来乡亲父老和船上伙计，开怀畅饮一番，将这个仪式搞得热热闹闹，以求出海一帆风顺，返港鱼虾满舱。

无独有偶，酒在国外渔民生活中同样是地位非凡。国外每逢举行新船下水仪式时，一道必不可少的仪式是要船主的夫人在下船前打开一瓶香槟酒。据说，这个习俗起源于古代的西方。那时由于技术落后，航海是一种非常有生命危险的职业，船毁人亡的海难事故经常不可避免地发生。因此，每当船只遇难时，船员就会在纸上写上遇难的船名、失事日期、失事方位、遇难船员的姓名和籍贯以及其他一些要告知他人的事项，然后把纸卷起来塞入空瓶中，将瓶口密封后投入海洋，任其漂流，指望被过路的船舶看到或流到海岸时被人发现，从而获取求生的可能。船员家属最不愿看到的就是香槟瓶，于是在船只下水之前，砸碎一瓶香槟酒，将醇香扑鼻的酒洒在船周围，以驱邪避难，祈求吉利。

4. 渔民饮食中的禁忌习俗

东海一带的渔民在其日常饮食生活中，表现出许多与众不同的习俗。这些奇风异俗不仅世代相传，而且约束甚严，不论是岛上、船上的渔家，还是外来之客都必须严格遵守。否则，就被认为是对神明的不敬或不吉利。

（1）吃鱼不能翻鱼身。渔民食鱼，除了带鱼、鳗鱼等鱼体较长的鱼，无论是黄鱼、鲳鱼、鳓鱼，或是石斑鱼、虎头鱼等各种鱼类，一般都仅去其不能食用的鱼内脏而保留全鱼，并在鱼体中间划几刀，以使油、酱之类佐料渗入鱼肉入味。烹饪熟了之后，端上桌来也是全鱼。吃鱼时，一般是主人先用筷指鱼示请，请客人尝第一筷，然后宾主一道食用，以示好客。但当一面鱼体的肉被吃净后，不能用筷子夹住鱼体翻身。一般会从鱼的骨架缝隙间将筷子伸进去，拨出下面的鱼肉。吃鱼时，不仅筷子不能拨翻鱼身，而且口中也不能说"翻鱼身"，主人总是会在做示范动作的同时说"顺着再吃"。有些懂习俗的客人索性吃了鱼的正面后就不再去动筷了，以免尴尬。

渔民终年四海漂泊，以船为家，辛勤捕捞，船是养家糊口的依靠。他们把船看作自己的生命所系，故而希望保平安，图丰收，绝对不图有船"翻"的事发生。另外，渔民视船为"木龙"，而龙又是鱼所变，所谓"鱼龙"。所以，"吃鱼不能翻鱼身"也就成为一条约定俗成的禁忌，在渔乡一直戒守至今。

（2）羹匙是不能背朝上放的。到渔船上或去渔家作客你会看到，渔家人在吃羹或汤食中所用的羹匙都是背朝下平放在桌上或碟中，而绝不会将羹匙的背朝上放在羹汤碗边，男女老幼皆遵循这个习俗。这是因为羹匙形状像船，渔家人最忌讳"翻"船之类的现象，因而羹匙倒置会让人联想到翻船，此习俗再次反映了渔家人祈求海上平安的心愿。

（3）筷子不能横放碗上。和羹匙不能背朝上放置一样，在渔船上或渔民家里，筷子横放碗沿上也是一大忌讳。渔民海上捕捞航行，船触礁搁浅是最忌讳的事之一。筷子横放碗沿上近似船搁礁，因而就成了渔村的禁忌习俗。

渔家饮食中还有其他种种忌讳，也颇具特色。在渔乡吃鱼，不能说"吃光""吃完"或"吃尽"，大概是世世代代贫困穷苦的渔民迷信这些话会带来不吉利吧！

另外，渔乡的女人一般不上桌吃饭。在古代中国，男尊女卑，女人的地位很低，渔民既迷信敬神又严遵祖训，故对女人所定的规矩非常严格。一般家里来客人，都由男性主人作陪；家里的女性则会聚在厨房，要么忙着做菜，要么帮厨、烧火、聊天，一般不会出来坐到席位上去。

（二）浙东渔民的服饰民俗

古代浙东沿海处吴越之地，因此渔民的服饰受吴越古风影响颇多。吴越之地除了冬季稍冷外，春、夏、秋三季均较为暖和，因而渔民喜欢穿紧身短衣，即为"短绻不结，短袂攘卷"，而且其衣襟一般都是朝左边开，即为"左衽"。这种左衽衫袖口窄小，且腰间系丝带或短裙。可见，旧时渔民穿着短小，主要是为了在海上作业时行动方便。

1. 渔民衣着款式

东海渔民冬季穿的多为粗布大襟衫，开左衽，为夹衣，就连棉袄也是左衽大襟式，棉背心则是左衽大襟无袖；初春、秋末为单衣；而夏季，大多为对襟无领无袖衫，襟上用布质纽襻。裤子则为裤腿肥大的龙裤。腰系布质"撩襟"，即为腰带。而渔妇服饰，除左衽大襟衫和"兑裤"（裤子）外，一般均在腰际系一条长及膝盖或短至膝上的裙裾，俗称"布槛"。这种服饰十分明显地展示出春秋战国时期吴越先人的服饰遗风，只是根据海洋生产的特点和生活的需要，做了不少改造，但主要特征未变。

东海渔妇服饰

东海渔民喜爱的十字裆龙裤，就是吴越古风在渔民服饰习俗上的集中体现与发展。龙裤，是用粗布做的直筒大脚单裤，裤腰宽大，左右开衩分前后两片，左右两边开衩处缝有布带子，分前后系在腰间；紧贴前后身两面，有一块方形、用线缝成一片斜角的布裥，形状像鱼鳞，外形美观，穿着舒适又暖和。龙裤颜色有深蓝色、黑色和用白布做成再经栲皮染就的黄褐色等多种。

东海渔民"十字裆龙裤"

清末民初，渔民中盛行用蓝色或青色斜纹花其布料制作十字裆龙裤。这种龙裤，裤腰两边有七彩丝线绣的"八仙过海"图案，或观世音菩萨的莲台祥云，或青松白鹤、黄龙飞禽等图样；腰身前后裤子上也分别绣有"顺风得利"与"四海平安"等祈求平安丰收的字样。然而，据说最早的时候，龙裤前后的图案绣的是两条龙，是海龙王赐予渔民专门对付野蛟的。关于绣这两条龙的缘由也有两种说法：一种说法是渔民到龙王庙拜祭，祈求能将龙的形象绣在裤子上，以震慑野蛟，使之不敢侵犯；另一种说法是，渔民为了摆脱蛟龙的扰乱，特地在裤子上绣龙，让蛟龙认为是同类，就不会来伤害他们了。所以最早这种裤子叫龙裤，后来也称之为"笼裤"。

明清两代及民国早期，渔船上的服饰穿着还有等级分别，如春、秋汛渔船上不管是船老大还是船员都穿单裤；但到夏汛，老大穿长的薄质布料裤，而船员则穿短裤。这是因为老大一般只管操舵，下网、拨网和起鱼货等活都是由船员承担，海水、鱼鳞等容易沾湿、玷污衣裤，故而船员大都穿短裤。随着时代变迁，渔民服饰习俗上的这种差别也渐渐消失。

2. 渔民服饰的演变

渔民在海上劳作时的外层保护性服饰，旧时是用龙头细布或帆布制成长布襜、袖套，然后用油抹几遍，有防水渗透的作用，多在渔汛劳作时系戴。橡胶和塑料制品面世后，逐步改用橡胶或塑料制成布襜、裤和袖套、手套，渔捞衣着条件大为改观。

渔民出海，原本是不分春夏秋冬都打赤脚，只有在下雪结冰天才带双芦花蒲草鞋到船上，主要是因为草鞋防滑，也可防海水浸蚀。旧时因为穷，大多渔民都舍不得穿蒲草鞋，喜欢赤脚作业，返航上岸时才穿上鞋。20 世纪六七十年代以后，渔民也逐步改穿"半截靴""长筒靴"，其均为橡胶制品。现在也有了连裤带靴的服饰，再也看不到渔民赤脚拔网操作了。

海岛曾盛行夏天穿木屐。不分男女老少，到了夏天，渔家每人都有一双木屐。家中富裕的，穿木质好、工艺精致的彩雕木履；家中贫穷买不起的，就用木板片自按脚样锯制一双，钉上布带就穿上了。女的一般穿花色木屐，男的则穿本色木屐。一双木屐，能穿好几年甚至十来年。不分晴雨，穿着一双木屐居家或上街，十分方便。"穿起木屐哐啷响，未见人面就知晓"。每逢夏天，渔镇的石板路上，一片木屐击地声，远远听来，有一种独特的渔岛韵味。穿木屐的习俗，一直延续到 20 世纪 80 年代初。这种习俗的由来已经说不清楚，但与日本渔民穿木屐，可称同风共俗。沈家门是当时浙江渔业的重要集散地，是浙江渔民出海返回的必靠之地，渐渐成了极为繁荣的商业区，也成了渔家人的时尚港都。木屐在当时的流行，一种说法是渔民们从东洋（指现在日本一带）带来，逐渐在沈家门及附近渔村流行起来的。

清朝时的木屐　　　　　　　现代木屐

木屐适合走平坦且近距离的路，不适合走远路，不能劳作，不能在崎岖山路使用。所以，渔民许多时候穿的是用稻草编的草鞋。草鞋虽轻巧，但毕竟是用稻草编成的，不耐用，后来人们又用破布条代替稻草秆，制成布草鞋。还有一种鞋是用咸草

草拢

编成的，比草鞋更先进了一步，前后阔阔的，前有鞋面，后有鞋跟，鞋口两边也加上两条带子，穿上时带子一系紧，鞋就不会脱落，这种鞋称"草拢"。草拢的耐穿性和保暖性都比木屐、草鞋要好。草拢除了日常穿着，在丧葬习俗上也有特殊的用途。

近年来，渔民的生活不断改善，穿着也发生了很大变化。在岸上，运动衫、T恤衫、夹克衫、休闲装、西装等已很风行。在浙东沿海很多地方，渔村的生活水平比其他农村地区要高，渔家人也渐渐成为农村穿着时尚的先锋。

（三）渔民居住建筑习俗

1. 渔民建筑的历史变迁

东海渔民世居海岛或海滨，他们的居住习俗跟其他地方一

样，受自然地理环境和生产水平的影响，既有着历史变迁的印迹，又有着独特的地方风貌。

（1）渔村民居建筑选址。古时，渔村民居的选址受自然条件影响较多。在定海马岙唐家墩，考古人员发现有九个用熟土和贝壳堆积而成的土墩，为距今五千多年前新石器时期的海岛先民居住村落群遗迹。它们的宅址都在海边，究其原因，一是为了远离高山，避开野兽的攻击；二是为了开门见海，出门入滩，便于退潮时下滩拾贝或捕捉浅海鱼蟹。

但是，在偏僻的悬水小岛情况恰恰相反。嵊泗列岛的黄龙岛、花鸟岛等诸岛，还有浙南洞头岛，最早迁徙上岛的先民，都把宅址选择在海岛的山坳处，远离海湾和海口。一是因为岛小风大，房屋需避开海潮台风的正面袭击；二是提防海盗上岛抢劫；三是因为小岛的海湾里生长着丛丛芦苇，常有海兽和鲨鱼出没其间，十分危险。直到后来，海平线下降，芦苇衰败，人类抗灾防盗能力渐渐提高，渔民才从山顶迁房至山下，直至海滩，形成现在的渔村民居格局。

海岛的民居会依山而筑，充分利用天然空间。比如，在浙南洞头、浙北嵊泗等悬水小岛，山高路陡，平地极少，房屋像重庆山城一样，傍地而上，层层登高，遥观之与空中高悬的海市蜃楼无异，颇为奇观。海岛人的居住形态至今还是能找到一些古代穴居的遗风，如在一些偏僻小岛上，尚能见到明清时所建的渔寮，大多与山崖的石洞相连，俗称"建厂"。在嵊泗列岛的黄龙岛，尚可找到两百多年前第一批岛民上岛定居时的海岛洞穴。

（2）渔村民居建筑材料。东海民居的材料多因地制宜。海岛民居的墙宇都是用光洁坚硬的花岗块石筑成，块块方石垒墙而建。石间的缝隙古时用沙灰粘连，现在用的是水泥拌黄沙，十分牢固，这就与江浙内地的民居有很大的不同。在浙江乡一带的农村，往往把泥土放在夹板框中用木夯夯实建墙，俗称"泥墙"。而在宁波的慈溪一带，则是用窑烧制砖头筑墙，又称"砖门墙"。唯有海岛，尤其是小岛的民居大都用石头筑墙。不仅墙宇如此，民居的地板、门框、窗架，甚至连屋顶的盖板都是用当地的长条石制成，俗称"石屋"。这在浙南温岭石塘和四黄龙的峙岙村尤为显著，因此成了一些美院师生的写生胜地。之所以如此，一是因为海岛上多的是石头，就地取材，省力省钱；二是因为海岛多风多雨。春、夏季又较潮湿。只有用坚固的石头筑墙，才能抗台风、挡暴雨，防潮湿和腐蚀。因此，久而成俗，石屋成了东海民居的特有标志。

浙东沿海民居的建筑材料，还有一个特点，就是与海洋性生产资料共享并用。悬海小岛早期的民居大多是茅草房，俗称"草屋""渔寮"，其屋架柱都是毛竹，而屋顶盖的是野生茅草成稻草。除茅草为小岛固有的野生植物外，毛竹、稻草均非岛上所出产，是从内陆获得。毛竹、稻草最初是海上张网作业的需要，张网作业的网窗是用毛竹搭成四角方方的窗框，稻草则用来编织捕海蜇的绳网或缆绳，需求量很大。下海张网过的毛竹，经海水长期浸泡后，不易生虫腐烂，比一般毛竹更具防腐性。因此，东海渔民早期的民居中，毛竹和稻草被普遍作为建筑材料使用，除了其特定的地域原因外，还与海洋性的生产习俗有关。

（3）渔村居式变迁。海岛上最早出现的民居样式应该是草棚，俗称"渔寮"。以舟山为例，大约在唐宋年间，许多离海岸线较远的偏僻小岛大都是无人居住的荒岛，但鱼类资源特别丰富，一些浙东沿海的渔民去该地捕鱼，为及时加工鱼虾或短暂休息，临时登岛搭暂住，待渔汛过后即撤走。因此，这种渔寮构建简陋，一般是用毛竹架成人字形，或稍加矮墙，或用几张草席作挡风墙，上面覆盖稻草作寮顶，再用草绳网加固，只要不被风吹顶或不被暴风雨冲垮即可。在渔寮外往往还有个较大的土灶，又称"炊虾灶"，除用来起灶烧饭煮鱼食用外，多用于鲜虾的炊煮加工，煮熟后再在岛上晒干，渔汛结束时运回内陆出售，而渔寮待明年虾汛时备用。应该说，渔寮是海岛人创建的最早、最原始的人造居住空间。

渔寮

继渔寮之后，海岛上大多居住方式是茅草房，俗称"草屋"。草屋与渔寮的最大区别在于渔寮是个草棚，为临时性的居住建筑，一般以毛竹为支架支撑屋顶，四壁没有固定的遮风围墙；面草屋则是长期居住的民居建筑；四周有固定的块石围墙。《舟山风俗》一书中记载："海岛风大雾多潮气重，渔民旧时的住宅多以石墙草屋为主。"舟山此类茅屋屋顶多用茅草或稻草覆盖，其间用石块压脊，绳网罩顶，以防大风揭起。屋的形状近似金字塔，四周筑有矮墙，并在大门入口处建筑瓦顶墙门，故有"草屋瓦墙门"之说。温州洞头岛的情况又有区别，据杨志林的《洞头海岛民俗》一书所说："洞头草屋始于唐宋。明代为土坯和泥垒墙，到了明末，才有石头砌墙的传统，并用海上捕捞的牡蛎粉搭盖石缝。"直到新中国成立前，这种居式在吴越海岛中还普遍存在。

当然，渔民民居的变迁，各地并非一致。明清年间，在陆地的渔村及舟山一些大岛上，就出现了大批的瓦房建筑，用砖石砌墙，房梁为木质结构，内有雕花窗，十分气派。同一时期，四合院式的民居模式渐渐兴起，有的也造起了两层以上的楼房。称为"走马楼"。但是在孤悬小岛，以瓦代草，或以砖换石、以木质结构为主的瓦房的兴起是在 1949 年以后。

至于当前海岛盛行的钢筋水泥结构的洋式楼房或平房，则更是近几十年的事。

石浦的现代化建筑

2. 渔民的民居结构

（1）海岛渔舍。海岛渔舍的构成，除了讲究宅地外部的所处环境以及地形、方位和村落特征外，更要注重它的内部结构。海岛渔舍的内部结构主要由"场""井""屋""窗"等组成。

①"场"。所谓"场"，即民居前边的空地，海岛人俗称"道地"，这里是用来堆放渔网、鱼箩、盐桶和船橹等渔具的地方，也是鱼蟹捕捞上岸后进行分类加工和补网、晒鲞之处。场与海洋生产关系最为密切，所以对渔民来说十分重要。平地建屋的场，因为面

积较大，四面环以院墙，院墙内侧的东西两廊还可搭起若干棚屋，分别为补网间、盐仓、鲞库、腌鱼间、渔具房、炊虾灶等附属用房。渔民还会在前院出入处，建一红瓦盖顶的门窗，并有墙门可以关启，从而形成四合院式的渔舍格局。山地建屋的场则不同。因面积较小，四面一般没有院墙，或最多也只是些一米左右高的矮墙，仅防孩子不慎掉下山崖；渔具、渔网都堆在露天的场地中，没有仓和棚，仅在露天场上摆放装有盖子的腌鱼桶和大盐缸。

②"井"。东海渔民的渔舍结构还有个重要设施，那就是"井"。在海边的渔舍中，几乎家家有水井，或挖在场的上侧角，或设在厨房的大灶前。海岛上无大江大河，昔日又无水库，雨水很难保留，故而淡水奇缺。室内有井，则用水不慌。为此，海岛人建渔舍，先挖井，后造屋，相袭成俗。

至于茅厕，一般设在后墙宇，即屋后小道地的下侧角。用毛竹搭棚，上面盖上茅草或稻草，内放一粪桶，即成茅厕。

所谓鸡笼、鸭笼或小菜地，一般也在后墙宇。这样的布局，前后分割，使正屋和前面的场地整洁有序，安全又卫生。

③"屋"。是海岛渔舍的主体建筑。瓦房平屋的渔舍一般是坐北朝南的一进（一排称为一进）三向排列。其中，中间为客堂，两边为厢房。东厢房前半间为厨房，后半间为杂用间，中间用木板相隔，并有内门相通。这是因为山地建屋都是独门独户，用途多而房间少，故常常是一室两间。杂用间用来堆放鱼、渔具和粮米，为海岛渔家所必需。中间的客堂有时也一隔为二，前半间为待客、家宴和祀神的堂屋，后半间则为孩子的卧室。为了安置橹、桨等渔具之便，客堂的上面还有搁板或搁房。西厢房一般是主卧室，一个通间，不再分割。当然，房间的布局也有东房西灶的，各有所爱，并不划一。

整体上说，海岛渔舍的民居风格，一般是脊高、墙低、矮门墙，块石垒建，外墙涂漆。墙基有"泰山在此"的镇宅石，屋脊有塑制的土偶、凤角和飞龙。若是四合院式的渔舍，门前有照壁，大厅有门，所谓"入门为庭，升阶为堂"。最有特色的是门和窗，海岛的门，始为竹门，后为木门，现为防盗钢门。渔舍除正门和侧门外，通常还有一个半截式的腰门。腰门也叫"矮门"，主要是用于禽畜进出。

④"窗"。用茅草盖房的，屋顶开窗，称为"天窗"，实为一块固定的玻璃。瓦房的话南墙开窗，但窗门较小，称为"明厅暗房"。在浙江三门湾的渔村，还有一种奇特的窗，叫"石窗"。石窗实为用石头雕成的花窗，内有图案，多为浮雕、圆雕，具有透气、采光、通风、防盗，以及审美等多种功能。尤其是石窗的图案，上面的龙凤象征吉祥，钱币表达富裕，蝙蝠寓意祝福，"鱼"和"余"谐音。据悉，这些石料采自蛇蟠岛，已有400年的历史。不过，如今的渔家窗户则是越开越大，房屋越来越明亮，两层以上的楼房一般都用铝合金窗，看起来比较现代。

（2）海岛四合院。四合院式的民居，一般是明清时期较为富裕的渔户按照江南大户人家的民居风格所建，其布局凸显了封建社会的家族文化和祠堂文化。中心院落是朝东南西北四面各一排房，中间围成一个方正而又宽阔的庭院。根据家族的大小，中心院落后面及两侧各有延伸的小院落，形成多个"进"。宅院四周围墙高筑，颇有气派。

小四合院每排一般有三间房，多为两层木建构。北房坐北朝南，为正房，正中有堂屋，也叫"堂前"，明间开阔，原本是家人起居、招待亲戚或年节时设供祭祖的地方，传至后代也就演变为家族的祠堂，是族人迎娶、出丧等重大典礼的主要活动场所。堂屋两侧是长辈或族中长房的住所。两边为东、西厢房，一般是小辈住所，各有一公用楼梯，上通游廊，旧时楼上尤其是西厢房主要是用作未出嫁女子的闺房。南房中间为进出通道，两侧一般为客房或下人住所。中间四合成的院子，也叫"天井"，或"道地"，是四合院布局的中心，也是族人们纳凉、休闲交流、家务劳动的场所。大宅门多辟于院墙东南角。门旁有延伸的门房、灶房等小屋，或为鲞库、盐仓、虾灶之棚房，与院墙连成一体。

3. 渔民建房仪式

虽说渔民以船为家，过的是海上漂泊生活，但他们更渴望安居乐业，希望上了岸有个安定而舒适的家。所以在建房过程中，东海渔民祈吉求安的愿望比陆上其他地方居民更为强烈，仪式更为繁琐。造房的程序一般有奠基、上梁、砌墙盖瓦和进屋等几个步骤。

（1）造房奠基。奠基包含选地相宅、祭祀动土、挖地排夯、筑基理石等内容。

① 选地相宅。在造屋之前必须先寻找宅基地，并要请风水先生察看阳宅风脉，来确定此宅基是否适宜建房。岛上人家选择宅基地时，除了风水之外，还要考虑其他因素，如风口、朝向、上下路道和山溪的流向等。朝向不能是正南和正东，以防台风时暴风骤雨入侵。宅基地须面对港湾和峤口，便于主人观察海上动静和船只动向。

② 祭祀动土。选地相宅后，主人家要用三牲福礼、四色水果和大红蜡烛祭祀宅基主人的祖宗或当地土地神，并宴请和酬谢风水先生等，在地角祭拜土地爷和四方鬼谷神，要用朱漆大红木盘以及丰盛祭品祭祀他们。祭祀毕，由主人执三清香和酒壶领头，后跟施工的泥水匠和木匠，手拿锄头和土筐，按造屋的宅基轴线边锄边进，从而划出宅基的界线和范围。然后，在屋前屋后都要插旗，以

抢占风水，一般插的都是渔船上的旗，有红旗、蓝旗、黄旗，但不能插白旗和黑旗。样式上也多种多样，有方形旗、三角旗、令字旗，还有鳌鱼旗、龙凤旗等，五彩缤纷，煞是壮观。也有盖上观音和龙王庙大印的佛祖旗和龙王旗，更具神圣隆重的象征和镇邪趋吉的功能。

③ 挖地排夯，破土动工，筑基理石。破土的日子，要拣吉日良辰，并择吉时良辰。渔家人的吉时，为潮水上涨的时刻，因为潮涨意味财源涨、福禄升，鱼从远方向近岸游来，是鱼丰人富的吉象，此时破土定为大吉大利；接下去就是掘土开槽，因地槽较深，土质较松，需放大片石填底，用土夯夯实，俗称"开掘排夯"。开掘排夯后，在底石上再筑一排方形的块石，俗称"理石"，使宅基平衡方正，成为一块完整的宅基。按照旧俗，此时在地基四角要放定界石，上刻"×姓墙界"或"泰山石敢当"字样。俗话说："造屋百年，全靠地基。"渔民习惯把康熙铜钱或描有金龙图案和乾隆通宝字样的铜板作为奠基物，放在四角基石下，以镇邪求运。地基稳则屋牢固，地基松动则屋倾倒，从古至今造屋的主人对此都把关很严，并有周到的习俗仪礼。

④ 在海岛，还有一道独有的奠基习俗，这就是"先挖坑，后造屋"。即在屋宅内挖一个大坑，把预先做好的大木桶放入坑内，作为渔民的室内地下腌鱼仓库；再在上面盖上木板，俗称"落地桶"，这是由于海岛鱼多、地窄、屋小的特殊环境所形成的。

（2）造房上梁。在东海渔民的建房仪礼中，最具特色的还是上梁（如下图）。奠基完工后，接着是择日立栋，继而是竖窗架和门框以及砌墙。渔家民居的墙下半截是石块，上半截是砖头，窗有木窗、石窗之分。但是，这些程序都是技术性操作，唯有上梁，更具礼仪色彩。上梁那天，屋主人要祭天地神祇，办竖屋酒，并要向木工师傅分双份利市红包。上梁时，木工师傅唱着上梁歌踏梯而上。到了梁上还要醮梁、抛上梁馒头、贴八卦图案、抛子孙袋等程式繁杂。

上梁

① 上梁歌、"布彩"、"醮梁"和抛上梁馒头等仪式。上梁歌是渔村木工进行上梁仪式时所唱的歌谣，大致有几个阶段。首先是布彩龙歌，歌词云"红绸缎挂成双，押稳楠木紫金梁。仙鹤神鹿群起舞，金龙玉凤祝安康"等。此时，木工把房东准备的红布或"福"字横幅安置在明间的脊檩中间，俗称"布彩"。接着是上梁，即把一根根桁条安装到梁架上去，并在安梁时用酒浇梁，俗称"醮梁"。此时也要唱歌，如"上有凤凰筑巢，下有青龙盘根"。接下去即为明间脊檩到位，上梁的礼仪进入高潮。木工师傅头顶糕盘，顺着梯子边上边唱："脚踩聚宝凤凰地，身踏招财紫金梯，龙飞凤舞鹤来朝，龙母娘娘把手招。"到了梁顶上，木工开始往下抛上梁馒头。此时，下面围观的街邻边抢馒头边唱歌，"龙女接宝兆吉祥，屋主含笑喜气扬，上梁喜逢黄道日，宅安人美有福享"。歌唱完了，上梁的仪式也就结束了。渔村上梁歌的内容主要体现了渔民对龙宅主人

的祝福和对海龙王的膜拜，渗透着浓浓的海洋文化。当然，浙东各地上梁歌的内容不完全一样，但其寓意大致相同。

②"竖屋酒"和红对联。上梁之日，主人家要置办上梁酒，俗呼"竖屋酒"。因上梁必先立柱，立柱后新宅主体也就树立起来，所以叫"竖屋酒"。竖屋酒主要用来招待泥水匠、木匠、石匠、帮工及亲戚朋友。酒宴上以石匠为尊，几经礼让后石匠会被请坐在上横头即主宾席。东家则身穿新衣或洁衣服，热情地为作头师傅斟酒示敬示谢，并向诸工匠及亲友让酒菜。上梁这一天，第一根屋柱上，第一道门框、窗框上，都要贴上写有祈求"和顺、太平、丰收、长寿"等吉语的大红对联，并燃放爆竹。

（3）砌墙盖瓦

在海岛的建房仪礼中，奠基完工后，接着是择日立栋，继而竖窗架和门框以及砌墙。海岛上最早出现的民居是"草棚"。大约在唐宋年间，许多离海岸线较远的偏僻小岛大都是无人居住的荒岛，但海洋性鱼类资源特别丰盛，沿海有些渔民去捕鱼，为及时加工鱼虾或休息的需求，临时登岛搭棚暂住，待渔汛过后即离开。草棚为临时性的居住建筑，为此，草棚的构建很简陋。草棚一般以毛竹为支架架成人字形支撑屋顶，四壁没有固定的遮风围墙，或稍加矮墙，或用几张草席作挡风墙，上面覆盖稻草作草棚顶，再用草绳网加固，只要不被风吹掉顶或被暴风雨冲垮即行。草棚是海岛人创造的最早最原始的人造居住空间。

继草棚之后，海岛上大量的居住方式是"草屋"。草屋是长期居住的民居建筑，四周有固定的遮风围墙。杨志林在《洞头海岛民俗》一书中说："草屋始于唐宋。明代为土坯和泥垒墙，到了明末，才有石头砌墙的传统。"

普通草房只是屋的四周和屋顶覆盖薄薄的一层屋草。这种草房牢固度和保暖性能都很差，用资亦省，但大风常掀去屋面草，下大雨也易漏，一两年就得重新修葺一次屋面。因各地用以建房的草各不相同，在草房之中，最有特色的是沿海地区的"海草房"，它以天然石块筑墙，墙体低矮，用浅海生长的海苔草铺设屋顶。用于建造海草房的海草不是一般的海草，而是生长在 5-10 米浅海的大叶海苔等野生藻类。一般沿海的人们谁家要盖房子了，都会提前到海边收集海草。人们将这些海草打捞上来，晒干整理，等到盖房子时使用。

盖海草房最关键的步骤就是往屋顶上苫海草了，因此当地人盖房又称"苫房"。苫房的原理其实跟建造瓦房安装瓦片有相通之处，只不过是用海草从下往上一层压一层地苫好。海草房必须盖得极厚才能防止漏雨，故苫盖的海草最厚处达 4 米，每栋房屋动辄要用数千斤海草，海草房的屋顶高耸，坡度很陡，屋脊的建造左右倾斜为 50 度角，房顶的坡度越大越便于快速排泄雨水，避免了海草的腐烂。屋脊做成卷棚式，浑圆厚实，为预防海风掀揭海草，还要用旧渔网罩起来。一栋海草房的好坏、使用时间的长短，主要取决于海草是否苫得严密。因为只要屋子不漏水，墙是很难倒的，可以一直住下去。为此，人们一般都请那些代代相传具有丰富经验的苫匠来帮忙建造海草房。苫一间海草房要三四个人花上十几天才能搞好。由于生长在大海中的海草含有大量的卤和胶质，用它苫成厚厚的房顶，除了有防虫蛀、防霉烂、不易燃烧的特点外，还具有冬暖夏凉、居住舒适等优点。因为海草耐腐烂，可保四五十年不漏，无须经常覆草，省工省时。因此，凡经过精工盖成的海草房，百年老屋照常居住者绝不罕见，海草房深得沿海居民的喜爱。用海草这种天然建筑材料，废弃后不但容易降解，而且不会对环境造成任何污染与破坏，这一点也是砖瓦等建筑材料所不能比拟的。

明末，开始有"石屋"。即有了用石头砌墙的传统。所谓"石屋"，是指民居建筑的墙宇都是用光洁坚硬的花岗岩筑成。块块方石垒墙而建，石间的缝隙，古时用沙灰粘连，现在用水泥、黄沙拌粘，十分牢固。不仅墙宇如此，而且房屋的门框、窗架，甚至连屋顶的盖屋板，都是使用长条石，整个石屋建筑几乎不用一根木头和其他建筑材料。石屋的窗为"石窗"，是石头雕成的花窗。石窗的制作，采用浮雕、圆雕等手法，并有多种图案，很有艺术鉴赏性。如雕刻龙凤的，象征吉祥；钱币，象征富裕；蝙蝠，表示祝福；鲤鱼，谐音有余等。

石屋建筑在浙江嵊泗黄龙岛的峙岙村与普陀的东极岛尤为显著。究其原因，一是海岛就是石头生成的，岛上多石头，而宅基又在石塘内，就地取材省力又省钱；二是海岛多大风，春、夏季又很潮湿，只得用坚固的石块筑墙抗击台风，抵挡暴雨，并能防潮耐腐蚀。

（4）迁居进屋。迁居，是东海渔民建房习俗中的最后一道隆重仪式，俗称"乔迁之喜"，又称"进屋"。

① 迁居须择吉日。旧屋搬迁时先迁祖宗香火，后祭祖。家具搬毕后打扫旧宅，要将地面垃圾用畚斗盛着，搬进新屋中去，俗称"不遗财"。同时，把火瓮生旺，搬进新居，象征新宅"哄哄响"（宁波方言"哄哄响"寓意红火），十分喜庆。

② 按照惯例，进新屋时先要祭太平菩萨，后祭灶神爷和祖宗，还要启用新灶，炒蚕豆，发出炮仗般的声响，以示吉兆。温州洞头还有煮红汤圆分送邻友的习俗，企望团结和睦。很多地方还要大摆宴席，请亲戚好友们喝进屋酒。

4. 渔民的其他居住习俗

东海渔民还有一些其他的居住习俗，如屋的装饰。渔民崇拜龙的文化，讲究"金龙盘新屋，财富不外流"，所以在其居所里尤其是新屋，不论是窗上、梁上还是屋柱的浮雕，一般都有龙的图案。

再如租屋。海岛人一般自家都有屋，但有时也免不了要租借别人的房子。这又有两种情况：一种是一次性出巨款，他日到期时归还租屋，俗称"典屋"，实质上是以息抵租，到期还本金。另一种是按月或年付租金，称"租屋"。两者均有契约为凭。

还有就是分屋兄弟分家，舅父为大，长子为先。由舅父作主，把祖传的房屋分给下一代。若有争执，舅父说了算，俗称"娘舅大石头"。分屋后要书写分屋契，还要办分屋米饭，宴请亲友。此时，媳妇的娘家要挑分屋馒头和碗、锅等炊具、餐具，资助女婿另起炉灶。

四、浙东渔民人生仪礼习俗文化

人生仪礼是指在人一生中几个重要阶段所举行的仪式。主要包括诞生礼、成年礼、婚礼、葬礼等。人生仪礼既是社会物质生活的反映，也表现了一个民族的心理状态。人生仪礼往往与民俗有着极大的关联，仪式所包含的社会特征与信仰特征交织在一起，形成复杂多样的民俗结构，这种情况在我国的人生仪礼习俗中表现得十分突出。

浙东渔民的人生仪礼习俗也不例外，主要包括寿诞仪礼、婚姻仪礼、丧葬仪礼等。浙东渔民的人生仪礼民俗活动是海岛的重要民俗事象，海岛人之所以重视人生仪礼，是因为生育、家庭以及海岛宗族等社会制度对海岛人进行了地位规定和角色认可，同时也用一定的文化规范对海岛人进行了人格塑造。

（一）浙东渔民的寿诞仪礼民俗

寿诞仪礼是人生仪礼的重要组成部分。"不孝有三，无后为大"，在中国人的传统生命观中，传宗接代是最重要的，民间十分讲究多子多福。在这种观念的影响下，中国人在诞生及寿辰方面创造了许多与众不同的习俗。

1. 诞生礼俗

诞生礼俗伴随于整个生命孕育和生产的最初阶段，包括生命孕育的祈求仪式、孕育期的习俗和禁忌以及诞生后的庆典习俗等内容。浙东渔民诞生礼俗的程序大致包括求子、孕期和诞生庆典三个阶段。海岛人的诞生礼仪既有与内陆相似重合的一面，又有其独特的表现方式和内容。

（1）求子习俗。在海岛，未孕者要求子，已孕者也要求子。海岛这种"求男不求女"的生育观比内陆要更为保守，究其原因主要有三点：一是海岛环境险恶，渔民生命朝不保夕，需有男子来支撑门户；二是传统观念对海岛妇女有着严格的禁忌，认为妇女不能下海，因此男孩成为主要出海劳动力；三是与内陆的传统宗族观念相似，认为生子可以"繁衍子嗣，光宗耀祖"。正是出于这些原因，海岛人要千方百计地去求子，求子的方式主要有两种：一种是祈神求子，就是去海岛的"送子娘娘"或"送子观音"庙祭神祈祷。嵊泗东部海域的小

送子娘娘

岛上有个"送子娘娘"庙，相传求子有求必应，必得男孩，十分灵验，岛民们因此把这个岛叫作"求子岛"。另一种是民间流传的习俗是正月十五闹龙灯时，海岛上盛行钻龙门、摸龙须的习俗，以此祈求海龙王送子。在浙江南部温岭的石塘渔村也流行着一个求子习俗，即未孕妇女系上婆仔鱼形状的贴身肚兜以祈求得子，因为婆仔鱼是怀孕的大肚子鱼，肚内多子，妇女和其贴身接触，以求怀孕。

（2）孕期习俗。海岛妇女怀孕俗称"有喜"，丈夫和公婆按旧俗要去宫庙里供祭龙王，求龙王保佑产妇平安产下"龙子"。孕妇在怀孕期间要多吃一些鸡、鸭、鱼肉、蔬菜、水果等含有丰富营养的食物以滋养身体，使胎儿健壮，俗称"补胎"。在浙江舟山的海岛，孕妇在怀孕期间还有许多饮食上的禁忌，如禁食公鸡（怕食公鸡生下的孩子会夜里啼哭）；禁食狗肉（认为狗肉不洁，食后产儿必难产）；禁食海螃蟹和海虾蛄（怕食之会使胎横难产）；禁食鳖肉和章鱼（怕食之会使婴儿短颈、无骨气）。在浙江温州洞头，孕妇禁食切了头的黄鱼（据说黄鱼是海龙王的将军，食之会得罪海龙王，产下的胎儿会四肢不全）；禁食兔肉（怕胎儿长兔唇）。在浙江舟山，孕妇一是不准外出看戏，怕锣鼓喧闹震动胎儿，更怕戏中花脸影响胎儿容貌；二是忌进入庙宇、忌杀生，怕冲犯鬼神。而温州洞头的孕妇在怀孕期间，要避开动土、搬迁、拆建房子，钉钉子，搬动大型家具等事宜，以免动了胎气。孕妇也忌坐门槛、屋檐下；忌上屋顶、跨秤杆、跨牛绳；忌提针缝线，恐胎儿口、目、耳、鼻封闭；忌拿刀、劈柴等，恐胎儿身上有划痕。

（3）催生、依耳朵、送生母等习俗。在怀孕期间，海岛上也有催生、依耳朵、送生母等习俗。所谓依耳朵，俗称"避鱼"，指孕妇的妊娠反应，即闻到鱼腥气就要呕吐。娘家得知后要送馒头、肉、蛋、鸡等食物至女婿家。在孕妇临产月，为了催孕妇早生贵子，娘家要送催生担，里面有婴儿所需的衣饰、尿布等用品，也有红糖、鸡蛋、长面、桂圆等食品。在浙东沿海，除了江南一带流行的"丢包袱卜男女"（若包袱朝里朝下为男，朝外朝上为女）习俗外，也有"丢黄鱼鲞卜男女"的做法，若鲞朝上为女，鲞朝下为男，颇多奇趣。在舟山，孕妇产下孩子后，娘家送去的是黄糖和干面，俗称"挈糖面"，供孕妇产后滋补用，此习俗称为"送生母羹"。

（4）诞生庆典。是海岛诞生礼的高潮。从婴儿诞生之日起要经历临盆、祝福、报喜、开口奶、洗床、满月、百日、抓阄等程序。产妇分娩时要请接生婆接生，接生婆常以手势喻男女，左手者为男，右手者为女，家人见此手势者即知婴儿男女之别。不管是男是女，女婿都要到岳父家去报喜，并要告诉亲友邻居。若产下的是男孩，男孩父亲要到海滩去向龙王报喜，并要去龙王宫用供品酬谢龙王，希望在龙王的护佑下婴儿能顺利成长。产子的主人还要用龙须面招待客人，俗称吃"喜面"。开口奶是新生儿落地一昼夜后吃的第一口奶，吃开口奶有两种情况：一是产妇无奶，要请其他人为婴儿喂奶，吸奶之妇必须选岛上儿女双全、福大命大的妇女，一般以选高产渔老大的妻子为多；二是用黄连汤代替第一口奶，喝了汤后再喝奶，所谓"先苦后甜"。也有海岛人把醋、糖、黄连、勾藤、盐比喻为人生的"酸甜苦辣咸"分别让婴儿尝；还有的让婴儿先喝一口咸海水再喝奶，所谓"先咸后甜"。洗床的习俗由来已久，一般在产后第三日进行，古称"洗三"，又称"做三朝"。接生婆为婴儿洗浴换新衣，全家同时在床前设祭桌供奉床公床婆，中午还要摆洗床酒，请接生婆和请来吃开口奶的女客。舟山的习俗中要送红蛋和龙须面给近邻和亲友吃，龙须面又称"长面"，寓意"长命"，而红蛋则寓意"喜庆""得子"。在洗床礼仪中，"相谅盏"习俗颇具特色，所谓"相谅盏"，就是产妇家用两个杯子盛糯米，糯米中有龙眼或红枣，蒸熟后连同红蛋一起分给邻居的孩子们吃。之所以叫"相谅盏"是因为长辈希望婴儿长大后能与邻居们相商相谅，和睦相处。

洗三

（5）"报生""压北"。婴儿出生后，夫家要派人向产妇娘家报喜，俗称"报生"。娘家闻讯，即备鸡蛋、线面、桂圆等营养食物给产妇吃，俗称"压北"。产妇在产后的一个月内是坐月子时间，坐月子即生育后的调养，期间有不少禁忌和礼仪。

（6）"月内房"禁忌及"做月内"。产妇一般在房中卧床静养，其房俗称"月内房"，出海的渔民，外出经商的生意人或常出入庙宇烧香的人员忌进月内房。产妇一般不出门，忌冷水，不准洗头，不准刷牙。分娩10日内可食鸡蛋、有鳞鱼、瘦猪肉、猪肝等高蛋白食物，烧法清淡，以恢复体质。10日后，产妇就可以吃鸡蛋酒，用姜末、鸡蛋、桂圆或荔枝、橘饼等烧制，每天吃食四五碗，还要吃三顿正餐和面线点心。这种产后调养俗称"做月内"。同时，夫妇双方的亲戚、朋友开始送庚活动，客人送来鸡蛋、线面、桂圆、橘饼等滋养品（现多送红包）。产妇家中要烧线面饭和菜油姜（把生姜剁成姜末，在菜油中炸成）给亲戚朋友吃，家庭条件好的还要设送庚酒，宴请客人。

（7）满月习俗。最热闹、最隆重的礼俗莫过于满月了。除了江南一带所沿袭的送满月礼、剃满月头、穿满月衣、喝满月酒、兜喜神圈（新生儿在家中祭神拜后，由父母或舅父抱着走街串巷见众亲戚）外，浙东沿海也有一些比较特殊的礼俗。比如，在外婆送的满月衣中必须要有绣着金龙的红肚兜，虎头鞋、猫儿、银项圈、银手镯、银脚镯等也是不可缺少的，男孩穿戴上这些衣饰，活像一个"闹海的小哪吒"。在温州洞头，婴儿满月那天外婆家要送奶母袄（内袄）和风炉裤（开裆裤，男为白色，表示头发胡子白，能长寿；女为黑色，表示"乌乌，下次生'达哺'（男孩）"。此外，外婆还要送背巾、花披、鞋帽、椅轿等。在嵊泗列岛上，人们还把海宝贝等贝壳串成项圈、手镯等戴在孩子身上，认为这样能避邪。在满月那一天还有一个"与海龙王攀亲"的习俗，就是把婴儿放在一个木盆里，让木盆在海浪中漂泊，旁边有大人扶盆保护。在舟山的一些小岛上也有用婴儿的襁褓代替婴儿下海，让襁褓随波漂流，以此与海龙王"攀亲"。

2. 寿辰礼俗

寿辰礼俗是人类企盼长寿永生的一种仪礼。舟山海岛历来崇尚"福、禄、寿"三星，把他们视作吉祥神来崇拜，海岛人的寿诞观比内陆更重。这是因为海岛人常年生活在海上，风餐露宿，朝不保夕，因此更加注重福气。

（1）祭寿星、"做生"与"头寿"。在舟山渔家的堂屋里常常可以看到这样一张年画：一个慈眉善目、白髯飘胸、手持龙头拐杖、踏灵芝、倚花鹿的老人，这就是海岛人称之为"寿星"的南极仙翁。民间的寿诞习俗是祭寿星，向寿星祈求福寿，并为长寿之人祝福。海岛人的寿辰礼仪，实际上从给孩子过周岁生日时起，就已开始进行。但按传统习惯，三十岁以下不祝寿，三十岁以后每逢十年才举行一次。因此，海岛人的祝寿活动应从三十岁算起，俗称"做生"。三十岁的寿叫"头寿"，俗语云："三十不做寿，四十不会富。"但据调查，舟山海岛人一般从五十岁开始做寿，十年一庆，举办祝寿活动。虽说三十岁是头寿，但毕竟太年轻了，年纪轻轻就要祝寿，弄不好可能反而要折寿。海岛人四十岁时忌做寿，因为"四"与"死"谐音，不吉利。因此，在舟山大多数岛屿，除富豪外，一般都是从五十岁开始才正式举行寿诞礼仪。"四十不做生，做九不做十"，即便从五十岁开始祝寿，祝寿的年月也往往提早一年进行，如五十大寿在四十九周岁时进行。据说，人生逢十是一大关口，提前祝寿能驱邪避晦，顺利过关，长命百岁。

（2）关于寿诞的习俗，每个海岛因地而异。在某些小岛，做寿前一个月要通知亲朋好友，并向他们发出请帖。在寿诞的三天前，寿星家就要挂灯结彩，布置寿堂。寿期也比较长，一般要三天。第一天是寿日的前一天，主要仪程是自己家里人拜寿。第二天是做寿者的生日，仪程是亲属、朋友、邻居家前来赠礼祝寿。此时，客堂里要放四剥果（瓜子、花生仁、核桃、金杏）、四水果、四糖果、四点心招待客人，"四"即"舒"，意谓祝老寿星"舒舒服服"欢度晚年，以示吉祥。礼饭，自然是不可缺少的。那天中午和晚上都有酒席，俗称"吃寿酒"，"尤以晚上的酒席最为丰盛，又称正餐"。因海岛交通不便，有些岛屿上的亲戚一时赶不过来，所以做寿者第三天还要备礼饭，俗称"后寿酒"，以招待迟来的宾客。在这三天中，第二天为正寿酒，场面最大，礼仪最多，最为热闹。

（3）按照旧俗，舟山的老人寿辰礼仪由出嫁的女儿和女婿发动筹办。寿礼中也是女儿送得最多。在嵊泗，已嫁的女儿要挑寿担，寿礼有"四色"和"八色"。"四色"为高（糕点）、桃（寿桃馒头）、祝（大红寿烛）、寿（长寿面）；"八色"另加玉（猪）、堂（红糖）、富（烤麸）、贵（桂圆）。做生时，先祭祖，再设宴酬宾客。寿辰前一天，女儿、女婿及亲朋好友将寿礼呈献，中堂上红烛高照，所有寿礼均列于中堂的案桌上。其中以女婿送的礼物为大，挂中央，然后按辈分类推，俗称"暖寿"。寿辰日，则为正寿期，要在寿者门前点放炮仗。先是摆香宴敬请神灵，尤其要祭海龙王，然后请出寿翁坐上座，接着按长幼次序拜寿，然后吃长寿面，同时向左邻右舍赠送寿面，共庆寿诞。当然，中午的寿酒是最热闹的场面。富裕的渔家晚上还要请戏班唱戏，俗称"寿戏"，一直演到第二天天亮，上演的剧目都是与祝寿有关的，如《郭子仪拜寿》《八仙庆寿》《海龙王祝寿》等。

唱寿戏

（4）特殊寿俗。特殊寿俗如"六十六，海龙王请吃肉"，"六十九，海龙王请吃酒"，以及船上祝寿、冥寿、女婿寿等，颇具海岛特色。

"六十六，海龙王请吃肉"这个习俗是从内陆演变而来。浙东一带称为"六十六，阎罗大王请吃肉"，只不过到了海岛，"阎罗王"变成了"海龙王"。但是，这一变却大有讲究，这是因为在海岛人理念中，海龙王是海内天子，统管海上的一切，包括人之生死，远比阎罗王来得权大势重，故而变之。若海岛老人活到六十六岁，出嫁的女儿在他生日那一天或生日前三天，要煮六十六块猪肉作寿礼，给她的父亲吃，俗称"吃寿肉"；同时，还送一碗糯米饭和三根鲜葱，俗称"寿葱"，葱是要带根的，意指寿有根栽得牢；还有一根龙头拐杖，意谓龙头拐杖是海龙王送的。女儿送礼肉时，盛肉的碗要用缺嘴碗（即缺口的碗），原因是六十六是人生的一大关口，俗称"缺口"度过这个"缺口"，人就平安了，为此要吃六十六块肉，来增寿添力。关于"吃寿肉"的习俗，海岛上还有其他规矩。送寿肉的时间要在上午，忌下午。要在涨潮时送，忌在退潮时。要从窗口递进去，不能破门而入。要先供灶神，祈祷后才可食用。若寿翁是吃素者，要用六十六块烤麸来代替寿肉。若寿翁是小岛上的渔民，需先在每块肉上割下一小块，连同少量的糯米饭和葱，拼作一海碗，撒向大海，先给海龙王吃肉，尔后自己才能享用。据说，海龙王吃了寿肉后会向天帝奏本，替六十六岁的老人添寿加福，即使出海捕鱼，亦能平安无事。故而，此谚语改为"六十六，渔民请海龙王吃寿肉"似乎更为贴切。至于"六十九，海龙王请吃酒"，其意相同，无非把"寿肉"演变成"寿酒"罢了。

（5）船上祝寿。在海岛的特殊寿俗中，船上祝寿的方式较为别致，这是因为如果寿翁在海上捕鱼，来不及赶回家去做寿，只能由船老大和船上渔民来为他祝寿。虽说祝寿的场所在船甲板上，事先也无太多准备，但聪明的渔民们用众多的小梅鱼在壁壳上拼成个斗大的"寿"字，黄澄澄的，金光闪亮；并在头上升起一面"寿"字底，迎风飘扬，把祝寿的气氛营造得十分浓厚。祝寿的程序大致如下：先由老大致寿词，表达颇多赞美之意；继而众渔民向寿翁贺寿，晚辈在船上行跪拜礼，平辈行抱拳礼；最后围坐一席，尊寿翁为上席，共饮寿礼酒。先是老大把盏敬酒，尔后按船上职务的分工，从高到低轮流把盏，向寿翁频频敬酒。为使寿翁不被醉倒，船上规矩，敬酒者喝三大碗，做寿者喝一碗。届时，大家举杯痛饮，猜拳行令，热闹非凡。

当然，最值得一提的还是船上的寿筵。虽说船上的寿筵没有鸡、鸭、鹅和猪肉，但海水鱼则是最大、最好、最新鲜的，并都有深刻的含义，如大鲳鱼寓意"昌盛发达"；大黄鱼示意"前程似金"；虎头鱼象征"富贵无比"；龙头鱼标志"福如东海"；还有凤尾鱼、石斑鱼、鲥鱼，都是些名贵且口味极好的海水鱼，满满地摆了一甲板，可称为"百鱼寿宴"。鱼类品种之丰富为陆地上做寿所不及。

（6）冥寿。是海岛人为已过世的父母做阴寿的一种习俗，寿堂陈设素色，礼仪如在世，逢十年举办一次，俗称"做十头"，一般做到百岁为止。

（7）女婿寿。则是浙南玉环闽南籍渔民的父母向女婿祝寿的特殊寿俗，一般在女婿三十岁即头寿时进行。岳父、岳母到女婿家祝寿，要送黄鱼一双，猪肉十斤，米酒两瓶，面十斤，以及衣服、桂圆、枣子、橘子等。据说，这些礼品都有象征意义。如鱼象征"有余"，米酒表示"满足"，寿面寓意"长寿"，橘子谐音"吉利"等，以此表达岳父母对女婿的良好祝愿。

值得注意的是，海岛人的寿诞礼仪中无时不渗透着浓厚的海洋龙文化。寿礼中的寿桃和寿馒头都要盖上龙印，挑礼的礼盒、礼盆要印上双龙戏珠、金龙盘柱的图案。老寿星的寿衣上也绣上了云龙纹和水波纹。寿宴上那只仰头挺立、威武雄壮的持大龙虾更是一道引人注目的菜。至于寿烛、寿椅、寿堂，即使是寿礼酒坛盖上的贴花纸，也都用龙凤图案来装饰点缀。更何况 "六十六，海龙王请吃肉" "六十九，海龙王请寿酒" 等习俗，就直接与龙和海龙王相联系了。由此可见，海岛寿诞习俗与海洋龙文化有着密不可分的联系。

海岛寿诞习俗是渔民重视生命的一种美好的表达，它有着自己独特的渔文化内涵，有着区别于内陆居民的深层的习俗心理。浙东沿海的寿诞习俗有着较强的传承性与延续性，虽然随着时代的变迁而有所改变，但在基本程序和内容方面却无太多改变，只是程序更趋简化，寿礼更为高档，海岛渔民的祝福和愿望也更加充实而丰富。

（三）浙东渔民的婚姻仪礼习俗

《礼记》曰："婚礼者，礼之本也。"古往今来的婚姻是 "合二姓之好"，其目的在于传宗接代。海岛人的婚俗礼仪是海岛人成年后最为隆重的礼仪，也是海岛人一生中最得意的一件大事。

作为一种习俗事象，婚姻习俗应包括婚姻形态和婚姻仪礼两个方面。

1. 早婚、入赘婚

就婚姻形态而言，浙东海岛的早婚、入赘婚给人印象特别深刻。海岛人的早婚主要表现在幼小定亲和过早结婚两种形式上。海岛的孩子到了六、七岁，父母就要为他们定下亲事。如果女孩子到了十四五岁，还无人来下聘礼定亲，是一件很不光彩的事。同样，如果男孩子到了十六岁，还未定下亲事，想在本岛找个称心如意的站娘就很困难了。因此，海岛人的结婚年龄一般都在十六岁上下，最早的也有十四岁结婚的，显然要比内陆早；入赘婚，俗称

"招上门女婿"，一般是渔家有女而无男，通过招女婿来顶香火，以此支撑门面。

2. 婚前仪礼、婚中仪礼和婚后仪礼

婚俗仪礼内容丰富、程序繁琐，大致可分为婚前、婚中、婚后三个阶段。

（1）婚前仪礼程式主要有请庚帖、过庚贴、办下定酒、"送日子书""迓妇""抬嫁妆""开面"等程式。旧时定亲先由媒人传话，如男女双方有意，男方则备礼派人，与媒人同往女家询问其出生年月的时辰，叫"请庚帖"；女方把生辰八字写在红帖上送给男方，叫"过庚帖"。男方请算命者合婚，如八字相合，即置庚帖于灶神前，三日内平安无事，请媒人送婚书及金银首饰、衣料、聘金、酒、饼等至女方下定，双方均宴请亲朋，办下定酒。婚期由男方选定，请媒人告知女方，叫"送日子书"。娶亲前男方派人送凤冠霞帔给女方，俗称"迓妇"。女方结婚前一天将准备好的嫁妆送到男家，嫁妆数量不一，俗称"抬嫁妆"。姑娘出嫁前夕请送娘（送亲娘子）修面，叫"开面"（用五色棉纱线为新娘绞去脸上汗毛，俗称"开面"），并且办开面酒。

定亲的庚帖上写着男女生辰八字，男方必须用描龙图案的红纸，女方则用飞凤图案的红纸，表示男女双方龙凤相配之意。海岛上，男女定亲时必须送几条大黄鱼。送鱼时，一定要成双搭对，象征双龙戏珠。而且鱼头要朝着被送的一方，意味着鱼游进去就不再出来；若方向错了，意味着婚姻不顺或有婚变的可能。旧时婚嫁，男女双方礼品往来常与生育有关，如定亲、结婚女方回礼有五谷种、花生、芋头、水仙花、韭菜等繁殖力较强的吉祥物，还有肚裙布等。

（2）婚中阶段的礼仪也很繁琐，主要有享先、迎亲花轿（喜船）、哭嫁、送轿、接亲、出轿、传代、拜堂、合卺酒等程式。

① 享先、迎亲花轿、哭嫁、送轿等程式。结婚当日，男方凌晨用"牲福礼"（五荤五素、五干果、五色糕饼、摆 24 杯酒、12 杯干茶）敬祀喜神，叫享先。新郎一般不往女家迎亲，多以送娘为使者随迎亲花轿去女方家。迎亲花轿的轿身金龙盘柱雕风镂花，轿顶飞龙拱顶，轿杠两端为龙头，新郎家必在花轿之上贴画有龙飞凤舞图案的纸花。发轿时，选一父母双全的男孩坐轿内押轿，中途由家长背回。男方花轿进门后，待嫁姑娘需睡床上，三次相催才起床梳妆，吃上轿饭，第一口吐回父母床头，示意不忘养育之恩。然后戴红头帕，由兄弟抱上轿或领上轿，母亲、姐妹号哭相送，母亲向停轿处泼一盆水，兄弟随轿送至半路返回，此时倒掉轿内火熄灰（起轿时，女方家放鞭炮，并用茶叶、米粒撒轿顶。新娘兄弟随轿同行，谓之送轿。兄弟送至中途即回，且要包点火熄灰回来，并从火种中点燃香或香烟，返家置于火缸，俗称"倒火熄灰"），啼哭停止。

哭嫁是温州洞头旧时妇女结婚时必过的程序，不管会不会唱哭嫁歌，全都要哭，甚至有母亲姐妹陪着哭的，说是有祛邪除煞和告别亲人时诉说心里话之意。唱哭嫁歌时，邻居会来观看，听听新娘唱些什么，唱得好不好。哭嫁从新娘梳头开始，到跪拜祖宗牌位、辞别亲人、跨炉火、上花轿，新娘一般要一直哭到花轿上路才停止。随后，送娘披红布、背子孙桶相随至男方家。

② 接亲。海岛的接亲主要有两种情况：一种是新郎和新娘同住在一个岛上，新郎派人用花轿去迎娶新娘，就如上面所描述的情况；另一种是新郎和新娘不住在同一个岛上，新郎需要派船去迎娶新娘。海上接亲要预测天气风向和潮流，并提前一两天到达女方岛屿，以免耽误婚期。开船前，新郎官要亲自到船头用供品祭祀船

神，求船神保佑一路顺风。接亲的喜船根据岛屿间的距离也有区别：岛际距离近的，喜船由描着炯炯船眼的带角船改装而成，船头悬挂大红球带，船上插者龙凤彩旗，船上敲锣打鼓，鞭炮鸣响；岛际距离远的，喜船就用漂漂亮亮的绿眉毛船或是画龙雕凤的花雕船代替，以船代轿，别具一格。"喜船迎娶锣鼓敲，一路不忘放鞭炮"，迎娶喜船离岛时要鸣放三声开船鞭炮，船靠码头也要放三声喜庆鞭炮，新娘由兄长背下船时也要放鞭炮，这种放鞭炮的习俗与花轿迎娶基本类似。

喜船迎娶新娘

③ 到夫家后的礼仪包括请出轿、"传代"、拜堂、合卺酒等程式。新娘到夫家以后的礼仪一般在涨潮时进行，先有请出轿的习俗，赞礼者请新娘出轿，一幼女至轿前三揖，引新娘出轿，出轿后跨马鞍踏麻袋前行，麻袋交替送接，叫"传代"，麻袋五只，示意"五代见面"。接着是拜堂，新婚夫妇一拜天地，二拜祖宗，三拜父母，尔后夫妻对拜行合卺礼（一种婚礼仪式，源自古时的一种婚礼仪式，就是将一个匏瓜锯成的两个瓢，新郎新娘各拿一个饮酒，喝下这杯酒就算正式结为夫妻），喝交杯酒，再入洞房，婚礼才算告一段落。

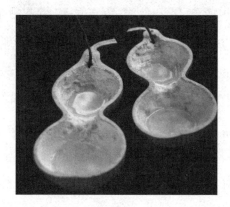

合卺礼

④ 妹妹代兄拜堂。还有一种十分特殊的婚礼。旧时渔村新郎出海打鱼遇风暴，或新郎在远洋捕捞不能如期返航，而婚期又不能随便改变，只能由新郎的妹妹代兄拜堂，在洞房内笼养一只公鸡，鸡颈系红布条，新郎回来放鸡出，俗称"抱鸡入洞房，阿姑代拜堂"。

抱鸡入洞房，阿姑代拜堂

⑤ 文明结婚礼仪。民国初期起，提倡文明结婚，不兴旧礼拜堂，只行结婚仪式，包括主婚人、宾客致辞，新郎答词，新娘新郎穿礼服向父母长辈鞠躬致礼，夫妻互揖，交换饰物，在婚书上签名盖章等，但此仪式仅城镇少数人接受。新中国成立后，提倡恋爱自

由、婚姻自主、新事新办。符合结婚条件的男女，需同去当地政府申请登记领结婚证书。婚礼礼仪要符合文明结婚要求，废止坐轿，宴请从简。20 世纪七十年代曾推行集体结婚仪式，不办酒席，以分送喜糖代之。也有人选择旅行结婚。

⑥ 再娶、改嫁和"坐门招夫"等婚俗。旧时受封建礼教束缚，男人亡妻再娶，礼仪可与头婚同。女子丧偶改嫁则遭鄙视，不能坐花轿只坐小轿；不准在原公婆家上轿，只能走出村口；脚穿红鞋外罩丧履，上轿前去掉丧履，以示与亡夫绝缘；带入新夫家的前夫子女，不得入家谱、继承后父财产等。渔区禁限稍宽，丧偶妇女改嫁少受干涉。部分渔村妇女丧偶招婿进门，叫"坐门招夫"。少数偏僻海岛，兄弟亡故，嫂嫁叔、弟媳嫁伯，称"兄终弟及""弟终兄及"。新中国成立后，这些封建陋习被废弃，丧偶男女与未婚者享同等权利。

⑦ 拜龙王婚俗。舟山一些小岛上曾经盛行过拜龙王婚俗，这是海岛拜堂习俗中的特殊礼仪。这项礼仪是请新娘、请新郎、拜天地后的第四项仪式，即新郎、新娘要向龙王叩拜。赞礼者要唱两首拜龙王的歌，一首是"银烛辉煌金花红，拜谢龙王祝寿隆；龙凤参生龙凤子，他年攀柱步蟾宫"，另一首是"龙王头上一盏灯，香烟袅袅透天廷；夫妻双双齐来拜；保佑家门万年春"。婚礼即将结束时，还要举行送龙王、抱龙灯的仪式，即新郎、新娘再次拜送龙王出堂，随后各抱一盏龙灯，双双步入洞房。这种习俗除舟山外，温州、台州等沿海岛屿也存在。

⑧ 拜堂后还有新娘挑巾、新娘出厨、喝糖茶、拜见钿等仪式。新郎家安排一个父母双全的小孩往新马桶内撒尿，并赠其红蛋，示意"早生贵子"。还请长辈中福分好的妇人入新房，用秤杆揭去新娘所戴头帕，叫"挑巾"。"挑巾"后，新娘整理服饰，到厨房亲割

祭祖猪肉，并将系身布襜交给厨师，请其代为厨事，叫"出厨"。接着谒拜公婆、长辈，敬糖茶，称"见大小"，长辈赠其钱币，叫"拜见钿"。各项礼毕开宴，席间新郎向长辈敬酒（以舅父为先），新娘由送娘陪伴，多次换装，向宾客敬酒行礼。晚上亲朋宾客在新房内喝酒、贺郎。就寝前，新娘须替新郎脱袄裤（音同"懊苦"），以讨吉利。

⑨ 贺郎的习俗。新郎、新娘为贺郎的主角，是众人喧闹的对象，所以有了贺郎的习俗。贺郎有文场贺郎和武场贺郎两种。文场贺郎是在新房里设案摆盏，新婚夫妇坐在案席的上首，其余宾客围坐四周。整个贺郎过程以一唱众和的形式进行，唱词多由领唱者根据房内的摆设、桌上的喜果、盆中的菜肴、新人的穿戴等即兴编词，随编随唱，并要新郎新娘同时做出动作上的反应：领唱人唱到"红烧黄鱼"时，贺郎人就用筷子夹起桌上的黄鱼，硬要新郎新娘对嘴尝鲜；唱到"花生"时，要新婚夫妇互剥花生送进对方的嘴里；唱到"枣子"时，要新婚夫妇两人共食一颗枣子；唱到"荔枝"，要新娘剥去荔枝壳，把荔肉用嘴叼着让新郎来亲嘴。编唱的词意大多与家庭美满、夫妻恩爱、子嗣繁衍等有关，而且多为吉利之词众人与新婚夫妇嬉闹逗趣，笑声不断，形成十分热闹的场面。武场贺郎是把新婚夫妇坐的两把椅子绑起来，只允许夫妇俩坐在椅子靠背上，并且要求夫妇俩配合的动作难度也提高了。众人捉弄嬉闹，显得比较粗鲁甚至野蛮，因此称为武场贺郎。一般而言，武场贺郎常常发生在偏远的小岛。

⑩ "讨冬瓜"与"好日酒"。结婚当天，邻居孩子开始向新娘要糖果，俗称"讨冬瓜"。"讨冬瓜"为期三天时间，新娘把从娘家带来的或男方准备的糖果分给孩子们。晚上，大人们开始到新郎家闹洞房。俗话说："三天无大小，"闹洞房的有男女宾客或邻居、朋

友，长辈、同辈和晚辈都能参加。渔家人结婚时的排场往往很大，尽显豪爽。

在宁波一带，一般会请吃"好日酒"三天，主要是宴请亲戚朋友及族里其他人。一家有事全族帮，女的做帮厨或布置洞房，男的做帮工。"好日酒"前一天主要是各种准备工作，因为桌数多，要向邻居借很多桌椅碗盏等。新娘家如果不远的话，迎亲队伍就会在那天去把嫁妆迎来，嫁妆队伍把大件的嫁妆一一抬着，很是壮观，街坊邻里会一件一件地数，暗暗比较谁家的嫁妆更多，物件更阔气，队伍更长，宁海一带至今还盛传着十里红妆的说法。下午及半夜有点心供大伙儿吃，主要是糖果，还有一些像莲子、花生等表示吉祥的糕点水果，新郎、新娘则会专门吃包子、蚶子、肘子、栗子、莲子，讨"五子登科"彩头。第二天迎亲正日，男方挑着米箩担迎娶新娘，女方会派人拦轿门，讨喜糖喜钱等。女方家最热闹的是中午正餐的时候，之后送新娘上花轿，热闹气氛移至新郎家。晚餐是新郎家的正餐，但哪怕再晚，正式喜酒开桌之前，新人也要给家里的长辈磕头敬茶，长辈们按次上座，喝着甜甜的糖茶，然后摸出一份红包，司仪数过红包里的钱后高唱某某茶钱多少，场面既隆重又热闹。之后开吃喜酒，人们从厨房里端出一道道热气腾腾的美味佳肴，有各式各样的菜，大家一边吃一边数着碗数，旧时有"十六碗"之说，后来增至二十几碗，大伙儿猜拳喝酒，热闹非凡。第三天是回门，新娘子带者新夫婿回娘家。

另外，在渔家婚宴上，还能看到一道渔岛特有的饮食风景线。宴席上，渔家人会端上一大碗带皮烤熟的整个芋艿。一席婚宴，只要少上一道烤芋艿菜，就算大鱼大肉、全鸡全鸭，婚宴也不被认为是丰盛的。而一道婚宴上，上两道烤芋艿，吃喜酒的人就会夸赞东家婚宴特别丰盛。就是在日常饮食中，渔家也将芋艿当作上等大

十里红妆迎新娘

菜。逢年过节，或是家中有客，总有一道红烧芋艿。"跑过三关六码头，吃过奉化芋艿头"，渔民对奉化芋艿头更是珍视。

（3）婚后还有认亲、吵新房、庙见、回门等习俗。结婚第二天早上，新媳妇必须早早起床，向公婆敬银耳汤或糖茶，然后由小姑陪同去岛上的外公、舅舅、姑父家挨家挨户地敬茶，俗称"认亲"。而"认亲"的公婆及长辈喝了茶后均要向新媳妇送红包，表示对新媳妇孝顺的回报。新婚三日内，亲朋好友可在晚上潜入新房，拿走任何东西，翌日向新婚夫妇索取香烟糖果，谓之"吵新房"。在大的海岛上，还有婚后三日庙见的习俗，即男主人与新媳妇见于祠堂。当然，海岛上最热闹的要算三朝回门了。新娘出嫁第三天，在完成各项仪式后，新郎陪同新娘共同携礼回女方家去拜见岳父、岳母及亲戚。回门时新婚夫妇要备好烟、酒、营养礼品等，一般是当天去，当晚归，双去双归。那时的新郎官尤其是男方的陪客就会成为女方亲友的调侃对象，大家猜拳灌酒，好不热闹。

（四）浙东渔民丧葬仪礼民俗

丧礼是人生走向最终归宿的最后一个仪式，但这个礼仪与其他人生礼仪截然不同，那就是，丧葬礼不是自己能够亲历的，它是一种完全他历的礼俗，而且与信俗密切相关，表现出"既是人生的终极归宿，也是人生再生的开始"的双重意义。

1. "鬼节"放海灯

在浙东沿海地区，为祭奠在海上遭遇不幸的亲人，每年的农历七月十五（民间又称"鬼节"），海岛上的人们多摆祭水果、点心祭祀亡故之人，海上渔民此夜点放海灯，以招亡魂。天黑了，海难者的亲人们带了香和烧纸，抬着各式各样的海灯船来海滩上放海灯。他们用浆糊把一层层的布糊成硬壳做成的海灯船，在海灯船上放了点燃的蜡烛，并将船推入大海，泪汪汪地看着那船漂远。亲人们哭着朝漂远了的船喊："看见替你做的灯船了吗？你可千万顺着自家这条船的灯上船回家来啊！来家看看你的亲人们吧！"其他各家

放海灯船

的海灯船也多种多样，有极精致的木板做的船，有布糊的，还有纸壳做的，还有的穷人家只好找张硬点的纸折叠一条船。那些招魂的灯船、带着人们思念的灯船，闪着星星点点的微光，慢慢向海里漂走，直到消失在远处。

这其中最具代表性的是宁波象山农历七月十五的放海灯习俗活动。海灯又称"水灯"，放海灯是流传于象山沿海渔村的一项习俗文化活动，在石浦渔港东门尤为盛行。

2. 鬼节祭祀

鬼节祭祀的形式大同小异，无非是摆桌菜、上香点蜡烛、烧纸钱，嘴里说上几句祝愿先人的话，之后全家美美地吃上一顿。这习俗到了海岛却化出了新的内容，沿海渔民为了让死于海事的亲人（即海鬼）尽情欢娱和享用，便家家户户扎起各色海灯。海灯有的用绢做，但大多是用纸做的。有虾灯、鱼灯、蛤蜊灯、蟹灯、荷花灯、海星灯、六角灯、八角灯、宝莲灯，以及各种几何形状的灯。没有固定模式，只要做得漂亮什么色彩、形状都可以，但海生生物形状的灯是必须有的。放海灯时，石浦渔民口里念的祭词是："海上

祈求太平的荷花灯

人客（海上遇难人的亡灵）喔！今日水灯放给呐（你们），管顾（照顾）阿拉（我们）渔村太太平平，渔船安全无事，希望呐（你们）早日投生喔！"灯载着做灯人和渔家的希望与祝愿，顺着潮流漂远。当海灯渐渐远去，人们也渐渐散了，祭祀亲人祈求太平是年年不变的主题。

3. 东岙普度节

在浙江温州洞头则有东岙普度节。农历七月十五的中元节，世间人们做超度亡灵的仪式，使亡灵们得以早日解脱。这一活动曾在我国各地流行，而闽台地区尤其盛行。洞头先民从福建泉州、漳州迁入，也带来了闽南文化的习俗。东岙普度节是在农历七月廿三、廿四，也称"中元普度"或"中元普利"，有近200年历史。东岙普度节由当时几位船老大发起，他们认为渔民以捕鱼为生，在海上作业平安无保障。为超度海难者及孤魂野鬼的灵魂，以求渔船、村庄平安，东岙村和东岙顶村联合起来在东岙海边大士爷庙做普度。据老人讲，东岙做普度自发起至今，除新中国成立初期停过几年外，年年都举办。

温州洞头东岙普度节

东岙普度节是传统文化的继承，表达了人们期盼平安和谐的美好愿望。经过百年变迁，这些习俗已被赋予新的时代内涵。过去为亡灵超度，祈求平安，现在则是作为一项展示海岛习俗风情的活动来开展的。其中，放水灯已从原来的引送野鬼、祈祝海蜇丰收转变为如今自娱自乐的灯会。2009 年，东岙普度节被列入浙江省非物质文化遗产代表名录。

4. 丧葬习俗

在浙江嵊泗，丧葬习俗包括做寿坟、送终、穿寿衣、报丧、守灵、吊仪、丧服、入殓、开吊、上饭、堂祭、出殡、路祭、祭祀山神土地、入穴、烧草、吃羹饭、做七、做百日、做周年等一整套礼仪。旧时，渔船又小又旧，风浪频生，渔民海难时有发生。

5. 招魂仪式

海岛历来有为海难者举行的特有的丧葬礼俗招魂。渔民出海是"一只脚踏在棺材里，一只脚踏在棺材外""三寸板里是娘房，三寸板外见阎王"。海上捕鱼的渔民经常遭遇狂风巨浪，落海身亡，有时甚至找不到尸体。家里的亲人为了让死者的亡魂能返回故乡，于是在出殡之前举行招魂仪式。

海岛的招魂一般都有一套特殊的祭奠习俗。渔民不幸葬身大海之后，因为往往无法寻回尸体，他的家就用稻草人代尸，稻草人穿上死者生前的衣服，在家里摆设起灵堂。同时，在村外的海边请道士为死者招魂。招魂要在夜间的潮水初涨时进行，死者的亲人到海边去叫喊，把失落在海里的阴魂喊回来，招进稻草人中，再进行安葬。这种招魂仪式，也叫作"潮魂"。亲属要先在海边搭起一个小小的醮台，到了傍晚，在帐篷里点起香烛，中间放着稻草人，身上着死者的生辰八字。等到晚上涨潮的时候，道士坐在醮台上，敲响钟磬铙钹，嘴里念着咒语。这时候，有人在醮台前后点燃起一堆堆的篝火，手拿一杆带根的毛竹，顶梢上挂着箩筐，里面装一只雄鸡，面对大海，随着道士的咒语，不停地摇晃着毛竹。也有披麻戴孝的死者家属，提着有字的灯笼，高声呼叫死者的名字："某某来呀！某某来呀！"声音非常凄厉。然后，由一个孩子或者亲属答应道："来喽！来喽！"一呼一应，直到潮水涨平，才由道士引魂回家。到了第二天，亲属把稻草人放进棺材，送到山上去安葬。

6. 象山石浦渔民的招魂仪式

象山石浦渔民的招魂仪式与如上大同小异，具体内容及形式是：选好出殡的日子，在出殡的前一天下午，由道士到海边、港边或码头边向海神发文，告知海上神灵，找回死者亡灵。发文的内容是死者的姓名、出生年月、死亡的时间、死亡的地点、招魂的时间。第二天（出殡这天）上午涨潮时，在海边（港边或码头边）近水的地方放两张八仙桌，一张桌子放祭神的供品，一般是五盘，有肉、蛋、鱼豆腐、面等，一张桌子放羹饭（祭祖的小菜）祭亡灵。在靠海边桌子的脚上绑上一株头上有竹叶的小竹子；在竹子上吊上草人，草人穿着死者生前的衣服鞋袜，上面写着死者的姓名、出生年月；在竹子头上放一只喝醉酒的鸡（男的放公鸡、女的放母鸡）；接着由道士上香做道场招魂，一直到鸡醒来啼叫几声后，再由入殓人把草人放入棺中入殓、出殡。

7. 自然死亡的丧葬礼仪

渔民劳作的辛苦及风险程度远远要超过内陆干活的人们，因此渔家也特别注重渔民自然死亡的丧葬礼仪。在象山石浦，人死前，亲人守床前送终，聆听遗言，并给病人喂饭，剩饭让子孙分食，叫"吃袭衣饭"。病人气绝后，焚香于灶前、祖堂祝告，亲人给死者沐浴、梳头、穿过老衣，由子孙移尸于堂屋，悬孝幔，设祭桌，供糕点，点脚后灯。并将死者睡过的席褥连同新买草鞋焚于三岔路口，叫"烧荐包"。随后遣人倒披雨伞向亲戚报讣音。亲戚闻噩耗，以哭相报或以砸瓦片代之，并备重被、白烛、祭物，往灵堂吊祭。晚上亲人守灵，请人念经为死者超度。

落殓一般选择涨潮时辰，由子孙杠尸入棺，盖上亲友所送重被，封盖钉棺，亲人扶棺围哭。出殡时的时辰，一般多选在上午，那天全体披白；子穿孝服，戴三梁冠，腰系草绳，手执孝杖；孙戴二梁冠；同族亲人穿戴白衣冠；关系疏远者素衣白帽；女戴孝斗；四代曾孙戴红帽；五代重孙戴绿帽。出殡时，先行醮杠礼，后以魂幡引路，鸣锣开道，女婿扶灵牌，孝子扶棺，亲属排辈依次随送。棺木过桥，孝子呈卧伏，叫"背棺过桥"。棺木入墓穴叫"进椁"，进椁后灵牌原路返回祠堂焚烧，将其名讳排行记入祠堂神位，设祭上堂。送葬亲朋亦原路返回，跨过烧荐包灰，在丧家醮上净水，吃送葬饭。

孝子背棺过桥

8. "做七"

从死日起，七天祭奠一次，叫"做七"。"五七"或"六七"由女婿亲自设祭，做至"七七"，烧毁居丧时用的苴杖、麻带，脱去白鞋。至百天再祭，叫"做百日"。满一年做周年羹饭。旧俗三年"满孝"，以后每年逢生辰、死期，做忌日羹饭。

9."财神"或"活宝"

渔民另有一条特殊的规矩：在茫茫大海上，一旦发现遇难者的遗体，不管他是老是少，不管他来自何方，都必须义不容辞地打捞、认领和安葬。打捞上船的遗体谓之"财神"或"活宝"，渔民对其敬礼有加，马上想方设法同海难者家属取得联系；对于那种无人认领的遗体，渔船必须立即收网靠岸，全船渔民都披麻戴孝，将其隆重安葬。

第五章 浙东渔民传统节庆文化活动

浙东渔民的传统节庆文化既具有独特性，又兼备多样性。一方面浙东渔文化在长期的历史积淀中形成了自己的固化范式，另一方面又在与其他的海洋文化交融中不断吸纳新的元素。浙东渔民传统节庆作为一种极富地域、民间特色的文化形态，它是当地人们的生产生活方式、风尚习俗、风土人情的集中展示，也是该地区特色最直接、最真实的表现。渔民节庆最本源的涵义是祈福消灾（平安）、团圆聚会、庆祝丰收、天人合一、凝聚民众的文化信仰。同时，它又传承具有本土意义的文化活动，如举办庙会、三月三对渔歌、织网、渔俗艺术品博览、"辣螺姑娘"招亲等，对复兴优秀的传统文化具有重要的意义。

现代节庆既是对民俗文化的传承，又是对地方文化资源的整合，已经成为一种新型的文化现象。充满独特文化意趣的旅游节庆，既能有效地推进文化、经贸交流和旅游合作，又能提升海港城市的整体形象，还能带动相关产业发展，因此，进一步开发节庆文化潜在的商业价值和旅游资源价值已成为东南沿海城市的共识。

一、浙东渔民的中国传统节庆活动

浙东渔民传统的节庆活动，主要包括具有特色的渔镇、渔村的岁时节日习俗及各类庙会活动。

中国的传统节日主要有春节、元宵节、立夏、端午节、中秋节、除夕等节日，海岛人在过这些节日时与内陆基本相仿，但也有着鲜明的海洋特色，尤其像三月三踏沙节、六月六洗晒节、七月十五中元节等一些民俗味浓郁的民间节日。

（一）春节

农历正月初一，黎明燃放爆竹，谓之"开门炮"。一般于中堂设有香案，摆上果品，行礼拜，所谓"谢天地"。佛阁需上佛饭。举家素食，吃芋头，以祝新年有余。穿新衣，长辈受儿孙跪拜，给晚辈拜岁钱。出门见熟人，皆须拱手拜岁，全日不汲水，不扫地，整夜不关灯。象山丹城等地大年初一还拜祖坟。大年初五，商铺营业。上旬内亲邻里互访互宴，谓请"新年饭"。旧时的温州洞头岛，家家在年三十夜都要守岁到寅卯时左右，举行开正（正月）仪式。在大门口或天井里摆上案桌，桌上置放三牲及水果、糕点等祭品，两旁有一对尺长的大红烛，俗称"通宵"。守岁连着烧头香，在烧香时还给庙祝红包。

农历正月初九凌晨拜天公（玉皇大帝），是海岛居民新年伊始最隆重、最神圣的祭祀活动。祭祀前一两天，各家各户都要备齐拜天公的供品。供品有九样，九为最大数，以示对天公的崇敬。以甜糕、猪肉、挂面为主祭品，称"三牲祭礼"，其余为红枣、桂圆、糖果、饼干、水果等，各种供品都表示一种美好的祝愿或吉祥如意的愿望。

正月初九是玉皇大帝的生日，因此，有诗云：

> 正月初九五更天，三牲五谷放桌边。
>
> 一家老少站相依，一拜丰收财运添。
>
> 二拜健康笑眯眯，三拜团圆不分开。
>
> 真心许愿嘴要甜，响炮共庆天公生。

（二）元宵节

农历正月十四夜开始上灯。象山丹城兴吃汤圆，石浦兴吃糊腊，乡间多食炒年糕。正月十五日前后，城乡常约请戏班演出，少则一两日，多则十几天；乐户（俗称"吹唱"）上门吹打，受赏年糕、馒头，谓之"吃糕头"。正月十八日落灯，至此元宵活动结束。

另外，过去温州洞头民间有在农历正月十五元宵节请"半更神"的习俗。请"半更神"是渔村姑娘专属的一项活动，男人不参与。农历正月十五晚，看完花灯、踩街表演后，男人和孩子都睡了，妇女们也忙完了家务，邻居姐妹们相约聚集在一户人家厅堂，以请"半更神"的形式，占卜新年财气、运气和生产情况，也占卜姑娘婚事等，请求保佑家门平安、渔业生产年景好。

（三）龙抬头节

农历二月初二叫二月二或龙抬头节，这天人们到江海水畔祭龙神，正如《中华全国风俗志·寿春岁时记》载"二月初二，焚香水畔，以祭龙神。"此节正当惊蛰节前后（惊蛰的"惊"是"惊醒"，是"蛰伏"是说动物的冬眠），惊蛰之意是春天已经暖和起来了，冬眠蛰伏的动物随着那滚滚的春雷也苏醒过来，万物复苏，从此以后，雨水会逐渐增多，据说蛰伏的龙到了这一天，也被隆隆的春雷惊醒，便抬头而起登天，故而得名"龙抬头"。许慎的《说文解字》记载："龙，鳞中之长，能幽能明，能细能巨，能长能短，春分登天，秋分而潜渊。"这大概就是"龙抬头节"习俗的最早记载。

在我国古代神话中，龙是雨水之神《管子·形势篇》就有这样的记载："蛟龙，水虫之神者也。"尔后，又逐渐演变升格为能统领水城并掌管兴云布雨的"龙王。"

农业丰收，需要充足的阳光、肥沃的土地，也需要雨水的浇灌、因此祈求雨水成为龙抬头节的重要内容。

关于"龙抬头节"浙东沿海民间有这样一个传说：

很久以前，连年大旱。有个小伙子叫水生，他见天旱，便设法四处找水。一天，他听一位老伯讲了这样的话："天旱之事，玉帝早就知晓。曾命东海龙王的孙子前去播雨。可这小龙贪玩，一头窜到河里，把播雨的事给忘了。"水生问："如何制服它呢?"老伯说："必须弄到一根降龙木才行。"水生经过千辛万苦，终于在悬崖上找到了降龙木，制服了小龙。只见小龙抬头腾空而起，直冲九霄，霎时乌云翻滚，雷声大作，哗哗地下起了大雨。为了纪念这"龙抬头"的日子，人们规定每年农历二月初二为"龙抬头节"。

所以民间有这样的说法：二月二，龙抬头，春雨下得遍地流。这个传说反映了人们对龙的崇拜和祈求，在不同程度上反映了人们对风调雨顺、丰衣足食美好生活的期望。

（四）立夏节

习俗为吃糯米饭、茶叶蛋，也有吃红豆饭。食不切断的小竹笋，以求脚骨健。吃青梅，谓可入夏不打瞌睡。兴吃补品，贫者饮鸡蛋老酒，富者吃桂圆、人参，谓"千补万补，不如立夏一补"。立夏这一天人人称体重，观一年之旺衰。

（五）端午节

农历五月初五，兴裹粽子，象山的石浦、丹城还兴吃麦饼筒，门窗悬插艾、蒲，墙壁喷洒浸有菖蒲根、雄黄的烧酒，房内熏菖蒲根，谓可辟邪禳毒。儿童胸前悬苎线串菖蒲片和各色香袋。家中堂屋张挂钟馗像、五毒图、虎图等。民间还采集辣蓼、梓树脑晒干贮藏，作常年化食药物。

（六）中元节

农历七月十五俗称"七月半"，这天人们以新收割的早米做麦果，祀祖尝新。象山的爵溪还有迎神赛会，盛况不逊于丹城、石浦之行会。七月十六夜，以草作底，上糊灯笼，中点蜡烛，散浮海上，曰"放水灯"，以慰海难者。石浦、墙头亦有此举，1949 年后渐渐废除。

渔民放水灯

（七）中秋节

农历八月十五为中秋节，全国皆然，象山则以农历八月十六为中秋，相传为宋宗藩所更，或谓史越王以其母十六日生而易。中秋夜为赏月良辰，普食月饼。

（八）重阳节

农历九月九日为重阳节，兴登高游赏秋景。丹城市铺有售栗糕一天之风。糕以糯米粉加糖蒸制，置笋壳上，形如饼，上嵌栗肉、瓜子仁、蜜钱、胡桃仁、红绿丝等，味道极佳。

（九）除夕

农历十二月二十后，各户准备过年，掸尘、办年货、捣年糕、做团、炒糖糕（或番薯去皮蒸熟切片）、打米胖糖。腊月二十三日晚以五果（糖果）送灶神，除夕再接灶神。二十八日设案于中堂，以三牲福礼祈求降福，谓之"谢年"。除夕祭祀祖宗，晚饭全家团聚，吃年夜饭；晚间室内点灯，需要间间全亮，亦有通宵不眠守岁，称"守爹娘双全"；临睡前，长辈给晚辈分压岁钱；家中用器亦放一年糕片，以示压岁。这一天，习惯向赊欠户催讨账款。

二、浙东渔民传统民俗活动

（一）石浦十四夜习俗

象山石浦人农历正月十四夜过元宵，吃的不是汤圆，而是特有的糊粒羹。糊粒羹也叫"糊腊羹""发财羹"，以牡蛎、虾仁、鱼肉、蛏肉为主料，加以猪耳朵、芋艿、萝卜、鸡蛋、香肠、年糕等，混合在一起、用番薯淀粉调和的杂烩羹。石浦人元宵节吃糊粒羹出自一段历史典故。明代嘉靖年间有一年农历正月十四，戚继光率领军队杀得入侵石浦一带的倭寇狼狈逃窜，但正当民众准备各种菜肴下锅烧煮欢庆抗倭大捷时，却有另一批倭寇前来进犯，眼看军情危急而将士们又饥肠辘辘，伙夫匆忙将切好的各种小菜倒入锅内，煮烧后加上米粥、薯粉，做成糊粒羹，既当饭又当菜，将士们吃后士气大振，经过一番拼杀，大获全胜。从此，石浦人每逢正月十四，家家户户吃糊粒羹以示纪念，遂流传成为一种民间习俗。这天晚上，小孩子们自带碗筷，挨家挨户说一声："吃发财羹啦！"主人笑脸相迎，给每人一勺。石浦人认为，小孩串门越多就会越聪明，讨糊粒羹的人越多，主人家就会越发财。

石浦十四夜吃糊粒羹这一习俗有以下几个特点：

（1）独特性。中华民族的元宵节是农历正月十五，始于春秋时期，历史悠久。而石浦的元宵节却是在农历正月十四过，非常

象山石浦正月十四夜闹元宵——吃糊粒羹

独特。

（2）历史性。石浦的正月十四夜吃糊粒羹是为了纪念明代嘉靖年间戚继光军队抗倭寇的历史。

（3）丰富性。石浦十四夜的活动有吃糊粒羹、请簸箕姑娘、走十四、点天灯、看新媳妇、摇小竹娘、扮故事、打生等八项，内容十分丰富。

改革开放后，石浦十四夜在传承习俗的基础上，又有了新的文化内涵。每到正月十四那天晚上，石浦渔港张灯结彩，鞭炮齐鸣，焰火齐放，各色各样的鱼灯把整个石浦的夜晚装扮得流光溢彩。龙灯队、马灯队、鱼灯队、腰鼓队、民乐队精心装扮，从四面八方一路敲锣打鼓汇集镇中心地带，尽情表演。街上，人山人海，一片欢腾。

石浦十四夜还盛行请簸箕姑娘的习俗，以祈祷平安、幸福、四季丰收，一般以家族、邻居聚会形式同欢屋内外点亮灯，堂前放一桶水，桶边挂着一面镜，选四位姑娘盘腿坐地，每人右手竖一根筷子顶着圆簸箕，簸箕上放剪刀、烙铁、尺、花四样东西。然后，姑娘们静心同诵"簸箕星圆滚滚，剪刀烙铁做媒人，花给你戴，粉给你贴，请你簸箕姑娘来看灯……"念着念着，圆簸箕自然会按顺时针方向不停地转动起来。可以问年龄、问姻缘，簸箕中的物件便会随着摇动、一声声敲响水桶作答。旁人里三层外三层围观，既好奇又开心。

石浦正月十四夜闹元宵——四位簸箕姑娘

（二）"三月三，踏沙滩"民俗活动

象山石浦地处东海之滨，历史上曾以"浙洋中路重镇"之称而名扬四海；如今为全国六大渔港之一、中国历史文化名镇，享有"中国渔业第一镇"之誉。石浦的海洋旅游资源得天独厚，拥有山海的旖旎风光、岛礁的奇观异景、独特的人文景观和浓郁的渔区风情。

"三月三，踏沙滩"是石浦久负盛名的一个民间传统节日。这一古老节日的由来，归纳起来大概有三种说法：一是为了表达对爱情忠贞不渝的辣螺姑娘的敬重，二是为了纪念在崖山海战中阵亡的宋代将士，三是为了祭拜九条小龙在这一天斗败危害百姓的乌龟精。不管出于哪种传说，每年春汛开始，出海远航的渔民总要请妈祖、拜菩萨、抬城隍，开展丰富多彩的群众活动，祈求神灵庇护和开捕丰收。其中由辣螺姑娘动人爱情故事演绎而来的三月三活动流传甚广，影响也最大。传说石浦沙滩附近有一位美丽善良的渔家姑娘，以拾辣螺为生，人称"辣螺姑娘"，一天她在沙滩拾螺时救起一个外地受伤男子，该男子就是南宋大臣陆秀夫，两人渐渐地互生爱慕之心。伤愈后，陆秀夫有国事在身匆匆告别，临行前许诺日后回来娶辣螺姑娘为妻。不幸的是，陆秀夫走后，辣螺姑娘被当地渔霸看中，欲强迫成亲，娶亲当日，辣螺姑娘以死相拼，投海身亡。农历三月初三，象山海边辣螺旺发，爬满海滩，传说是辣螺姑娘的化身。为了怀念辣螺姑娘，这一天，成群结队的渔民和渔家儿女来到海边，走一走，看一看，顺便捡一些辣螺回去作纪念，年长月久，象山海边渔区就形成了"三月三，踏沙滩"的传统习俗。

三月三，踏沙滩

因此，每年一到农历三月初三，数以万计的沿海渔民来到皇城沙滩，有的怀着对人生未来的美好祝福；有的感怀宋王朝的历史；有的感怀辣螺姑娘的纯真爱情；有的感受阳春三月的自然气息，漫步千米沙滩，享受阳光海风，观海潮、听海涛、拾海贝。广阔的沙滩上摊贩云集，杂耍遍地，游人如织，形成场面热闹的海游图。

（三）渔民踏青、放风筝

中国的踏青习俗由来已久，传说远在先秦时已形成，也有说始于魏晋。据《晋书》记载，每年春天，人们都要结伴到郊外游春赏景。可见，踏青春游的习俗早已流行。到了宋代，踏青之风盛行。

舟山沿海渔民踏青民俗活动又称"春游""探春"。清明时节，天朗气清，人们都喜欢利用春光明媚之际，去郊野畅游一番。扫墓者祭礼已毕，也往往择圃列坐而不归。单纯的祭祀活动演化为同时游春访胜的踏青。清末至民国时期，定海

放纸鹞

也流行游春的习俗。每当清明时节，万物复苏，草木返青，田野一片灿烂芬芳。城区私塾、学校都要放春假数天，以便让学生跟随家人到郊外去上坟和春游。此外，定海还有春游放风筝的风俗。风筝，舟山人俗称"放纸鹞"。每当春风和煦的时刻，在绿色的田野上，在开阔的平地上，总有不少人领略着放纸鹞的乐趣。那些纸鹞在轻风中飘飘摇摇，最多的是瓦爿鹞，其次是蝴蝶鹞、老鹰鹞，最显眼的是蜈蚣鹞，长长地在天空中游来荡去，各种风筝五彩缤纷，错落有致，煞是好看。

（四）六月六庙会

农历六月初六兴吃麦馒头、翻晒衣物图书，有"六月六，晒红绿"之说。石浦旧有会期，抬城隍老爷、戚老爷（继光）、周公

公，矮伯伯等神像"行会"，并以歌舞彩灯助兴，极为壮观。每户设香案敬神，远近村民，往观者如潮。

石浦六月六庙会

（五）七夕小人节

每年的农历七月初七，温岭市石塘镇闽南移民后裔未满十六周岁的孩子，都要过一年一度的小人节。

"小人节"应该源于闽南风俗"七娘妈生"。闽南民间称织女为七娘妈，视其为小孩的保护神，传说七夕是七娘妈生日，因此又称七夕为"七娘妈生"。每逢七夕，许多家庭都要祭拜七娘妈，祈求家中小孩能够健康平安成长。温岭邻县玉环县闽南移民原先也有这样的风俗，20世纪50年代后这一风俗渐废，目前只有温岭石塘还保留着这一独特的风俗。2006年，石塘"小人节"被列入第一批台州市非物质文化遗产项目名录，之后又进入浙江省省级非物质文化遗产项目名录。如今，石塘七夕习俗已是国家级非物质文化遗产。

七夕"小人节"

从前浙江各地都有关于七夕小人节的习俗。例如在浙江杭州，过去每年七夕，萧山坎山镇都会举行祭星乞巧活动。庭院中摆放着八仙桌，上面放着精美的花边、时令水果和摆成"心"型的祭酒杯。姑娘们在祖母的带领下，向天上的牛郎织女敬酒，祈求织女多多给予心灵手巧的本领和美好的未来。接着，女孩子们开始赛巧，每人拿一针一线，看谁穿针引线最快。

（六）石浦七月十五放海灯

渔港石浦有个民间节日——放海灯。海灯又称"水灯"，农历七月十五日放海灯是流传于象山沿海渔村的一项民俗文化活动，在石浦港东门渔村尤为盛行。传说，农历七月是地狱鬼门洞开的日子，这些日子里，鬼可以四处游荡，更可以探亲访友。石浦渔村的百姓，一到农历七月初，便各显神通，扎制各式彩灯，来展现自己的聪明才智和高超手艺。

三、浙东沿海渔俗节庆典活动

东南主要海港城市的节庆文化以建设海洋文化名城、提高城市知名度为宗旨，以当地独特的人文资源、海洋文化资源为切入点，融文化艺术、经济、贸易、旅游为一体，形成了独特的人文特色与地域特色的渔俗节庆活动。浙江沿海各地渔俗节庆活动十分丰富。以舟山为例，目前在舟山市有影响力的主要有以沙雕文化为特色的"舟山国际沙雕节"、以海鲜美食文化为特色的"舟山海鲜美食文化节"、以普陀山佛教观音文化为特色的"普陀云南洲观音文化节"、以大海为题材的"舟山渔民画艺术节"以舟山桃花岛金庸武侠为特色的"金庸武侠文化节"、以舟山民间民俗特色的"沈家门渔港国际民间民俗大会"、以嵊泗贴贝文化内特色的嵊泗贴贝文化节和徐福东渡国际文化节等。纵观这些大型的节庆文化活动虽然风格迥异，但无一不是舟山海洋文化内涵的集中展示，洋溢着浓郁的海洋文化气息。

（一）舟山国际沙雕节

每年九月或十月份在风景秀丽的国家级风景名胜区——朱家尖举行的舟山国际沙雕节，是利用海洋文化资源优势开发出来的综合性大型旅游活动。（见下图）每届在形式和创意上都有突破，历届的主题有"和平与友谊""世纪奇观""欧洲文明起源""世界古代奇观""丝绸之路""至爱永恒"等。一系列特色鲜明、精彩纷呈的配套活动，凸显了沙雕节活动的海洋文化内涵和特色，把海洋海岛文化特色发挥得淋漓尽致，沙雕艺术的神奇也让人们流连忘返。同时，沙雕节把旅游节庆活动与经贸活动有机结合起来，取得了一定的效果。

舟山国际沙雕节

沙雕节的举办对旅游景区的辐射作用进一步增强，旅游客源市场的利用率显著提高。各旅游服务行业围绕沙雕节，在吃、住、行、游、购、娱等方面带动了第三产业的发展，收到了较好的社会经济效益。

（二）舟山海鲜美食文化节

首届舟山中国海鲜美食文化节于 2003 年 7 月 18 日至 9 月 18 日举行，主会场定在普陀区的沈家门，各县区设分会场。主要活动有沈家门民间风俗大会暨开幕式、华东烹饪名家演示、舟山烹饪比赛暨舟山十大名菜及小吃评选、海鲜烹饪家庭比赛、闭幕式等五个主体活动。另外，还附带举行了美食摄影比赛、优秀夜排档评选、舟山餐饮业青工技能演示、网上美食节等活动。

此次活动开启了舟山市利用渔业资源、开发海鲜美食活动的新篇章，使舟山海鲜走出了舟山，提高了知名度。首届舟山中国海鲜美食文化节着力挖掘了舟山海鲜美食的渔文化内涵，充分体现了舟山海鲜美食的魅力。它的成功举办，既提升了舟山旅游的整体形象，又促进了旅游经济的发展。

（三）普陀山南海观音文化节

普陀山南海观音文化节在素有"海天佛国"之称的普陀山举行。首届于 2003 年 11 月举办。文化节以"观音文化与生命自然"为主题，体现了观音慈悲为怀、普度众生、净化人心的特质。系列活动分为开幕式、弘法讲经大会、佛教文化大展、四海莲心交流大会、发愿祈福法会、闭幕式等。活动的举办旨在为普陀山打造新的旅游亮点，吸引更多社会大众关注、来访、弘扬普陀山观音文化，丰富海天佛国品牌内涵。

普陀山南海观音文化节

普陀山是中国佛教四大名山之一，每逢农历二月十九、六月十九、九月十九分别是传说中的观音菩萨诞生日、成道日和出家日，朝山进香者不远千里而来。南海观音文化节有别于以往的普陀山盛会，比三大香会规模更大，来自中国大陆各省及香港、澳门、台湾的香客商人络绎不绝。

在普陀山观音文化节期间，丰富多彩的文化、经贸活动吸引了大量外地游客。除了提升了交通、餐饮等方面的需求外，观音文化节也成为舟山招商引资的良机。此外，大量文化名人涌入后带来的音像资料、文人墨客留下的墨宝文章、著名摄影家镜头里的精彩瞬间、国际专家学者的学术交流论文，都为丰富普陀山文化积淀、加深文化底蕴起到了积极的作用。

（四）舟山渔民画艺术节

首届舟山渔民画艺术节于2003年10月在朱家尖开幕，艺术节主体展览活动包括舟山渔民画新作展、舟山渔民画藏品展、舟山现代民间剪纸展、舟山渔民画立体视觉艺术展和中国现代民间绘画邀请展。作为艺术节主要配套活动的舟山民俗踩街活动、舟山渔民画墙体绘画大赛在定海区主要街道举行。

舟山渔民画

舟山渔民画缘于得海独厚、得港独优、得景独秀的地理优势，具有浓郁的海洋艺术感染力和观赏性，迄今已有三百余件作品被国外艺术爱好者收藏。渔民画艺术节的举办，对重新整合具有舟山海洋文化特色的文化资源、打造渔民画的艺术品牌、推动文化旅游产业的发展，起到了促进作用。

（五）舟山桃花岛金庸武侠文化节

首届中国舟山桃花岛金庸武侠文化节暨中华武林大会于 2004 年 5 月 2 日至 4 日在金庸笔下的桃花岛举行。武林大会上，有金钟罩、铁布衫、峨眉剑等 15 个硬气功表演；还有醉拳、醉剑、鹰拳、八卦、太极、地趟拳、龙形长穗剑、岳门拳种、陈式太极拳等 28 个套路表演；还有男子散打、女子散打、观众挑战赛等。

舟山桃花岛金庸武侠文化节

武侠文化节通过以武会友、习武健身、切磋技艺等方式，进一步弘扬武术文化，推动全民健身旅游活动深入开展；进一步挖掘、丰富武术文化内涵，扩大武术文化影响力；同时让更多的人了解桃花岛、关注桃花岛。

（六）中国沈家门渔港国际民间民俗大会

中国沈家门渔港国际民间民俗大会一般在渔都沈家门举行，2003 年是第一届。主要活动有海上花船大巡游、陆上沿港民俗大巡游、专场文艺演出、民间文化街头表演等。民间民俗大会融雅俗文化于一体，既有大型交响音乐会，又穿插民间文化、民间绝活的表演，雅俗共赏，新颖独特。

中国沈家门渔港国际民间民俗大会

普陀海洋渔文化底蕴深厚、独具魅力，民间文化源远流长、海味十足。民间渔民俗大会就是在此基础上取其精华、继承创新，让独具海洋气息的民间渔文化大放异彩，同时打造了海洋民间文化的品牌。

（七）中国嵊泗贻贝文化节

首届中国嵊泗贻贝文化节于 2004 年 7 月 26 日开幕，至 9 月 20 日闭幕，分为授旗宣誓迎开幕、东海有礼促市场、碧海缤纷纳万众三个阶段，为期近两个月。

嵊泗有着养殖加工贻贝的悠久历史，出产的厚壳贻贝"元淡"，在明清时还被列为进贡朝廷的贡品，号称"贡干"。同时，文化节的触角还延伸到了上海，将一个个介绍嵊泗人文、地理及一系列海岛民俗特色的独具文化内涵节目通过上海这个城市展示到了全国。举办这样的文化节目的不仅在于创建和打响贻贝文化节这一品牌，打造绿色贻贝品牌，更是在于通过舟山独特的海岛文化，构筑起一个走向全国、走向世界的舞台，树立品牌，扩大市场，推进嵊泗产业结构调整。

（八）徐福东渡国际文化节

首届中国（岱山）徐福东渡国际文化节于2004年7月8日在素有"蓬莱仙岛"之称的岱山举行。据传载，公元前219年徐福受秦始皇派遣率三千童男童女及百工渡海，去寻找传说中的蓬莱仙岛，以求长生不老之药。寻药未果后东渡，随潮来到韩国，最后到达日本。徐福东渡传说给岱山抹上了神秘的色彩，成为研究海洋历史文化的重要内容之一。

作为徐福东渡的出发地——达蓬山，位于慈溪龙山、三北一带，山上有摩崖石刻、秦渡庵等历史遗迹。据传，象山蓬莱山是徐福东渡前的隐迹之地，遗留下不少徐福的踪迹和遗存。位于象山城区龙泉井路的徐福登陆处遗址旧为垄船登陆之处，县志记载为垄船径。徐福登陆处附近还有丹井和蓬莱观碑，丹井史载为徐福隐居蓬莱山时为炼丹而凿，南北朝陶弘景慕名于此修道，投丹于井，故名丹井。蓬莱观碑则记载了徐福隐迹象山的故事。另外，还有石屋洞、徐福观、卧匾等历史遗迹。

徐福传说流传范围极广，在宁波慈溪的传说就多达40个，在日本、韩国也有多种传说。在日本，徐福东渡上岸的地方传说有32个，故事有56个，足以见出徐福文化在东亚各国的广泛影响。

除此之外，浙江境内还有宁波象山的"中国开渔节"、温州洞

象山徐福历史遗址

头的"妈祖平安节"等，这些海洋节庆活动搞得有声有色，当地政府及文化部门充分利用各自海洋资源，将旅游文化与民俗传承有效地结合起来，拉近了游客与渔民俗的距离。

四、浙东渔文化特色活动

古韵盎然的妈祖赛会、祭海活动、开船仪式等一系列极具特色的渔俗活动丰富了浙东海岛渔文化的内容。在宁波象山每年9月规模盛大的中国开渔节在石浦渔港古城举行，几千艘大马力渔轮，在鞭炮和锣鼓声中浩浩荡荡地驶向大海，气势壮观。

（一）开洋大典、谢洋大典

渔民开洋、谢洋大典包括渔民祭祀活动和祈福活动等内容。开洋是渔船出海时，渔民祈求平安、丰收的民俗活动；谢洋则是渔船出海平安归来，渔民感恩大海的民俗活动。开洋、谢洋作为渔民一种精神寄托，主要有娱神、娱人的作用，以祭祀为核心，以民间文艺表演为主轴，含有历史、宗教、生产、民俗等诸多文化内容。

宁波象山渔民开洋、谢洋已形成了固定的活动形式，举办这些活动的最初意义是希望神灵保佑渔民出海能一帆风顺，满载而归。因此，它具有祭祀对象的多元性（天后妈祖娘娘、城隍老爷、渔师大帝等），活动形式、内容的丰富性（包含祭祀和各种民间渔文化活动等），活动目的的唯一性（出海平安、渔业丰收）等特点。

1. 开洋节

每年传统捕大黄鱼季节开始时，船员都要在妈祖娘娘庙等庙宇举行开洋节祭祀仪式。开洋节的祭祀时间在农历三月十五至三月二十三之间，必须选择在每天涨潮时分，希望财源随潮滚滚而来。主祭人在前一天剃好头，晚上要用糖水净身，第二天穿上干净衣服去庙里祭祀。供品陈设有序：殿前天井东西两侧，各置八仙桌一张，分供猪、羊各一，恭天地神祇。大殿中堂放八仙桌两张，陈列鸡、肉、鱼、蛋、豆腐、面等六大盘乃至八大盘，盘子供品放在红漆桶盘中，五果、点心不用大盘。吉时一到，红烛高烧，主祭船主上香献爵，跪拜，虔诚祝祷。礼毕，主祭船主退立船上。众伙计（船员）按照仪式跪拜。礼成，请菩萨上船，由船主手捧红漆大桶盘，置神像（有木雕或泥塑神像）其上，也有的在神明前求得令箭（三角小旗）一支，以代神像，插在四角香袋上，两旁列侍千里眼、顺风耳神像，香烛悉备。出庙时，代舵（大副）撑黑布伞护顶，三肩（舱中负责人）提灯笼前导，众船员持香随后，恭恭敬敬把菩萨请上渔船，放在船圣堂神龛内，顶礼而退。引路灯笼挂在船头，以驱邪保平安。接着由当地和外请的民间文艺表演队表演节目，有鱼灯、马灯、船鼓、抬阁、车灯、滑稽表演等。午后开始演戏，日夜连台，远从新昌、嵊州、台州、临海请来的戏团，演戏五天至十天不等，号称"出洋戏"。农历三月二十三日趁良辰吉日，顺风顺水时节，渔船出海。船埠上人头攒动，为扬帆出海的亲人祝福送行。锣鼓声、鞭炮声震耳欲聋，在开船号声中渔船鼓棹扬帆出海。

象山渔民开洋节

2. 谢洋节

　　大典举办在每年黄鱼汛结束，渔船平安归来时，大约在每年的农历六月二十日至六月二十三。举办祭祀内容和方法与开洋节差不多，只是少了请神的环节。这几天，渔村热闹非凡，为感恩大海、感恩神灵，演戏庆丰收、庆平安，号称"谢洋戏"或"还愿戏"。有的在城隍庙，有的在渔师庙、关帝庙、土地庙，视各村情况而定，但大多数是在天妃宫或娘娘庙。谢洋戏由高产渔船出资包演，盛时连演七天七夜。戏台上挂有"神人共乐"横额，庙里挂灯结彩，供奉三牲福礼。所请戏班有宁海的乱弹班、绍兴高调的笃班，妇女们则喜欢嵊州市越剧班。往往还会加演一出蟠桃大会，还有赏红包环节，戏班子和全场观众皆大欢喜，各渔船船主往往选聘优良戏班以博取众人欢心。庙会期间，村民招呼亲友，人山人海，一派欢乐祥和的气氛。

象山东门渔村"谢洋戏"

(二) 祭海仪式

中国开渔节祭海仪式在浙江象山石浦东门渔村举行。仪式上，渔民们敬拜妈祖，祭奠大海，祈求平安丰收。祭海是象山古老民俗文化的一个重要组成部分。千百年来，这里的渔民就有祭海习俗，渔民们在出海前总要去敬拜妈祖，祭奠大海，祈求平安、丰收。中国休渔制度实施以来，这些风俗愈加被渔民看重。如今，祭海典礼已成为中国开渔节最具特色的活动之一。

仪式上，祭海人员向大海行礼三鞠躬，向海神妈祖像敬献花篮，渔村代表向妈祖神像敬香，献上五谷五果和牛羊猪三牲，并献上祭酒。八名赤膊的船老大抬着一头全猪和只全羊郑重地放到妈祖像前的供桌上。随后，五名壮汉每人抱着一个大酒坛走上祭台，50 名渔家汉子双手托起一只大海碗，面对着广阔的大海，高声喊诵："一敬酒，出入平安；二敬酒，波平浪静；三敬酒，鱼蟹满仓。"最后，船老大们抬着装有大黄鱼、蟹、虾等海产幼苗的水缸向大海冲去。人们呼喊着："放海生喽——"，并郑重地把缸中的海生物放入大海，祈求平安丰收，表达对恢复海洋生态的衷心祈愿。

象山祭海仪式

1. 石浦如意娘娘省亲迎亲仪式

如意娘娘相传是妈祖娘娘的妹妹，为象山渔山岛上的渔少女，当她得知出海捕鱼的父兄海上遇难的噩耗后，奋不顾身冲向大海殉葬。不久，姑娘下海处浮起一段木头，村民为姑娘的孝心打动，将木头雕成一尊佛像，并建娘娘庙供奉。如意娘娘是浙江沿海渔民在歌颂劳作及祈求平安中产生的信俗，后来又演化为浙东象山石浦与台湾台东富岗新村两岸共同朝拜如意娘娘的习俗。

当如意娘娘在台湾台东县富岗新村（小石浦村）村民的专程护送下，到达石浦东门岛时，岛上顿时鼓乐齐鸣，爆竹声声，迎候已久的石浦鱼灯队、鹤浦龙舟队、东门船鼓队以及潮水般涌来的渔民，纷纷以他们特有的虔诚迎接已离别五十余载的如意娘娘回归故里。省亲迎亲仪式按传统方式进行：村口接驾，步行进村，村中路祭，列队进入东门岛天后宫。将如意娘娘顺利"请"入大殿神座后，庙祭开始了，两岸渔民代表互赠礼匾和旌旗，接着司仪念唱，众人祭拜……

台湾台东如意娘娘省亲

当年，盘踞在舟山群岛的国民党军队逃往台湾时，将当时石浦镇渔山岛的男女老幼共487人全部强行带走，渔山岛人也"请"走了保佑他们的如意娘娘，后在小石浦村建海神庙供奉。如意娘娘成为当地渔民战胜惊涛骇浪的精神力量。

如意娘娘信俗已于2008年6月被列入国家级非物质文化遗产名录，这是目前国家级"非遗"中唯一涵盖海峡两岸的民俗文化。

石浦——富岗如意信俗是增进海峡两岸文化认同的情感纽带和推进中华传统道德传承的有效手段，作为民间信仰的有机组成部分，它为民俗学、宗教学等学科的研究提供了重要的参考。

2. 妈祖巡安仪式

妈祖是流传于中国沿海地区的传统民间信仰。妈祖文化肇于宋、成于元、兴于明、盛于清、繁荣于近现代，妈祖文化体现了中国海洋文化的一种特质。历史上宋代出使高丽、元代海运漕运、明代郑和下西洋、清代复台定台，这一切都体现海洋文化的特征。中国民间在海上航行要先在船舶启航前要先祭妈祖，祈求保佑顺风和安全，在船舶上立妈祖神位供奉。这就是"有海水处有华人，华人到处有妈祖"的真实写照。而影响所及，妈祖由航海关系而演变为海神、护航女神等，因此形成了海洋文化史中最重要的中国民间信仰崇拜神之一。妈祖文化生成于汉文化圈农耕社会的沿海地区，以福建莆田为中心。过去的妈祖巡安活动，主要寄托了出海渔民对平安归来的希望，如今逐渐成为反映中华渔文化的一个载体。作为历史悠久的渔港古镇，石浦的妈祖文化也是由来已久，渔民在出海之前都要向妈祖祈福，以求平安丰收。妈祖文化作为纽带，体现了经济和文化的交融，而妈祖巡安仪式则再现了海洋文化风情。

巡安仪式的当天傍晚，在数千渔民的护送下，妈祖娘娘和台东如意娘娘、渔山如意娘娘、保生大帝、广泽尊王、池府王爷等从东门码头上船。岸上的渔民神情庄重地步入祭祀区，供奉祭品，焚香跪拜，仪态至诚。

当晚6点半，1500艘大马力钢质渔轮静候渔区。渔轮上的横幅书写着"妈祖巡安""安澜赐福""一帆风顺""鱼虾满舱"，每艘渔船都装扮得各具特色，各有主题。数万群众聚集在石港，人流如潮。仪式时间到时，耀眼的信号弹划破天空时，由10艘船组成的妈祖巡安队伍，徐徐从东门方向驶来。

在一艘艘各具特色的巡安渔船上，人们或舞渔灯，或敲船鼓；船上的人身着渔家服装频频向岸上招手示意；已在岸上等候许久，由东门渔村30余位船老大妻子组成的渔鼓队挥舞双臂，演奏起迎接巡安队伍的欢快鼓乐，表达了渔家对渔业丰收的期盼。

船队在石浦港巡安两圈，不断与岸上观众互动。主体队伍经过后，海上舞台开始放焰火，美丽的烟花绽放在天空，倒映在海

妈祖巡安仪式

里，让人眼花缭乱。这时，观众的欢呼声响成一片，将巡安活动推向高潮。

3. 开船仪式

开船仪式的当天上午，石浦渔港内布满了两千多艘渔船，船尾的彩旗伴着微浪在海风中摇曳，安静地等待开船的那一刻。

象山石浦开船仪式

　　在锣鼓齐鸣声中，一艘船头供着妈祖神像的彩船缓缓开来，随后的几条彩船上，渔民们则纷纷举起渔灯，生动地再现了鱼、虾、蟹、螺的姿态。这些以"缤纷海洋""人海同欢"为主题的彩船，表达出象山人感恩海洋，和海洋和谐发展的现代理念。

　　之后，随着两声铜锣的鸣响，渔民们端起壮行酒，酒下肚，两千多艘钢质渔轮一起鸣笛，朝向大海，起锚开船。一时间笛声、鞭炮声、礼乐声齐鸣，夹杂着渔民们的呐喊："一帆风顺""鱼虾满舱"……整个石浦港沉浸在欢乐的海洋之中。

第六章　浙东渔文化产业发展

一、渔文化产业概述

浙江作为重要的渔业强省，近年来进行经济转型并大力发展第三产业，其中又以渔文化产业为甚。浙东作为全国唯一的以海洋渔文化为保护核心的文化生态区，其每年举办的渔文化相关的节庆活动在长三角地区甚至全国都有较大的知名度。

随着经济社会发展，文化产业成为当今最具发展潜力的一个产业。发展捕捞养殖是渔业发展之重，但在新形势下要拓宽视野，拉长渔业发展产业链做强做大渔文化产业，使一条鱼产生出一百条的价值，甚至更多。

那么，何为文化产业？又该如何发展浙东的渔文化产业呢？

渔文化是指劳动人民在长期的渔业生产活动中所取得的具有传承性的物质和精神成果，主要包括渔业的起源及发展历史，不同时代的各种渔具、渔法，有关鱼类、渔船、捕捞工具的化石和渔村的遗址，因地理和历史因素形成的和渔业生产生活相关的风土人情，历代文人雅士描写渔事、渔村、渔民的文章、诗词、书画，有关渔业生产和渔民生活的历史典故、传说，与各种鱼类的烹饪技术和饮食习惯相关的饮食文化、观赏鱼文化等等。[①] 渔文化是渔民在长期的渔业生产活动中创造出来的具有流转性和传承性的物质和非物质方面的成果。物质方面主要包括船俗文化、建筑文化、饮食文化等内容；非物质方面主要包括民俗信仰、文学艺术、渔民的生产生活习俗等方面内容。因此，渔文化是物质和精神成果，同时是与渔业生产生活相关的文化形态和成果。

---

① 金掌潮，俞家乐，陈星，郭建林. 论淡水鱼文化的开发及对产业的促进作用 [J].河北渔业，2008（10）：56.

（一）文化产业的定义

"文化产业"这一术语产生于20世纪初，马克斯·霍克海默和西奥多·阿道尔诺在他们合著的《启蒙辩证法》中首次提出了"文化工业"一词。它的英语名称为 Culture Industry，可以译为"文化产业"。文化是人类的历史创造，文化的商品属性则是资本主义兴起之后才普遍具备的。很长时间以来，文化并未与产业联系起来，在资本主义发展的早期阶段，主要资本主义国家产业结构以第一、第二产业为主，因此作为第三产业的文化产业并不重要。二战以后，直到20世纪五六十年代，美国等一些国家才有把文化整体作为一个文化产业的提法。我国党的十六大明确提出了"积极发展文化事业和文化产业，完善文化产业政策，支持文化产业发展，增强我国文化产业的整体实力和竞争力"的方针，在这一方针的指引下，我国文化产业蓬勃兴起。文化产业是一种特殊的文化形态和经济形态，不同国家对文化产业有不同的理解。目前，联合国教科文组织关于文化产业的定义如下：文化产业就是按照工业标准，生产、再生产、储存及分配文化产品和服务的一系列活动，从文化产品的工业标准化生产、流通、分配、消费的角度进行界定。①

张曾芳、张龙平在《论文化产业及其运作规律》一文中认为："广义的文化产业，是指生产文化产品或提供文化服务以满足社会需要的各类行业门类的总称；狭义的文化产业，是指生产文化产品或提供文化服务以满足社会精神需要的各类行业门类的总称，它排除指向于物质生产和物质生活领域的文化活动，例如某些高科技产

---

① 范军. 版权产业与文化产业、创意产业有什么关系？[N]. 光明日报，2013-07-02.

业活动、技术贸易和服务活动等。"① 中国社会科学院专家认为：文化产业以生产和提供精神产品为主要活动，以满足人们的文化需要作为它的目标。2003 年 9 月，文化部下发的《关于支持和促进文化产业发展的若干意见》将文化产业界定为："从事文化产品生产和提供文化服务的经营性行业。文化产业是与文化事业相对应的概念，两者都是社会主义文化建设的重要组成部分。文化产业是社会生产力发展的必然产物，是随着中国社会主义市场经济的逐步完善和现代生产方式的不断进步发展起来的新兴产业。"2004 年，国家统计局对"文化及相关产业"的界定是：为社会公众提供文化娱乐产品和服务的活动，以及与这些活动有关联的活动的集合。所以，中国对文化产业的界定是文化娱乐的集合，区别于国家具有意识形态性的文化事业。

（二）文化产业的分类

文化产业的分类长期以来缺乏规范科学的分类标准，现在的分类标准是基于各产业分类标准演化而来的。我国文化产业的范围主要包括：

① 以文化为核心内容，为直接满足人们精神需要而进行的创作，制造，传播、展示等文化产品（包括货物和服务）的生产活动；

② 为实现文化产品生产所必需的辅助生产活动；

③ 作为文化产品实物载体或制作（使用、传播、展示）工具的文化用品的生产活动（包括制造和销售）；

---

① 张曾芳，张龙平．论文化产业及其运作规律［J］．中国社会科学，2002（2）：98-106.

4. 为实现文化产品生产所需专用设备的生产活动（包括制造和销售）。

与 2004 年的《文化及相关产业分类》相比，《文化及相关产业分类（2012）》的突出特点表现在以下三个方面：

一是把文化及相关产业的定义进一步完善为"指为社会公众提供文化产品和文化相关产品的生产活动的集合"，并在范围的表述上对文化产品的生产活动（从内涵）和文化相关产品的生产活动（从外延）做出解释。

二是为适应我国文化产业发展的新情况新变化，对原有的类别结构和具体内容做了调整，增加了文化创意、文化新业态软件设计服务、具有文化内涵的特色产品的生产等内容和部分行业小类，删除了旅行社休闲健身娱乐活动教学用模型及教具制造、其他文教办公用品制造其他文化办公用机械制造和彩票活动等。

三是由于目前我国文化体制改革已取得新突破。文化业态不断融合，文化新业态不断涌现；许多文化生产活动很难区分是核心层还是外围层，因此此次修订不再保留三个层次的划分，新分类用文化产品的生产活动、文化产品生产的辅助生产活动、文化用品的生产活动和文化专用设备的生产活动四个方面来替代三个层次。其中文化产品的生产活动构成文化及相关产业的主体，其他方面是文化及相关产业的补充。

（三）渔文化是文化产业化的重要内容和资源

渔文化产业属于文化产业中的一个特殊领域。结合渔文化及文化产业的内涵，我们将渔文化产业界定为：为满足社会公众的精神、物质需求，以渔业文化资源为依托，从事涉渔文化产品生产和提供涉渔文化服务的产业，具体包括涉海旅游业、涉海休闲渔业、涉海休闲体育业、涉海会展业、涉海历史文化和民俗文化业、涉海工艺业、涉海新闻出版业、涉海艺术业、涉海影视业等。

渔文化是人类文化的重要组成部分，也是中国传统文化的重要源头之一。渔文化不仅是凝结着世世代代渔民民风民俗的文化现象，更是可以进行产业化转化的重要内容资源。渔文化是海洋文化的重要组成部分，它的内容十分丰富，比如渔谚、渔歌曲、渔戏、渔鼓、渔灯等；祭海仪式、妈祖巡游、开渔节、渔民宅居与饮食、商贸活动等；航海知识、捕捞技能、造船、织网、渔具制作等。因此，海洋渔文化是渔民在其生存的海洋自然环境中涉及生产，生活两大领域的一切社会实践活动的成果，包括以渔歌为代表的民间文化、以造船织网为代表的生产文化、以开渔节为代表的节庆文化、以民俗信仰为代表的观念文化、以渔村组织为代表的组织文化以及其他文化。[①]

就浙江而言，作为海洋大省，浙江有着其他省（区、市）无法比拟的、丰富的渔文化资源。尤其是浙东的渔文化资源始终作为一种具有浓郁地方特色的文化形态，推动着浙江历史的创造和文化的传承，是极具特色而又富有竞争力的文化创意资源，能为文化产业的发展提供丰富的创意内涵和创意空间。2011 年 3 月，国务院正式批复《浙江海洋经济发展示范区规划》，将浙江海洋经济发展示范区建设上升为国家战略，根据《浙江海洋经济发展示范区规划》，浙江必将依托已有的海洋资源优势和海洋产业基础，充分挖掘丰富的"海洋生产力"，把海洋经济作为经济转型升级的突破口，渔文化及其精神是流淌在浙江人血液中的特殊基因，其作用和影响力已经渗透到浙江海洋经济的各个层面，渔文化产业理应成为

① 王国安. 海洋文化的保护与开发研究［J］. 中共宁波市委党校学报，2014（2）：118.

建设特色海洋经济强省的重要组成部分。2010 年 3 月，国家渔业局副局长柳正在浙江省调研渔文化时也一再强调："渔文化不仅要做好传承，而且还要不断创新，形成主导团队，形成品牌，形成产业。"① 《浙江省文化产业发展规划（2010—2015）》也明确指出，文化产业发展要坚持特色优势，挖掘具有地方特色的文化资源，开发与生产相应的文化产品，建设相应的文化产业基地和项目，增强其根植性和生命力。因此，浙江沿海地区敏锐而及时地抓住浙江海洋经济发展示范区建设和国家文化产业战略布局为渔文化产业发展提供的历史性机遇，加快推进浙江省渔文化产业的研究与发展。

浙江省尤其是浙东渔文化资源丰富，适合产业化开发，主要体现在以下几个方面：

第一，浙江省渔文化景观内容丰富，适合休闲旅游开发，海岸线的山、海、渔、港的优美景观和渔港的建筑景观、饮食文化、历史遗迹等，成为吸引游客的文化景观。

第二，浙江省渔文化民俗风情可看性强，开发优势明显。渔民的谢洋节、开渔节和传统的祭海文化融合，适合开展大型的节庆活动，而配套开发出来的渔文化博物馆、艺术村等，成为举办会展活动的最佳场所。因此，渔文化的节庆会展活动结合地方特色，往往比其他类型的文化节庆会展观赏性更强，文化性更浓厚。

第三，浙江省的沿海海岸线是进行相关体育活动的绝佳场所，特别适合开发与渔文化有关的体育旅游项目，营造浓厚的渔文化旅游的氛围。

第四，渔文化艺术性强，文学作品和艺术作品种类丰富，适合

---

① 谢雪琴. 国家渔业局领导调研象山渔文化产业. 中国象山港，2010 年 3 月 5 日。

进行商业化开发，比如制作成影视作品或者各类艺术品，从而使文化产品变成商品。

第五，海洋给我们提供最丰富的食物资源，各种各样的海鲜备受各方食客的青睐，因此，结合渔文化和餐饮业的文化产业毫无疑问会带来很好的经济收益。

因此，浙江省在鼓励大力发展渔文化产业的背景下，充分利用国家级海洋渔文化保护实验建设的有利契机，深入挖掘渔文化资源的内涵，打造渔文化品牌，通过制定文化产业发展规划，举办以渔文化为主题的节庆会展活动，针对渔文化发展实际作好开发利用，大力推动浙江省的渔文化休闲旅游、餐饮业节庆会展、民间技艺及相关产业的发展。

二、浙东渔文化产业资源优势

浙江省是著名的鱼米之乡，渔业资源极其丰富，尤其是海洋渔业。浙江是个陆域资源小省，但是如果把眼光转向海洋，浙江却是一个海洋资源的大省，尤其是浙东的沈家门渔港、象山渔港等海域渔业资源丰富，舟山渔场更是世界四大渔场之优厚的海洋地理优势与自然馈赠，孕育了浙江省丰富多彩的渔业文化产业资源。

（一）浙东渔文化资源的条件

1. 优越的海洋自然资源

浙东位居中国东部沿海，大陆海岸线北起平湖市金丝娘桥，南至苍南县虎头鼻，全长 2218 公里，沿海岛屿众多，大潮平均高潮位以上、面积大于 500 平方米的海岛有 2878 个，约占全国岛屿总数的 40%，数量居全国首位，其中面积大于 10 平方公里的有 26 个。浙江海上交通发达，尤其是浙东的舟山、宁波还是古代海上丝绸之路的重要港埠，海外经济文化交流频繁。得天独厚的海洋区位优势成就了浙江沿海地区独特的渔业生产方式，进而形成了特色鲜明的渔民生活习俗，逐渐形成丰富多彩的浙江渔文化。

浙江兼具山、海、港、滩、涂，岛资源的全国少有的海洋自然资源优势，近海渔场面积有 22.27 万平方公里，可捕捞量居全国第一。浙江海域位于亚热带季风气候带，温暖湿润，热量丰富，雨量充沛，生物生产量大，多支水流交汇，带来了大量的饵料，沿岸洋流的交汇，使得近海盐度低而季节变化大，众多岛屿及岩礁为海洋生物栖息提供了良好的场所，渔业资源品种多、质量优、生长迅速、世代更新快，近海最佳可捕量占到全国的 27.3%，使得浙江海域成为我国海洋渔业资源蕴藏量最为丰富、渔业生产力最高的渔场，凭借如此优质的海洋地理自然资源禀赋，浙江人在与江海打交道的生产生活历史中，自然而然产生了精彩纷呈的渔俗文化。

2. 悠久的海洋文明

浙东是中国古代文明的发源地之一，历史悠久，文化底蕴深厚。在 7000 多年前的河姆渡时代，宁波沿海就已经有先祖开始由陆地向海洋迈进，并创造了河姆渡文明。宁波位于象山县东北部海岸线滨水带的塔山新石器遗址距今已有 6000 多年历史，出土的海洋鱼蚶图腾蚶壳纹陶支座、陶鱼鳍形鼎足、青铜鱼钓钩等珍贵文物。元代《四明续志》的记载证明：宁波地区以独特港口之利，在秦、汉时就有海上渔业活动；至唐代以后，宁波象山海上捕捞业及航海业已经十分发达；明、清时期宁波象山石浦被冠以"浙洋中路重镇"之称；清末，象山县北的爵溪大黄鱼捕捞产量居浙洋前列，所产"爵蚕"被列为朝廷贡品。此外，温州的先祖在 5000～6000 年前就创造了古老的瓯越文明，在新石器时代，台州地区也有瓯越部族繁衍生息；嘉兴是马家浜文化的发源地；舟山也有悠久的马岙海岛史前文化等等。浙江沿海居民在数千年的渔业生产中，掌握了渔船建造、海洋捕捞、滩涂养殖、海鲜烹饪、海盐制取等生产和生活技能，形成了以妈祖崇拜、饮食禁忌、渔家服饰为代表的风俗信仰，创造了渔歌、渔灯，渔家号子等丰富多彩的艺术形式。在浙东沿海地区，原生态海洋渔文化俯拾皆是，有渔具、渔船、渔场、渔港、渔灯、渔歌、渔曲、渔鼓……浙江沿海地区的古代海洋文明直接孕育了精彩厚重的海洋渔文化。

（二）浙东渔文化产业资源的分类

浙东特定的自然环境与悠久的历史文明，孕育了具有鲜明特色的海洋渔文化，我们可以从物质层面，非物质层面和制度层面三方面来分析浙东的渔文化产业资源。

1. 物质渔文化产业资源

物质渔文化产业资源是指一种可以直观感知的表层次的海洋文化存在形态，即人们在认识、开发、利用与保护渔业生产生活中所创造出来的物质性（器物）文化，如帆桨、渔具、服饰、文化场馆等。从历史角度看，浙江开创了造船、海洋渔业捕捞之先河。萧山跨湖桥遗址出土的距今 8000 年前的独木舟，以及余姚河姆渡文化遗址出土的木桨、陶舟，以及鲸鱼、鲨鱼等鱼骨，表明了浙江先民是中国最早的木船制造、海洋捕鱼者，而从温州的永嘉、乐清出土的石网坠看，在 4000~5000 年前的新石器时代，浙江先民已开始用网具来捕捞海洋鱼类。渔船、渔具是海洋渔业的基本生产工具，悠久的海洋渔业史带来了渔船、渔具等丰富的物质文化。以渔船为例，浙船种类繁多，有小小的舢板、单船作业的独捞船，经常两船配对作业的大捕船、近海作业的流网船、20 世纪 50 年代流行起来的机帆船、远洋作业的渔轮等，从古至今，浙江海洋渔船经历了从木帆船到机帆船、从机动船到钢质船的巨大变化。

渔船不仅是生产工具，同时也充满了历史与人文的物质文化。如色彩各异的船漆，浙江渔民就十分讲究。船体、船舷、船舱、船尾、鳖壳、桅杆和旗杆等各部位，涂刷什么颜色的油漆在不同时期、不同地区都有不同的规范。比较有特色的有台州的"红头小对船"，宁波、象山一带的"红旗对船"，最突出的是船头漆成朱红色，极具特色，还有名扬东南沿海渔场的"绿眉毛"船。"绿眉毛"的船头形似鸟嘴，简称鸟船，因船头眼上方有条绿色眉而得名，是我国鸟船系列中的优秀船型（古代浙人认为是鸟衔来稻谷种子，才造就了浙江这个鱼米之乡，所以把船头做成鸟嘴状）。其年代可以追溯到宋代，约有 800 年以上的历史，是明代郑和下西洋船队中的一种优良船型。早在 2000 年以前，河姆渡先民的后代面对变幻莫测的大海，出于对鸟文化的崇拜，把"双鸟升日"文化信仰融入造船之中，期盼自己驾驶的舟船能像飞鸟一样，自由搏击大海，由此，作为浙江海上运输海洋渔业捕捞主要船舶的"绿眉毛"古木帆船船型在宋代出现，在明清时期得到广泛应用。此外还有各式各样的船，按照船舶大小与长短不同，分别有各种形状和装饰的船舷：有羊角形、牛角形、尖头形、方头形、阔平形、梯锥形等。再比如独特神秘的船眼、各式各样的船木危、魅力神奇的船帆、五光十色的船灯等，都展现了丰富深厚的渔文化内涵。

（1）渔区建筑文化。渔民与水打交道，尤其是与海洋打交道，沿海居民尤其是渔民的住房，其用料（如海草）、结构等，都与内陆地区迥然有别。还有渔民庭院的外部构造和雕梁画栋，比如龙、鱼图案，渔船、锚等的象征及壁画、廊绘上最为常见的"大海红日""一帆风顺"等，体现着海洋社会尤其是渔民社会的特性。

渔民的服饰文化与内陆地区从事农牧的人们比较，也呈现出截然不同的特点。沿海居民尤其是渔民和从事海上运输的人们，其服饰的用料、款式极其讲究。在热带沿海地区，其衣饰一般以少和露为特点，而在北方温带或寒温带沿海地区，尽管衣饰较厚、较多，裹掩身体部位和面积较多，也以宽大松肥、易穿易脱为特点——这些都是人们日复一日，年复一年、祖祖辈辈与海洋打交道的缘故。

（2）渔民的饮食文化。渔民的饮食文化和农耕地区及游牧地区的饮食文化完全不同。靠山吃山，靠水吃水，渔民多喜食海鲜，浙江沿海的饮食文化源远流长。过去讲究"筵席菜"的礼仪化，宴请是看来客身份分等级来定菜谱的，诸如十大碗、八盆八碗和十六碗等，"十六碗"在当时是招待贵宾的上等菜谱。如今虽摒除了旧制，"十六碗"却流传了下来，食材上追求地道、鲜活，烹制上以炒、炸、蒸等技法见长，因材施技、口味多变而鲜味不失。"轻舞软肢逐浪游，海边夜夜望潮头；飞来海马擒将去，八足捧头作珍馐"，描述的就是"十六碗"中的"红烧望潮"。关于这样的诗话、传说，几乎每道菜里都有。

（3）寺庙等物质文化。浙东沿海渔民的信仰形式多样，有各种供奉海洋神灵的庙宇：有供奉观音菩萨的庙宇，位于舟山的普陀山寺庙密布，主奉观世音菩萨是我国四大佛教圣地之一。有供奉妈祖神的庙宇，尤其在宁波与舟山，宁波乃"海道辐辏之地"，海上丝绸之路的重要始发港，据史书记载，早在南宋，宁波就开始创建妈祖行宫，淳熙，绍熙年间，建造女神树（妈祖行宫），据不完全统计，最盛的时候，宁波地区（包括舟山）有天后宫130多座，宁波城区最有名的妈祖神庙，庆安会馆和安澜会馆，也成为著名的海洋渔文化场馆，有供奉如意娘娘的庙宇，象山渔山岛的如意娘娘庙，也有三百多年历史，其母庙在渔山列岛，已流传至台州的椒江、温岭、三门和台湾台东富冈新村。还有供奉龙王的庙宇，如舟山市嵊山岛上的龙王宫和东海宫，均供奉龙王，渔民希望其保佑自己一年四季平安。

2. 非物质渔文化产业资源

非物质渔文化产业资源是指渔民在生产生活中形成的一种深层次的观念性文化形态。这是一种无形的、观念性的文化资源，体现在崇拜信仰、文学艺术、风俗人情、技能技巧等方面。

（1）崇拜信仰文化。中国的渔文化尤其是海洋渔文化中呈现着普遍的传统民间信仰。见神就拜，见灵就求，是海洋民间社会传统的普遍心理诉求。尽管现代科学发展破除迷信，但是祈求平安、幸福、吉祥的心理，即使在现代社会也依然存在，在海洋民俗信仰中，既有影响广泛的妈祖、大大小小的龙王及其他区域性小海神，还有种类繁多的与海洋捕捞生活、生活环境相关的信仰神灵，如船神、网神、礁神、鱼神、岛神等，北宋以来，妈祖信仰在浙东沿海广为传播，与当地的原始海洋文化结合，逐渐形成以妈祖崇拜为主体的民间祭祀习俗，妈祖是历代船工、海员、旅客、商人和渔民共同信奉的神祇。在我国，除了福建、广东省，宁波舟山地区是信奉妈祖比较集中与兴盛的地方，东门天后宫是宁波市保存最完好的一座妈祖庙，宁波象山石浦东门岛的渔民在出海捕鱼前，会到岛上的天后宫进香，并将妈祖神像请到渔船上，希望妈祖保佑一路顺风顺水，平安归来，鱼货满舱，这个风俗沿袭至今。象山东门岛渔民把祭祀妈祖视作一件盛事，每年农历六月二十八都要举行妈祖赛会。台湾台东富岗新村村民的上代几乎全是20世纪50年代石浦渔山岛的去台人员，亚洲飞人柯受良祖籍就是石浦渔山岛。目前，宁波象山（石浦）籍在台人员多达9100余人，近几年，以如意娘娘为纽带，台湾台东富岗新村与象山石浦不断加强两岸民俗文化交流。这一文化交流现象已被列为国家非物质文化遗产项目，当然，除了信仰妈祖、如意娘娘外，在宁波渔民中还存在龙王、乌耕将军（鲸鱼）、渔神、船神、潮神、滩神等数量众多的信仰对象，并建有相应的庙宇，如海神庙、海潮庙、镇海庙、平水庙及宁波区域独有的鱼师庙等。

（2）各类传统技艺文化。在海洋民间文学中，随着航海与渔业的发展，许多航海故事、捕鱼故事和海上见闻往往以传奇、诗歌、词、小说、民谣等形式传播开来。这些民间文学都是渔民水手、渔公渔婆以简练、朴素、通俗的形式，把自己的海洋生活生产和斗争经验、方法加以创造并广为传播的海洋渔文化。它们带有浓郁的海域特色，生动、神奇、优美，风格多样，地方韵味浓。在民间艺术方面，有徐福东渡传说这样的民间文学，有象山渔民号子这样奇特的民间音乐，有象山、舟山鱼灯舞这般富有魅力的民间舞蹈，有舟山翁州走书、海盐县的海盐腔等民间曲艺，有象山船饰、普陀船模，温州瓯绣等民间美术，有宁波象山、海盐晒盐技艺等加工制作海洋生物产品的各类传统技艺。这些艺术蕴涵着丰富的历史价值、文化价值、工艺价值和经济价值，当然，民间还流传着许许多多的其他工艺技术，等待去保护与开发。

（3）沿海渔民俗文化。与海相伴、靠海为生的劳作方式，深深地影响着浙江沿海人民的生活观念，也形成了渔区独具特色的风俗文化，象山石浦渔文化在国内颇有名气。以民间民俗文化活动为主体，以体育、渔业竞技项目及所邀外地歌舞、杂技节目为陪衬的石浦"三月三，踏沙滩"习俗，石浦镇东门岛谢洋"妈祖赛会""六月六迎神赛会""七月半放水灯"等民间文化习俗活动，在广大地区也具影响力。为期三天的开渔节更是成为展示象山渔区民俗文化的盛大庆典，它整合踩街、对歌、抬阁、挂鱼灯，舞龙灯、跑马灯等一系列古老的民俗活动，使其纷纷登台亮相，让其重新焕发新鲜而持久的活力，而其中最具震撼力和影响力的要数开船仪式和祭海仪式，祭海仪式源自悠久的民俗传统，现已成为中国（象山）开渔节最具特色的活动之一，祭海仪式突出了"关爱大海，保护资源"的主题，引导广大渔民及游客树立保护海洋生物资源和生态环境的责任意识。

3. 制度渔文化产业资源

制度渔文化是指一种介于观念和物质之间的居中层次的渔文化形态，即人们在长期渔业生产和生活过程中形成的制度形式，这往往体现在渔区组织、渔区规范与制度上。我国自古就有渔业组织，在尧舜禹时期就已在部落联盟领导机构中分设出官职"虞"。"虞"的职责是管理川泽山林，其首要是负责管理监督全国的捕鱼和打猎生产，中华人民共和国成立后，我国设立了农业部渔业局及各地方的海洋与渔业局，主要负责渔业行业的管理。民间也成立了许多渔文化研究会，如宁波渔文化促进会和象山渔文化研究会等，旨在推进我国渔文化和现代渔业的发展。

人类社会的制度是由一组相关的社会规范构成的，也是相对持久的社会关系的定型化，明朝时期倭寇、海盗为患，为保护沿海安全，当权者禁止渔民出海捕鱼，于是实行"海禁"政策。清朝时期颁行"禁海令"及"迁界令"，目的是避免沿海居民出海资助郑氏集团，防范郑氏集团帮助明朝势力死灰复燃。清政府颁令禁止渔民出海，甚至将沿海渔民向内陆搬迁，而在当代，过度捕捞导致渔业资源减少，为了实现渔业资源的可持续利用，我国在1995年起开始实施海洋伏季休渔制度，禁渔期时间在两个月以上。

社会规范是人们社会行为和社会活动的准则，是人类为了社会共同生活的需要，在社会互动过程中约定俗成，或者由人们共同制定并明确施行的行为准则。在渔文化尤其是海洋渔文化背景下，民俗禁忌更多是跟渔民的生产生活环境有关，旧时渔民简陋落后的渔船、渔具难以抵御破坏力极强的自然灾害，在变幻莫测的风暴潮汐等大自然面前，时常发生船毁人亡的惨剧。对自然的敬畏、对生命的热爱，以及对亲人的牵挂，都体现在渔文化的民俗禁忌中。渔民的禁忌比起其他任何族群的禁忌都要多，并且这些渔民俗禁忌言传身教，代代相传恪守不渝。在船上不能称"老板"，因为"老板"谐音"捞板"；湿衣不上船，因为只有人落了水，衣服才会湿，不吉利；鱼死了，叫"鱼条了"；在海中见了死尸，要一起呼"元宝"；人困了，不能说"困"，要说"累"；等等。

渔船是渔业生产最基本的生产单位，出海打鱼必须依靠团队合作，所以在渔船上也要讲规矩，船老大是一船之长，其他人必须服从指挥，各自分工，齐心协力，在海洋作业时，船与船之间也要有合作与配合，这些都是在长期的渔业生产中形成的意识和规范。

总而言之，浙江沿海地区的渔文化产业发展，以"海"为点，以"渔"为线，围绕渔业生产、渔民生活而展开，有浓郁的地方文化特色。再现了渔业生产和生活中物质文化和非物质文化方面的习俗，展示了海洋渔文化的生动景象。

三、浙东渔文化资源产业化开发与实践

改革开放以来，丰富的浙东渔文化产业资源在各级政府的重视和经济发展的带动下得到较好开发与利用，主要体现在以下几个方面：一是对渔文化资源进行抢救整理、挖掘、研究与保护；二是不断培养和提升渔文化产业的保护与开发意识；三是把渔文化资源逐渐转化为产业经济发展动力。

（一）浙东渔文化产业资源的保护

浙东渔文化历史源远流长，资源异常丰富，但存在方式分散零乱，流失消失现象严重。因此，政府相关部门对区域内渔文化资源一直在进行抢救、整理、挖掘，在此基础上再进行研究与保护。

利用项目保护与开发主动展开对海洋文化资源的抢救、整理与挖掘，可以减少成本，起到一事多果的作用，例如，宁波象山"中国开渔节"和"三月三，踏沙滩"民俗节庆活动在继承传统民间艺术的基础上，深入抢救、挖掘海达渔鼓、象山小唱、延昌鱼灯、渔家号子、浦龙灯、海涂经、东门船鼓、昌国抬阁、辣螺姑娘招亲、织网比赛等多种渔俗文化。这不仅丰富了节庆活动的文化内容，同时也起到了保护渔文化资源的作用。

利用非物质文化遗产普查客观上带动对渔文化资源的搜集、整理与挖掘也起到一举两得的作用。

浙东的宁波市象山县在这方面走在全省前面，象山对以石浦为中心的全县渔俗文化资源进行了较为系统的普查立项，共收集汇拢各种类型的非物质文化遗产105项。继石浦渔港古镇列入国家级历史文化名镇后，象山渔民开洋节与谢洋节、石浦妈祖信仰及迎亲习俗、晒盐技艺、徐福东渡传说、唱新闻、渔家号子等6项相继被列入国家级非物质文化遗产目录。象山在2004年成立渔文化研究会，研究会通过对广泛流散在民间的文学形式进行整理、挖掘、抢救与研究，相继出版了《中国渔文化论文集》《象山渔乡民间故事》等书籍，累计出版了100余万字；出版了专著《渔文化研究》《渔文化大观》《渔文化美食》；创办了全国第一本渔文化读物——《渔文化》杂志，目前已出版了30多期；近几年来，象山又陆续整理出版了《象山渔乡民间故事》《象山妈祖文化述略》《中国渔业第一村——象山在石浦东门岛》《渔文化美食》《象山海鲜菜谱》《象山海鲜诗词一百首》《象山海鲜十六碗》等书籍；象山还开通了中国渔文化网站；在第12届开渔节期间，举办了"渔文化与休闲渔业"学术研讨会。2008年5月，中国民间文艺家协会授予宁波象山"中国渔文化之乡"和"中国渔文化研究基地"称号；2010年，文化部正式批准在象山设立国家级海洋渔文化生态保护实验区，这是继闽南、徽州，热贡、阿坝州等之后的中国第七个国家级文化生态保护实验区。

（二）渔文化保护与开发意识的培养与提升

随着海洋经济的发展和对海洋渔文化的高度重视，越来越多的教育科研机构自觉地参与到渔文化研究当中，例如，宁波象山成立了渔文化研究会，在中国开渔节期间相继召开了中国渔文化研讨会、中国海洋文化论坛，中国海洋经济峰会等学术研讨会，吸引国内外学者汇聚象山开展渔文化的研讨，这不仅有力推动了我国渔文化的科学研究，而且对浙江发展渔文化产业起到了重要的理论指导作用。

浙江省在中小学校积极开展渔文化教育，旨在提高学生亲近海洋、探索渔文化的兴趣，培育青少年保护与开发渔文化意识，例如，浙东宁波以象山县渔文化研究会和《渔文化》杂志为阵地，促进与实施渔文化进教材、进校园、进头脑的"三进"工程，在中小学开展了以渔文化为核心的海洋文化教育，把海洋文化内容编写成故事进教材、进校园，进学生头脑，以普及渔文化和培育青少年的海洋文化保护意识。象山石浦小学立足于以渔文化为核心的石浦文化开发了"走进石浦"校本课程，取得良好效果；象山延昌小学从2003年开始就着力探索以海洋渔文化教育为内容的特色办学之路，从校园景观环境布置到少先队活动，都充分体现着浓浓的海洋气息，并使其常态化。特别是在精心组织学生进行海洋渔文化特色综合性实践活动方面取得了优异成绩，其中，2008 年 9 月 14 日，"快乐体验"沙雕节被中央电视台少儿频道《快乐体验》节目以"快乐沙雕"为题进行了首播，为了使全社会共同关注渔文化、海洋经济发展及海洋生态环境保护，截至 2011 年，宁波、温州、台州已经成功举办了六届"环保·故乡·山江海暨蓝色海岸行"甬台温三地联动活动。

浙东沿海地区依靠政府财政投入建立各类海洋渔文化展示、传播、交流的基础设施。经过多年努力，宁波已经建立起海洋公园、"宁波帮"博物馆、宁波海洋世界、河姆渡遗址博物馆、镇海口海防历史遗迹纪念馆、宁波博物馆、宁波鄞州鱼文化博物馆、宁波海事民俗博物馆等海洋渔文化公共服务场馆，免费为人们提供了解与接近渔文化的参观与学习基地，其中，镇海口海防历史遗迹纪念馆是全国爱国主义教育基地之一。宁波海洋世界是一家展示海洋生物、宣传海洋知识的现代化专业水族馆，现已列入市青少年科普教育基地，馆内设有潮间带生物展示区，触摸池体验区、珍惜生物呵护区、鲨鱼区等，是宁波展示海滨城市活力与魅力的绚丽窗口。为向广大市民和青少年宣传渔文化，培养其海洋意识，促进宁波海洋经济和渔文化事业的发展，提高宁波城市综合竞争力，宁波建设了中国国家水下文化遗产保护宁波基地暨宁波中国港口博物馆。博物馆建筑规模 5 万平方米，投资近 6.8 个亿，其中建筑 5 个亿，收集、征集文物实物 1.8 个亿，是宁波传承港口历史和港口文化的馆藏基地。另外，宁波正在筹备申报打造一个以"渔"为主题的渔味十足的国家渔文化博物馆的项目，届时，北有天津的国家海洋博物馆，南有宁波的国家渔文化博物馆。

温州的渔文化公共基础设施虽然少于宁波，但也有温州博物馆、国家级海洋公园等，根据温州市海洋与渔业局组织编制的《温州市海洋环境保护规划（2016—2020年）》的规划设计，在未来5年内将新建乐清市中心海洋公园瓯飞海洋公园、温州湾渔业资源特别保护区、瑞安阁巷海洋公园，瑞安北麂海洋公园、平阳西湾海洋公园，苍南沿浦湾红树林海洋公园等七处海洋公园和保护区，素有"东海鱼仓"和"海鲜之都"之称的舟山在做大做强海洋渔业产业以外，积极建设渔文化设施。舟山市博物馆中也有专门的渔业文化展馆，向全市人民和外来旅游参观者展示了具有"中国渔都"特色的渔文化元素；舟山的岱山县建成了中国海洋渔业博物馆，盐业博物馆、灯塔博物馆等一批海洋渔文化展示场馆；峡县东海渔村在景观公建的过程中，突出渔民画、渔网、船具等的展示，受到社会各界的广泛好评。同时，舟山充分挖掘融入渔俗文化元素，在一些村落、海岛相继建成了一批海洋渔文化渔俗馆、渔民绳索结展示馆等。它们的建成不仅成为新农村中亮丽的文化景观，而且还是传播与发扬渔文化的重要场所。

（三）渔文化产业格局初现

浙东拥有丰富的海洋渔文化资源，很多城市和地区已经开始充分利用这些文化资源来发展产业经济，并且取得了一定的成果，渔文化产业往往不是以独立的产业形态存在，而是以某种渔文化资源嵌入其他产业后，形成极富特色的渔文化关联产业。目前，在浙东这样的渔文化产业已经逐渐成熟，渔文化资源主要嵌入休闲旅游产业、餐饮食品产业、节庆会展产业及民间艺术产业。

1. 渔文化+旅游休闲

随着人类文明的进步，旅游休闲成为现代人的重要消遣方式。

渔文化与旅游休闲的结合最主要的表现就是休闲渔业。美国、加拿大的休闲渔业发展十分成熟，我国国内一些省（区、市）包括浙江、广东、福建、山东、台湾等地的休闲渔业发展也非常快。休闲渔业将渔业资源和旅游资源进行合理配置和优化，将餐饮娱乐、休闲度假等与渔业结合起来，开发垂钓、潜水，赛艇、攀岩、休闲观光、水族观赏等多种渔文化旅游休闲产品，全面涵盖了吃，住、行、娱等各项内容。从浙江省的渔文化休闲旅游整体发展情况来看，浙江省依据自身独特的海洋地理区位优势，快速发展滨海休闲旅游业，使其成为浙江海洋经济名副其实的主导产业，基本形成了宁波—舟山，温州—台州、杭州湾三大滨海旅游区以及分布全省的众多滨海旅游集合点，浙江省在《浙江省海洋新兴产业发展规划（2010—2020）》中提出了建成我国海洋文化和休闲旅游目的地的目标，这一目标已经阶段性实现。如今，浙东海洋休闲渔业发展势头强劲，逐渐成为海洋渔业发展的重要内容，浙东休闲渔业发展较好、起步较早的舟山市，就紧紧把握国务院批准设立舟山群岛新区的历史机遇，以海港为依托打造了一批精品旅游项目，例如大众海钓游、海鲜美食游、度假会展游、海洋文化游，群岛海上游、岛村渔家游、佛教文化游等，拓宽了客源市场，带动了当地文化经济的发展。

2. 渔文化+餐饮食品

饮食是人类赖以生存和发展的第一要素，饮食文化是中华文化的重要组成部分，也是渔文化的重要组成部分。浙东地区餐饮美食的发展历程，反映了浙江省特有的渔文化历史，东海物产丰富，得天独厚的地理自然条件为各种海鲜的繁衍生长提供了广阔的天地，为浙江提供了丰富的海洋饮食资源，浙江省获得国家地理标志保护品牌的海产品就有 16 种之多。以浙东舟山为例，舟山是中国最大的海产品生产、加工、销售基地，舟山渔场是我国最大的渔场，有着"东海鱼仓"和"海鲜之都"的美誉。据不完全统计，仅宁波象山县就有海水鱼类约 440 种，蟹虾 80 余种，贝类 100 余种，海藻类及其他海产品数十种。其中大小黄鱼、带鱼、鲳鱼、梭子蟹、对虾、石斑鱼、墨鱼，鲍鱼、贻贝等，更是声名远扬，舟山、宁波海鲜资源得天独厚，海鲜美食文化源远流长。浙东的海鲜美食逐渐形成了以原色原形、原汁原味为主要特色的烹饪风格，海鲜菜肴体系也日臻完整。浙东地区的海鲜美食在选料上务求"绿色"、精细、鲜活，还必定是本地特色海鲜；烹制上运用炒、炸、烩、溜、蒸、烧等多种手法，做到因料施技、口味多变；在菜肴的装盘和取名上也越来越讲究。他们不仅把海鲜美食做成精美工艺品，而且赋予其诗情画意。例如，象山十六碗，不但每一道菜肴色香味形俱佳，每道菜都还配有一个传奇故事或一首美诗。宁波和温州的甬帮菜和瓯菜两大菜系是浙菜精华，和绍兴菜、杭州菜并列为浙菜四大菜系。甬帮菜和瓯菜以海鲜为主入馔的饮食文化历史悠久，与沿海居民的民风民俗互相融合，不可分割，其所蕴涵的饮食民俗典故是重要的文化资源，是餐饮美食产业化发展的前提和基础。如今，浙东渔文化餐饮美食产业开发开始呈现出海鲜产品的品牌化，海鲜餐饮店的特色化、海鲜美食旅游与节庆的创新化三大特征。浙东海鲜产品的生产、加工和销售已经逐渐成熟，在全国品牌影响力排名前十的海产品加工企业就有明珠、兴业、陆龙兄弟等。浙江省的海鲜餐饮店已经形成海鲜大酒店、海鲜餐馆和海鲜大排档三个层次的规模优势，而海鲜美食旅游与节庆方兴未艾。

3. 渔文化+节庆会展

节庆会展是一种群众文化传播方式，它植根于人类社会的精神生产活动。传统的渔文化节庆活动具有极强的地域特色和民族特色，受到当地地理环境，社会经济条件和生产生活方式的影响，在长期的历史发展过程中得以形成，传统的渔文化节庆活动包括各种祭海节和渔业庙会浙江以渔业资源和历史文化资源为依托，结合本地的自然地理条件和社会经济条件，开发出开渔节，海钓节、海鲜节、渔业展览会等各种新形式的渔文化节庆会展活动。相较于传统的渔文化节庆活动，现代渔文化节庆活动娱乐性和参与性更强，并且能够与民俗旅游，文化展示、餐饮美食、经贸洽谈、体育竞技等各种周边市场结合起来，例如，从 1998 年开始每年一届，为期三天的中国（象山）开渔节，已成为宁波展示渔区民俗的全国性盛大庆典，是宁波的一张精美名片，作为国内外有广泛影响的文化大节和旅游大节，开渔节相关活动已经被列入国家非物质文化遗产传承项目，曾经荣膺 IFEA（国际节庆协会）中国最具影响力节庆活动百强、中国节庆 50 强、中国十大最具潜力节庆、中国十大自然生态类节庆、中国十大品牌节庆和十大民俗节庆活动等多项荣誉，被写入全国海洋经济"十二五"规划。除此之外，宁波象山还成功地举办了"三月三，踏沙滩""妈祖赛会""六月六迎神赛会""七月半放水灯"、海鲜节、国际海钓节等民间文化节庆活动，这些活动在海内外产生了很大的影响，围绕这些节庆活动应运而生的渔文化产业也初具规模，到目前为止，象山基本形成了一个"春踏沙滩夏海钓，秋观开渔冬品鲜"的海洋民俗文化节庆格局，据不完全统计，宁波每年举办的节庆活动达 30 多次，平均每月将近 3 次，全面开展高密度的海洋民俗文化节庆活动，助推海洋渔文化逐步走出宁波，走向全国与世界。除了有代表性的开渔节外，还有 2002 年开始举办的一年一届的中国（宁海）徐霞客开游节，打响了"天下旅游，宁海开游"的品牌；已经成功举办 10 届（一年一届）的"海上丝绸之路"文化节，揭示了宁波作为"海上丝绸之路"东方始发港之一的历史脉络和文化内涵，确立了宁波在我国"海上丝绸之路"中的重要历史地位、作用及影响；2008 年 11 月开始举办两年一届的中国宁波国际港口文化节等等。

4. 渔文化+民间技艺

浙江省渔文化中的民间艺术主要是浙东沿海的渔民在长期的生产生活实践中形成并传承下来的工艺，有传统美术、传统音乐、传统舞蹈、传统戏剧、传统雕刻等，也包含各种传统的生产技艺，比如渔民号子、浙东渔歌、渔民画、造船技艺、晒盐技艺等民间传统与工艺，它们与当地群众的生活息息相关，脱胎于海洋生活，来自日常生活，是几千年海洋渔业文化的综合提炼，是极其宝贵的文化资源，这些宝贵的文化资源是浙江人民智慧与文明的结晶，承载着地方文化的基因，也是推动渔文化民间技艺产业化发展的原动力。民间工艺所具有的使用价值和文化价值，契合了如今许多消费者的物质和心理需求，具有巨大的市场空间和潜在的经济价值。例如，舟山普陀渔民画就是渔文化民间技艺的典型代表，这种艺术形式从古代船饰画演变而来，船饰画绘画技艺通过世代流传，后一代渔民传承了船饰画那种粗犷、夸张的风格，最终发展成现代的普陀渔民画，普陀也被文化部命名为"中国现代民间绘画画乡"。如今，舟山的多家画廊，画社不断创作、设计这种传统艺术形态，并且将它们引入各种衍生品中，包括渔民画服装、渔民画手工包、渔民画丝巾、渔民画钱包、渔民画手绘草本香囊，渔民画手绘拖鞋、渔民画手绘帽子、渔民画托盘，渔民画丝扇、渔民画靠枕，渔民画帆布袋等，琳琅满目、丰富多彩的精美创意产品，古朴中透着时尚，受到消费者的欢迎，获得了良好的商业价值与社会效应。鱼产品制作技艺"松门白鲞"，就是生产于浙江温岭松门镇由新鲜大黄鱼做原料精制而成的黄鱼鲞，历史上大黄鱼居浙江四大经济鱼类之首，黄鱼鲞也以其产量高品质优，销路广而居鲞类制品之首，松门白鲞则为黄鱼中之精品，加工历史悠久，加工工艺讲究，从选料到剖、腌、洗、晒、包，每个工序都有严格要求，因而名扬海内外。随着政府对水产资料采取的种种保护措施和人工养殖大黄鱼的兴起，这种传统的松门白鲞加工工艺的应用将极大地提升海产品在市场中的竞争力。

四、浙东渔文化产业开发面临的机遇和挑战

浙江省渔文化资源从其分布来看是十分丰富而有特色的，产业化开发的潜力巨大。虽然在经济规模或总量上无法与工业相比，但它所产生的经济效益和社会效应是难以估量的。在浙江省积极推进海洋战略和文化产业发展的背景下，浙东如何依托自身具备的海洋渔文化资源优势，大力发展渔文化产业经济，是形成区域软实力的关键，也能为浙江的文化产业发展提供新的思路。

（一）浙江省渔文化产业发展的机遇

浙江转变经济发展模式的着力点在哪里？就在文化创意产业。而渔文化产业正是文化创意产业的重要组成部分，这是"浙江制造"向"浙江创造"转型的关键，也是浙江新一轮发展的历史性机遇。海洋文化资源的先天优势，以及文化体制改革的重要成就，使浙江的文化产业已有一定的发展基础，形成了浙江渔文化产业发展的独特优势。推进浙江渔文化产业大发展、大繁荣，不仅要把这些优势转化为发展机遇，而且要在此基础上创造新的机遇。

1. 国家海洋强国战略重要契机

习近平总书记在党的十九大报告中明确要求"坚持陆海统

筹，加快建设海洋强国"。为建设海洋强国再一次吹响了号角。21 世纪是海洋的世纪。我国是拥有 300 万平方公里主张管辖海域、1.8 万公里大陆海岸线的海洋大国，壮大海洋经济、加强海洋资源环境保护、维护海洋权益事关国家安全和长远发展。我们必须坚持陆海统筹，加快建设海洋强国。着眼于中国特色社会主义事业发展全局，统筹国内外两个大局，坚持陆海统筹，坚持走依海富国、以海强国、人海和谐、合作共赢的发展道路，通过和平、发展、合作、共赢方式，扎实推进海洋强国建设。建设海洋强国的目标是我国结合当前国内外发展形势特别是海洋问题发展态势而提出的，是一项明显具有政治属性的重要任务，现已成为国家层面的重大战略党和国家的政策高密度地把文化产业、文化经济、经济发展方式转变、海洋经济联合在一起，为浙江发展海洋文化与渔文化产业提供了重要契机。"文化搭台，经济唱戏。"要唱好海洋经济发展这台大戏，必须要搭好海洋文化建设这个大戏台。

2. 国家文化强国战略指明了发展方向

中共十七届六中全会审议通过的《中共中央关于深化文化体制改革推动社会主义文化大发展大繁荣若干重大问题的决定》，提出了"建设社会主义文化强国"的战略目标，文化强国战略和国家整体战略是相互依存的。文化强国战略包含在国家整体战略之中，没有文化强国战略就不可能有完整的、使国家真正强大起来的整体战略。这种文化强国大战略是以中华民族伟大复兴为核心的种国家大思想，是国家核心价值文化软实力在世界舞台上的一次大展示。"文化强国"不是一句口号，而是一个从"经济大国"转向"文化强国"，从经济硬实力转向文化软实力，从文化产业转向文化硬实力的战略过程，它为我国大力发展文化产业指明了方向，规划了路径。文化产业范围广，随着海洋对中国可持续发展和中华民族伟大复兴的重要性日益凸现，繁荣发展海洋文化，渔文化加快培育国民海洋意识与文化觉悟，已成为建设社会主义文化强国的重要内容。

作为海洋资源丰富的经济强省，浙江省应该抓住这个历史机遇，认真贯彻中央关于文化建设和文化体制改革的一系列重要方针政策，解放思想，转变观念，牢固树立忧患意识，机遇意识、改革意识、发展意识，正确认识和处理海洋渔文化产业建设和发展中的一些重大关系，坚持社会主义先进文化前进方向，以推动江海洋文化大发展大繁荣为主题，以改革创新和科技进步为强大动力，以构建有利于渔文化产业科学发展的体制机制为主攻方向，以全面提高渔文化人才队伍素质为重要保障，进一步深化文化体制改革，破解渔文化发展难题，转变渔文化发展模式，不断解放和发展浙江省渔文化生产力，加快发展浙江渔文化事业和文化产业，努力探索具有浙江特色的海洋渔文化发展道路。

3. 浙江省委省政府的重视提供了重要保证

浙江省委省政府高度重视海洋文化产业的发展，先后出台《中共浙江省委浙江省人民政府关于进一步加快文化产业发展的若干意见》（浙委发〔2013〕28号）、《浙江省人民政府办公厅关于进一步推动浙江省文化产业加快发展的实施意见》（浙政办发〔2015〕49号）、《浙江省深化文化体制改革实施方案》等政策文件，浙江省全面深化文化体制改革，深入推进文化领域审批制度改革，建立集中统一的文化市场综合执法机构，设立省国有文化资产管理委员会，构建有利于文化产业发展的体制机制。2016年9月出台了《浙江省文化产业发展"十三五"规划》，勾画了浙江发展海洋渔文化产业的"导航图"。提出了明确的目标，到2020年，力争全省文化产业增加值占生产总值的比重达到8%以上，文化产业总产出达1.6万亿元，形成较为健全的文化产业发展体系、现代文化市场体系、文化要素支撑体系和文化政策保障体系，文化产业发展主要指标位居全国前列，为建成文化强省奠定了坚实的产业基础。在"十三五"规划中，创新性地提出了文化产业的"浙东沿海沿湾文化产品智造板块"，沿东部海岸、海岛、海湾发展带，涵盖宁波市、温州市、舟山市、台州市和绍兴市北部地区，积极发挥临海物流便利的优势，强化文化创意和设计服务对消费品工业转型的引领作用，加快文化产品制造向文化产品智造转型。围绕宁波市、温州市两大增长极，突出差异发展，特色引导，带动舟山市、台州市一体化发展。其中，重点将舟山市打造成海洋文化特色中心，引导发展海洋旅游、海洋节庆会展、文化创意等行业，重点建设伍玖文化产业园、桃花岛影视文化产业基地、舟山渔民画产业基地、普陀船舶设计服务中心、新城创意软件产业园等特色平台。

为更好地发展渔文化产业，浙江省提出"打好两个基础，完善两个体系，突出两个重点，打造两个平台，面向两个市场"的工作思路。两个基础，是指发展渔文化产业的理论基础和渔文化产业的统计基础；两个体系，一是指不断完得渔文化产业政策体系，二是指不断完善人才培养体系；两个重点，一个重点是指通过深化文化体制改革，积极培育市场主体，增强微观活力；另一个重点是指加速发展高科技文化产业和新兴文化产业；两个平台，一是创办开通中国渔文化网，建立起一个文化产业的信息交流平台；二是充分利用开渔节举办文化产业博览会，打造一个文化产品的交易平台；两个市场，一个是国内市场，这是渔文化产业发展的主市场；另一个是国际市场，积极实施"走出去"战略，在国际文化市场抢占一席之地，不断扩大渔文化在世界的影响。

2011年3月，浙江省正式被作为沿海海洋经济发展试点列入了国家战略，浙江海洋经济发展正式进入国家战略规划，浙江海洋经济开发示范区的成立获得国家批准，在国务院批准的《海洋经济发展示范区规划》下，为形成我国东部沿海地区新的重要的经济增长极，浙江省创建了 14 个相关产业集聚区。2011 年 3 月，国家"十二五"规划明确提出要重点推进浙江舟山群岛新区发展，这是继上海浦东新区、天津滨海新区、重庆两江新区之后的国家第四个新区，舟山群岛新区是首个以海洋经济为主题的国家级新区，将成为国家政策倾斜的战略高地，舟山群岛新区被定位为：浙江海洋经济发展的先导区、海洋综合开发试验区、长江三角洲地区经济发展的重要增长极。因此，舟山群岛新区将会成为中国大宗商品储运中转加工交易中心，东部地区重要的海上开放门户、中国海洋海岛科学保护开发示范区、中国重要的现代海洋产业基地，中国陆海统筹发展先行区，这不仅是舟山的重大发展机遇，也是浙江海洋渔文化产业发展的重大机遇。

浙江未来发展最大的空间是海洋，最大的引擎是海洋经济，海洋经济的最大支撑是海洋文化，而海洋文化中最有开发潜力的就是渔文化，海洋经济发展对海洋文化发展起着重大影响，海洋经济发展必须作用于海洋文化的发展，反之亦然，以海洋文化建设带动海洋经济兴起来推动浙江新一轮发展，既是浙江文化发展的方向，也是浙江经济发展方式转变的途径。

4. 经济社会发展优势奠定了坚实基础

悠久的历史和深厚的海洋文化底蕴为浙江渔文化发展提供了不竭源泉。浙江省在改革开放中积累的经济发展优势，也为渔文化产业发展提供了坚实基础。这种优势体现为以下三点：一是政府财政优势。国家统计局的数据显示，2016 年浙江全省实现生产总值 46484.98 亿元，在全国省级地区生产总值榜上排名第四。文化发展需要大量财政投入，浙江经济实力强，拥有大力推动渔文化产业发展的财政基础，在杭州、宁波、温州等地都设立了发展文化产业的专项资金，有力推动了文化产业的跨越性发展。二是民间资本优势。浙江非公有制企业已占全省企业总数的90%以上，创造了全省70%以上的（GDP）、76%的出口额、60%以上的税收、90%以上的新增就业岗位。改革开放以来，浙江人在市场经济大潮中充分利用党的政策，在民间积累了雄厚资本。据不完全统计，2009年以来，宁波单单投入金融产业的民间资本就超过120亿元，投入技改研发的民间资金超过300亿元。可见，民间资本已经成为加快城市化进程的助推器、促进科研成果产业化的立交桥和经济可持续发展的原动力。其中，投入文化产业当中的民间资本量也非常大。同样以宁波为例，民办博物馆就超过30家之多，三是浙江及周边地区的文化消费能力强。浙江人均可支配收入为38529元，高居全国第三。国家统计局浙江调查队的调查数据显示，2016年全省居民人均生活消费支出25527元，比上年增长5.8%，扣除价格上涨因素实际为3.8%，全省居民八大类消费支出呈现"六升二降"：教育文化娱乐、交通通信类、食品烟酒、居住、生活用品及服务、医疗保健同比正增长，衣着、其他用品及服务类则呈现负增长，其中，增长最快的是"教育文化娱乐支出"，人均支出2794元，增长15.1%。数据表明，浙江省已经进入文化消费迅速增长，而物质消费比重逐步趋缓的阶段，文化消费市场不断扩大。

总之，从历史发展来看，浙江渔文化具有悠久的历史和丰厚的资源，并在长期的发展中形成了自己独特的品质；从政治与经济环境来看，无论是国家层面的宏观战略，还是省（区、市）层面的微观政策，都为浙江渔文化产业的孕育和发展打开了空间；从市场与需求角度来看，浙江的文化消费逐渐进入爆发期，文化产业发展面临最好的时代，在国家要求大力发展海洋经济和海洋文化的大环境下，浙江的渔文化产业应该在原来的基础上，充分总结国内外及自身的发展经验，抓住机遇，扬长避短，制定出适合自身发展的策略，进一步推动浙江渔文化产业走上发展快车道。

（二）浙江省渔文化产业发展的挑战

浙江的渔文化产业在近几年取得了飞速的发展，以海洋渔文化休闲旅游渔文化节庆展会、渔文化民间技艺、渔文化餐饮食品等为主的产业特色加快形成，杭州、宁波、舟山、温州、台州等地的渔文化产业集聚效应日趋显现，银行、民间资本、科技与人才等元素开始不断聚集到渔文化产业，使得渔文化产品贸易不断增加，省内市场逐渐成熟。尽管如此，相比西方发达国家，乃至日本、韩国等周边国家，浙江省渔文化产业的发展状况仍然存在着差距和不足。

1. 老百姓对渔文化缺乏了解，影响了产业发展的广度和深度

尽管浙江是沿海省份，是海洋渔文化资源大省，但普通百姓对渔文化的认知与了解仍然处于较低程度，尤其是"80后""90后""00后"年轻人，对传统渔文化缺乏基本认知，他们追逐欧美流行通俗文化或者日韩文化，却对身边的深厚传统文化没有兴趣，这很值得我们重视与反思，因为这将在市场层面极大程度上影响渔文化相关产业市场的形成。2017年7月，宁波城市职业技术学院保护和传承海洋非物质文化遗产实践团成员在宁波天一广场和鄞州万达广场面向广大市民发放了"关于海洋非物质文化遗产保护认知与态度的调查"问卷200份，调查结果表明：宁波市民在海洋非物质文化遗产保护中知易行难，且有近八成市民不知道宁波海洋非物质文化遗产有哪些。这反映了宁波市民中普遍存在"近海不识海"的现象。宁波作为沿海城市尚且如此，浙江其他非沿海城市的人们更是知之甚少。国家与政府在战略与政策上做了很多前瞻性的规划与设

计，但要真正落实到市场和消费者中，还有很长一个过程要走。这些渔文化是经过上千年历史传承下来的文化形态，反映了沿海渔民的生活生产状况，曾经是普通百姓密不可分的经验、习俗，却在今天离老百姓越来越远，文化传承出现了断层，如何实现文化强国？习近平主席在达沃斯论坛上说，自信而强大的中国正在到来，自信来自国家经济实力，更来自文化力量。显然，振兴传统渔文化，还需要政府、媒体、学校等社会各界更加努力地推动。

2. 渔文化资源的流失，影响渔文化产业的可持续发展

改革开放以来，浙江在工业化进程中对渔文化及海洋生态环境造成了一定的破坏。海洋生物和种群的生存繁衍离不开相应的海水、岛礁、滩涂、港湾等海洋自然环境，但最近几十年来，为了追求经济利益最大化，海洋被无序且过度使用，导致海洋生态环境破坏严重，随着海洋生态环境的事件频发，大量的海洋生物种群失去了赖以为生的生活环境，再加上过度捕捞，很多海洋生物已濒临灭绝，海洋饮食文化面临着因海洋生物资源短缺而形成的巨大危机。另外，人口增长、经济发展，城市化进程的加速也使得各地"围海造地"及占海的港口、园区建设的行为愈演愈烈，直接导致了渔民的"失海"问题和渔民的失业问题。随着海域使用权流转，有些渔民失去了赖以生存的海面，再加上渔业资源枯竭，渔民无鱼可捕，失业问题不可避免。同时，大量的渔村、渔镇发展转型也存在诸多问题，尤其是在工业化发展的过程中，渔民向市民的转型发展仍然存在各种障碍，也带来了环境污染和破坏的问题，导致传统渔文化载体的消失，渔文化资源被迫经历着"现代化"的演变。如何加强海域使用管理和海洋环境保护工作，提高海域使用及海洋环境规划、管理、控制和决策的科学性，以拯救海洋渔文化资源正面临的生存危机，是浙江面对的又一挑战。

3. 重保护，轻开发，不利于渔文化产业的快速推进

渔文化是人类发展历史上重要的海洋文明，它来自长期的渔业生活与工作，由沿海居民创造并传承下来。在漫长的海岸线，分布着大量的渔文化遗产，散落在各渔民村镇。政府在保护渔文化遗产中起着主导作用，对部分非物质渔文化遗产进行了调查，整理与抢救性保护，申报了大量的国家级、省市级非物质文化遗产项目，各市、县、区都成立了非物质文化遗产保护中心，但目前的渔文化遗产开发处于初级阶段，无论是政府、企业还是文化传承人，都没有真正重视起来，缺乏有效的思路与方法。渔文化传承人作为非物质文化遗产的主体，缺乏商业经营意识与创意开发技能，多数不具备产业化开发的意识与能力，在浙东，只有极少数的非物质文化遗产由政府投资开发，进行资源的整合配置，逐渐在旅游产业中形成了一定的品牌影响力，比如中国开渔节。少数渔文化遗产由企业进行策划开发，如浙江省非遗项目"洞头贝雕"，由洞头贝雕工艺厂负责开发，从贝串、贝堆、贝雕画到圆雕，经过百余年的发展，洞头的民间艺人不断发现、创造、继承和创新，使贝雕艺术进入中华传统文化的宝库，成为民间工艺的一朵奇葩。洞头流传着这样一句顺口溜，"洞头三件宝：貂皮、贝雕和玛瑙"，可见贝雕工艺生产曾是洞头海岛经济的一个亮点。但最近几年受到名贵贝壳原料日渐稀缺、不断涨价，工厂流动资金短缺，以及人才、设备缺乏等诸多因素的影响，贝雕生产出现滑坡，自开始后从兴盛到萎缩，直至如今亟须抢救和扶持，是浙江省大多数渔文化项目的开发现状。大多数海洋渔文化遗产仅限于政府与传承人的保护状态，如象山的晒盐技艺、妈祖信仰、徐福东渡传说等都处于象山海洋渔文化生态保护实验区的保护中，尚未涉及产业化进程。近几年，政府在非物质文化遗产的保护上做出了较大的努力，2011 年 6 月 1 日我国实施了《中

华人民共和国非物质文化遗产法》，进一步促进了对非物质文化遗产的保护。但总体来看，政府的单方面保护主要仍以静态保护为主，生产性保护主要交给企业自发去做，民间的保护仍然处于资料整理和遗产认定等阶段，这有待于进一步的完善，要达到保护文化遗产的目的，还存在着相当大的差距，只是重视纯粹的静态性保护，已经不足以达到保护遗产的目的。[①]

4. 文化创新和经营能力不足，影响渔文化产业发展的总体水平

一方面，政府在文化发展的管理体制和运行机制上存在机构设置重复、职能交叉、各部门的文化产业促进职能不明确的现象，还存在事实上的政资、政事、政企不分现象，背离市场经济原则和运行规律。文化体制创新不足，在一定程度上影响了工作效率，造成了一些文化市场主体没有完全纳入政府文化管理的范围，民营资本进入公共文化服务领域的门槛过高。浙江部分沿海城市的公共文化服务建设政策措施不配套，文化产业政策体系还不够完善，有些政策缺乏实施细则，在税收、土地、政府补贴、社会融资及建立多元化投入机制等方面的相关配套政策和措施也没有及时到位，这些因素导致浙江的渔文化产业门类较单一，发展规模较小，产业分布较分散，不能形成影响深远的大品牌，也缺少有自己特色的海洋文化品牌，更缺少"航母型"的渔文化产业集团。另一方面，多数渔文化企业在开发路径上极其简单，往往是传承人及其家族筹措资金进行小规模的生产加工，文化产品技术含量不高，包装简陋，产量有限，营销传播手段落后，难以形成文化竞争力，比如，宁波象山渔民的传统点心——米馒头，2008 年被列入宁波市非物质文化遗产名录，象山九顷村村民胡美香投入三十多万元，邀请村里多名米馒头

---

① 章建刚. 遗产产业可持续发展的基础和理想模式［J］. 云南社会科学，2002（3）：33-34.

制作能手，注册商标开始批量生产并投入市场，虽然馒头香糯可口，但产品单一，产量有限，企业规模一直较小，社会影响力有限，经济效益和社会效益没有被充分挖掘。此外，虽然不少海鲜餐饮类的老字号品牌同时也是渔文化遗产传承单位，但随着市场竞争的加剧，产品创新、经营管理上出现诸多问题，企业难以持续发展。渔文化企业之间缺乏合作，资源分散，无法形成合力，没有形成产业互动共赢链，在市场上自然缺少话语权。

5. 文化专业人才匮乏，影响渔文化产业的发展活力

渔文化不同于一般通识文化，其专业知识性更强，这就需要培养更多的渔文化专业人才。专业人才是渔文化产业开发的核心要素，是海洋文化力提升的关键，主要包括两支队伍。一是海洋渔文化传承队伍，以宁波为例，宁波市有 120 余支舞龙队约 2000 人，有 30 多支龙舟队约 400 人，有民间文学传承人约 100 人且都在 60 岁以上，有业余民间表演者约 600 人，这些传承人多为老年人，青少年特别少，尤其是在已被列入非物质文化遗产的捕鱼技艺、捕鱼工具制作技艺等方面。在舟山，各种渔文化资源，如掌握渔民画、剪纸、贝雕、船模制作、渔歌号子等技艺的人才依然集中在老一辈，如何发掘新生力量是当地政府企业和传承人的难题，如今，舟山文化工作者已经开始精心选择一部分青少年感兴趣的渔文化非遗项目，进学校，进课堂，强化年轻一代传承文化的自觉性、积极性，逐步破解人才困局。二是渔文化产业人才队伍，虽然浙江的不少高校都设置了涉海专业，培养渔文化产业人才，但存在的问题仍然不少。一方面是培养目标不够清晰、专业设置不够合理，渔文化产业人才培养和市场需求脱节，培养过程中存在重理论轻实践、重知识积累轻动手操作的倾向，学生对文化产业理论知识学得多，但在实践中则缺乏创新能力；另一方面是对渔文化产业人才的创意培

养不够，创意型人才、复合型人才偏少。从整体趋势上看，浙东近几年的渔文化产业人才输入数量呈逐年增长趋势，但总量与浙江经济发展、文化发展还不相适应，而且人才队伍的比例结构不甚合理，具有专业水准的文化产业制作、策划、设计、代理、营销、推广等专门人才、复合人才紧缺，有影响力的领军人物更是匮乏。因此，浙江有待创新和进一步完善文化发展机制，以及文化人才培养引进、选拔使用和评估激励机制。

第七章　浙东渔文化
保护与传承

一、浙东渔文化生态保护与传承

渔文化是人类历史上最为悠久的文化类型之一，也是中华民族自渔猎时代以来创造的辉煌文化成果。经年累月，如今渔文化已融入中国文化基因渗入中国人的血脉，而人们在生活中又对其习以为常，有时甚至到了熟视无睹的程度。在全国重建"文化自信"之际，渔文化的保护、传承、创新更凸显与众不同的价值，得到方方面面重视。

当前，中国正在积极"建设海洋强国"、推进"一带一路"倡议，努力实现"中国梦"，发展渔文化成为顺利实施这些战略目标的重要内容。因此，通过繁荣渔文化，增加渔文化附加值、促进渔村社会转型、丰富人们精神文化生活等，是"加快建设海洋强国"梦的一部分，是实现"中国梦"的一部分，也是渔文化加强研究与实践、提升自身文化影响力的当代使命。有理由相信，今后渔文化不仅会更加精彩纷呈，而且会更加形式多样、内容丰富，更加受到广大人民群众欢迎。

浙东渔文化是中国优秀文化的有机组成部分。它的传承问题也引起了社会各界的高度重视。伴随着浙东沿海地区发展而进行的海洋开发活动，也导致一些问题，如自然海岸线不断缩短，滨海湿地不断减少等。亿万年自然形成的原始状态被人为地改变，取而代之的是钢筋水泥的壁坝、围堤和残垣断壁的基岸。那些因海而生、依岸而兴的古城、古镇、古街、名人名居，被涂抹上陆地文化的色彩而被迫卷进旅游大潮，昔日的一些古街被开发成大排档和商业风情街。而这些遗存，正是海洋渔文化缘起之地！我们是否恰恰忽略了那些与沧海桑田相伴相生的古街、古渔村、古城，与闯海人相关的衣、食、住、行等人文遗存，这些才是海洋渔文化之本源和精华所在。

作为海洋文化核心内容之一的浙东海洋渔文化，存在着保护和传承的问题，而且还显得很紧迫。因为传统渔业的转型、传统渔村、渔港的改造和渔民队伍的转型分化，使这些渔文化的基础和环境都在发生急剧的变化，从而造成了传统海洋渔文化的传承面临断层、新的海洋渔文化的培育还未成型的局面。

正是在这样的背景下，浙江象山等地进行了渔文化的保护和传承的探索性实践。他们立足于象山半岛放眼于整个中国海洋渔文化的传承和建设。以传统渔村、渔港保护为基础、以"开渔节"为渔文化传承抓手，以海洋渔文化生态保护区建设为战略布局，以渔文化带动整个象山文化建设的全局，以及通过传承基地让渔文化走进千家万户和下一代的措施，探索出了一整套海洋渔文化保护性传承和开拓性探索相结合的实践模式。正如有学者所指出，象山已成为中国海洋渔文化的一个"标本"。

（一）浙东海洋渔文化的保护性传承

文化传承是历史自然传承和社会有意识传承的结合。所谓自然传承主要体现为文脉的客观化继承，譬如家族文化的代代相传，地域文化的自然累积，建筑、桥梁等固体物质在自然状态下的自动延续等。但是从社会发展的角度来看，文化的传承更多体现为人类选择性的培育和继承。这种选择是基于社会政治、经济、人文等各方面的需要而进行的，具有很强的主观能动性。

人类社会对于文化传统有意识地传承，体现在物质文化和非物质文化两个方面。而"传承"的路径和方式，又主要体现为保护性传承和创新性传承两个维度。保护性传承指的是对传统的浙东海洋渔文化进行原生态的保护，在保持原有渔文化面貌的前提下进行传承。在渔文化的物质文化层面，主要是保护那些具有文化价值的渔村、渔港和与渔文化有关的一些建筑、工具、设备等；在渔文化的非物质文化层面，主要体现为一种"活态性"传承保护。这在列入非物质文化遗产代表性项目名录的海洋渔文化方面，尤其如此。

1. 浙东海洋物质层面渔文化的保护性传承

浙东海洋物质层面的渔文化，主要体现在渔船、渔网等捕捞工具，渔村、渔港的各种渔业建筑和渔民住宅以及港口设施和道路，冷库以及鱼类加工和储存场所等。对于它们的传承，主要体现为以维持原貌为主、适当进行改造的保护性传承。海洋物质层面渔文化的保护性传承，有多种途径。从实践的结果来看，主要有以下方法：

（1）通过专业化渔业博物馆进行保护性传承。博物馆式保护传承，是目前世界普通使用的保护方法。许多专业化博物馆的主要功能和责任，就是为了加强对于该类物质的集中和高质量的保护。渔船、渔网是最重要的海洋渔业生产工具，具有数千年的传承史，这些实物保存的最佳途径是建立专业化渔业博物馆。岱山东沙镇就建有这样的博物馆，里面保存了许多渔船模型和渔网、腌制鱼的大木桶等实物。还有大量的图片、图形和文献资料等。虽然到目前为止，中国建立的这类渔文化专业博物馆，数量少，规模有限，保存和展出的品种也不多，但是它们代表了一种方向，非常值得重视。

（2）渔村、渔港整体性保护传承。渔村、渔港是海洋渔文化的集聚区，是千百年海洋渔文化历史的培植地和寄寓体，很多渔村、渔港本身就是一座活态的海洋渔文化的历史博物馆，随着国家渔业政策的调整和大批渔民的转业转岗，浙东沿海都出现了许多被废弃的渔村和小型的渔港。舟山群岛在这方面显得尤为突出。像嵊泗的东库岛、嵊山的后头湾等，都曾经是著名的渔村，后来原有的渔民纷纷搬迁到大岛或城镇，现在荒无人烟，传统的渔村变成了被遗弃的"古迹"，但是它们的渔文化遗存仍然存在，作为一个渔村的集体记忆仍然存在，而且许多还有开发利用的潜在价值，因此也需要整体性保护，决不能一"弃"了之。

（3）浙东衰落性古渔镇的保护性传承。渔镇是扩大了的渔村和渔港。在浙东渔业资源非常丰富的古代，这些大渔场周围形成了许多著名的渔镇。但是后来由于渔业资源的急剧衰退，这种功能单一、对产业过于依赖的渔镇就逐渐失去了活力，最终变成了被废的古渔镇。浙江岱山的东沙古镇，就是个典型的例子。东沙渔镇紧邻盛产大黄鱼的岱衢洋。清康熙年间"海禁"结束后，山东、江苏、福建和浙江本地的渔船云集于此，很快便形成了东沙港，并成为大黄鱼加工和营销基地。但是进入 20 世纪 60 年代后，大黄鱼资源急剧衰退，至 70 年代基本告竭，失去了大黄鱼资源的东沙渔镇，很快就船去人散，变成了一座空城。但是作为海洋物质性渔文化的重要基地，东沙古镇得到了很好的保护，所有建筑都维持了原样。

（4）古海塘、古码头、渔民信仰性古庙的保护性传承。在千百年来，临海而生的奋斗中，浙东的渔民以极大的毅力和勇气，建造了许多海塘、民间小码头和渔民信仰性的古庙小寺。它们承担了不同的功能，但都是海洋渔文化的某个方面的体现。海塘保护了渔村，小码头是渔民出海和归来的情感地，供奉有各种海洋民间信仰的小庙小寺，是渔民和他们家属精神寄托的地方。虽然随着社会大环境的变化和生活、生产水平的大幅度提高，这些古海塘、古码头和古庙基本上都成了一些文化遗迹。但是它们包含的都是渔文化的历史，具有很大的价值，如象山石浦港边上的山腰处，有一座鱼师庙。虽然它的建立，依据的是一个勇士惩罚海洋恶怪的故事，其本体类似于一个海洋保护神，但是寺庙却以"鱼师"为名，很是意味深长。它是渔民人伦理念、人格追求的体现，非常值得保护。

2. 浙东海洋非物质层面渔文化的保护性传承

从海洋渔文化的遗存内容和遗存规模来看，非物质层面的海洋渔文化要比物质层面的渔文化来得更加丰富，因而保护性传承的任务也显得更迫切和繁重，但与此同时，其保护、传承的路径和方法，也显得更加丰富和多样。

（1）通过地名使渔文化成为永久性记忆。地名不仅仅是一个地区的称谓，更是一个地区历史、文化、经济和民俗等综合性的载体。浙东沿海地区的许多地名，保留了大量海洋渔文化的元素，地名成了传承和保护渔文化的一个重要途径。如嵊泗菜园镇内有寄寓渔业丰收的"丰渔弄"，郊区高场湾村有曾经用于织、补渔网的"掣网坑"，与鱼筐有关的"天箩岗"等地名，都与渔业和渔民生活密切相关。还有象山的"上船跳"（地名），此处在古代曾经是渔船靠岸的简易码头，渔民归家心切，从船上一跃而下，或者为了赶渔汛，来不及搭木板，就一跳而上，非常具有渔文化意味。这些地名形象生动，可以代代相传，从而使渔文化成为永久的记忆。

坐落于玉环东南端，东临东海，与大鹿等岛屿隔海相望的东沙渔村，2012 年被列入浙江省首批历史文化村落保护利用重点村。坎门街道就将渔村的发展定位到了旅游业，纳入了整体的保护规划。投入 1500 余万元修缮历史建筑，整体改造风格冲突的建构物，修复改造古道，最终打造出了这个"东海魅力渔村"。

（2）通过整理出版海洋民间渔文化书籍进行传承。浙东临海村落故事，海洋岛礁形成传说，海洋鱼类故事，海洋渔谚民谣等，都是浙东海洋渔文化的重要组成。新中国成立以后，政府文化部门先后多次组织人员进行采风整理工作，形成了大量的成果。目前已经出版的有王洁、周华斌编的《中国海洋民间故事》（海洋出版

东沙渔村遗址

新东沙渔村

社，1987年）、童装亮编著的《海洋生物趣谈》（科学出版社，1982年）、《中国民间故事丛书（浙江宁波象山卷）》（知识产权出版社，2015年）等。这些研究成果，对于传承海洋渔文化具有重大的意义，通过书籍广泛传播，并且可以代代相传，起到了很好的保护性传承作用。

（3）通过收集整理渔民家谱、渔行账本对民间文献进行传承。中国海岛居民的原住民极少。尤其是浙东沿海和岛屿的居民，由于明清时期进行过多次异常严厉的海禁，能够世世代代长住岛上的人极少，绝大部分都是海禁解除后，从大陆移民而来。因此许多渔民家的家谱记载，对于研究海洋渔民移民史和渔村的文化史，都具有很大的价值。浙东渔业经济比较发达的渔镇、渔港，自古以来就有渔行等机构的大量存在，它们留存下来的账本等原始文献，详细记载了渔民的人际组织、渔船的合作关系、渔获的产量和海产品的价格等种种海洋渔文化的资讯。它们是研究中国海洋渔业史和渔文化史的第一手资料，非常珍贵，亟需整理和保存。

（4）通过文化礼堂传承渔文化。浙东的渔村文化礼堂建设已经取得了很好的成绩，目前已经在全国进行推广，沿海地区的文化礼堂，保留有大量的海洋渔文化元素。尤其是些渔村渔岛的习俗和民谣渔谚以及民间故事，都得到了很好的保存。如嵊泗黄龙的文化礼堂还保留有许多渔家实物和民间故事、渔途民谣等，几乎成了一个渔文化博物馆。嵊泗田岙村的文化礼堂甚至还有海洋渔民体。

（5）海洋非物质文化遗产代表性名录的保护性传承。海洋是与大陆并重的人居空间，其非物质文化遗产非常丰富，很有保护价值，经过多年的整理和整合，它们中有许多代表性项目已经被列入政府的非物质文化遗产代表性名录，进入政府性保护传承，因此从非物质文化遗产保护的角度来保护和传承海洋渔文化，是一种非常稳妥可靠又很有效的途径。

被列入政府各级非物质文化遗产代表性名录的渔文化项目很

渔村文化宣传

多，分布在民间文学、民间音乐、传统习俗和传统技艺等各个方面，它们是中国非物质文化遗产的重要组成部分。

　　海洋非物质文化遗产层面的渔文化的传承，主要通过非物质文化遗产传承人用文字、音像、视频等方式加以记录保存的"活态传承"形式进行。渔民号子是海洋渔文化的重要代表，2008 年浙江《舟山渔民号子》和山东"长岛渔号"都被列入第二批国家级非物质文化遗产代表性项目"传统音乐——海洋号子"名录。这种渔民号子的保护，就体现出通过非物质文化遗产传承人进行"活态传承"的实践。

　　舟山渔民号子主要有三个传承人，分别是嵊泗的周文利、岱山方正法和普陀的叶宽兴。他们都很早就接触和学习渔民号子。从这三个传承人学习渔民号子的经历可知，传统上渔民号子的传承是在劳动中完成的，它成了海上劳动的技能传承之一，但是随着渔船的机械化，海洋捕捞技术的大幅度提高，渔民号子失去了它存在的环境和原来所承担的功能，变成了一种海洋渔文化遗存，现在他们都

舟山"渔民号子"大赛

成了非物质文化遗产传承人，通过他们的传、帮、带，海洋渔民号子才得以很好地传承下去。

"活态"传承是非物质文化遗产主要的保护和传承手法，也是海洋渔文化保存和传承的科学途径，"活态"传承的核心基础是传承人，但由于年龄、文化意识等种种因素的影响，合格的非物质文化遗产传承人弥足珍贵，新的传承接班人的培养至关重要。

（二）海洋渔文化的创新性传承

作为一种文化遗存，中国海洋渔文化的保护性传承是非常必要的。若干年后，其中的一些物质性文化遗存，还很有可能具有文物的价值，因此这种保护性传承就显得意义更为重大。但是文化是一种发展的动态流，海洋渔文化虽然面临存在的艰难，但是它仍然在发展，并不是凝固更不是死亡的东西。当然这种发展，遵循的可能不是原来的轨迹，而是一种开拓性，创造性的发展，所以对于海洋渔文化的传承，还需要有创新性的思维和举措对于海洋渔文化的创新性传承，目前还处于探索阶段，虽然一些做法还显得不够成熟，但是很具有总结意义。

1. 浙东渔文化的生产性传承

浙东渔文化的生产性传承，是一项政府牵头、社会各方面共同配合的方向性措施。2005 年 12 月 22 日，国务院发布了《关于加强文化遗产保护的通知》。这个通知强调了对于物质文化与非物质文化两种文化遗产保护侧重点的不同，即物质文化遗产保护要"加强管理"，非物质文化遗产保护要"传承发展"。这里的"传承发展"，指的就是文化传承中不但要注意保护，同时也要注意发展，既要在保护的前提下进行传承，也要在传承的基础上进行海洋渔文化的生产性传承，体现在物质文化和非物质文化形态的各个方面。

（1）渔村、渔镇成为海洋旅游的强势资源。海洋对于广大游客的吸引力，不仅体现在"3S"（即海洋、阳光、沙滩）这样的自然生态上，也体现在渔村和渔民的生产、建筑、生活习俗等人文景观上。浙东海洋渔文化资源丰富的渔岛渔村，正在吸引大批游客。如舟山普陀的东极列岛，嵊泗的黄龙岛、嵊山岛和枸杞岛，宁波象山的石浦渔镇，岱山的东沙古镇等，都已经成为了旅游热点。

（2）一些非物质文化遗产代表性项目的衍生产品成了游客喜爱的纪念品。非物质文化遗产的基础是保护性传承，但是目前各地非常在意非物质文化遗产保护传承的动态性，也就是生产性传承，所谓"非物质文化遗产的生产性传承"，是指在具有生产性质的实践过程中，以保持非物质文化遗产的真实性、整体性和传承性为核心，以有效传承其技艺为前提，借助生产、流通、销售等手段，将非物质文化遗产及其资源转化为文化产品的保护方式，联合国教科文组织认为，非物质文化遗产是指各种以非物质形态存在的，与群众生活密切相关、世代相承的传统文化表现形式，它是以人为本的活态文化遗产，强调的是以人为核心的技艺、经验、精神，其特点是活态流变。非物质文化遗产是"活文化"，它应活在民间、活在民众中，应借助产业保护永葆其生命力。①

舟山渔民画

　　也就是说，在生产性传承的视野下，非物质文化遗产并非是被动保护的"古董"，而是具有生命力的活态存在，它们有许多具有现代价值的因素值得发掘。这在浙东渔文化类非物质文化遗产的传承上，也是如此，许多海洋旅游纪念品的基础，都与海洋渔文化类的非物质文化遗产有关。如以舟山渔民画为基本图案的旅游产品，包括丝绸披肩、休闲服装、拖鞋、扇子和鼠标垫等，极具海洋渔文化的文化产品正在被大批开发出来，深受游客欢迎。

　　（3）船模等特殊的旅游纪念品，正在被更多的人所接受。船模是凝固了的海洋文化符号，从这个意义上而言，它是物质形态的文化遗存。但是制造船模的技艺，却又属于非物质文化形态。一些具

---

　　①　陈依元．"生产性保护"是传承非遗文化好思路［N］．宁波日报，2016-7-13．

有代表性的渔船，如舟山的绿眉毛等渔船模型，承载了传承中国海洋渔文化的历史使命，但同时它又可以成为产品化的经济因素，这方面的产业，目前虽然规模不大，但是预示了一种海洋渔文化产业性发展的方向。这种兼具物质性文化和非物质性文化双重属性的渔文化形态，在一些饮食类渔文化项目中也体现得非常明显，譬如传统海产品加工技艺，是属于非物质文化代表性名录的，但是运用传统技艺加工出来的海产品，却又属于物质文化层面了。许多海鲜饭店和商品，打着传统技艺"古法"加工的旗号，其实也是海洋渔文化创新性传承的体现。

2. 浙东海洋渔文化进校园

学校是文化传承的重要阵地，海洋渔文化的传承发展也需要通过学校来进行。浙东在这方面进行了长期的探索和实践，取得了丰富的成果。现在浙东沿海各级学校，尤其是小学，建有许多非物质文化遗产传承基地，它们在海洋渔文化的创新性传承上，发挥了巨大的作用。

国家级非物质文化遗产代表性项目"舟山锣鼓"，开始主要是渔民在海上捕捞的时候，彼此进行联系用的，在没有现代化通信设备的年代，渔民之间彼此传递信息非常困难，大声喊叫对方听不见；旗语之类又过于复杂，也不统一规范；而锣鼓可以通过设置节奏来约定传递的信息，而且在空旷的海面，锣鼓的声音可以传得很远，现在条件改善了，海上作业时进行联系再也不需要通过锣鼓了，"舟山锣鼓"就成了文化遗产，但是它激昂的风姿还很有传承的价值，成为进校园最受欢迎的海洋非物质文化遗产项目之一，舟山许多学校都建有锣鼓队，经常进行演出。

"渔民号子"也是孩子们喜爱的海洋非物质文化遗产项目。舟山沈家门第一小学的老师还设计出"走进舟山渔民号子"的教学模

"舟山锣鼓"进校园

式。在教学中，先通过渔船图片来学习和掌握海洋捕捞、渔场等海洋知识，然后让学生模仿摇船动作，并想象大风来了，海面上波涛汹涌，渔民们使出了全身的力气，吼唱渔民号子的节奏和腔调。在这样的氛围中，让学生模拟与海浪拼搏，齐心协力用力摇船的场景。让他们学做渔民动作，感受号子粗犷豪放的气势，收到了很好的效果。①

从实践来看，让海洋渔文化进课堂进行传承是一个不错的途径。反过来也可以建立专门性的渔文化传承学校吸引学生前来学习和参观。浙江象山就坚持"走出去、请进来"相结合的办法宣传、传承渔文化。

象山海洋渔文化研究者经常深入幼儿园、中小学学校，讲故事、作报告宣传海洋渔文化知识，他们还在校园里积极营造渔文化教学环境。在学校主墙面上布置"大海真奇妙""开渔啰""身边的

---

① 徐锡英．地方特色文化载音乐教学中的传承——以舟山海洋文化进校园为例［J］．中小学音乐教育，2018（1）．

海洋""我爱大海"等系列场景；在班级的自然角放置各种螺壳、虾壳、大片鱼鳞、海星、渔网等，让每个孩子在摸摸、看看、闻闻、说说中感受大海的博大和丰富。还可设计与海洋文化有关的班牌班徽、校牌校徽、校园主题语，描绘海洋、关爱海洋的名句格言等，努力营造富有海洋文化精神内涵的校园文化环境，让学生从中感受到海洋文化深远的人文内涵。① 与此同时，还专门成立了一家以传承海洋渔文化为主要宗旨的"象山县素质教育实践学校"，经常为学生举办鱼类故事会、鱼类拓片操作等渔文化活动，并取得了很好的社会效益。

（三）海洋渔文化的整合性保护和传承

"保护整合"是文化创新性传承的一个重要途径。所谓"保护整合"，是指将不同的文化因素加以科学的调整和协调，使之成为统一的体系，在这个基础上再予以整体性保护和传承。它从社会学概念"社会整合"发展而来。海洋渔文化主要根植于海洋民间社会，虽然经历了漫长的历史积累，但仍然呈现出相对的分散、杂乱和随意性。因此对它们进行整合，在整合的基础上，再进行保护、传承和发展，不失为一种创新性思路和做法。

最近几年，舟山就进行了这样的整合性保护工作，提炼出一个"保护和传承舟山'五渔'特色海洋文化"的思路。所谓"五渔"指的是舟山锣（渔）鼓、渔民号子、渔民画、渔歌和传统木（渔）船模型。舟山把它们当作一个整体来予以整理和打造。他们依据"保护为主、抢救第一、合理利用传承发展"的原则，积极组织力量对舟山群岛非物质文化遗产进行深入普查，基本摸清了"五

---

① 郦伟山. 海洋文化从娃娃抓起——普及海洋意识教育的探索与实践［C］2011 年中国社会学年会暨第二届海洋社会学论坛论文集.

渔"特色文化的"家底"，然后出台相关政策，奖励或补助现存"五渔"文化代表性传承人，鼓励他们做好带徒传艺工作，同时还将普查所获得的"五渔"特色文化资料素材分门别类地加以整理，以实物、录音和录像等形式实现永久性保存，建立全面反映基本面貌的档案资料数据库，为后人开展进一步研究提供基础平台。在这个基础上，再以市文化馆和各县（区）文化馆为基本力量，成立区域性的非物质文化遗产保护传承工作小组，下设舟山锣（渔）鼓、舟山渔民号子和舟山渔歌等各专项小组。各专项小组定期召开会议，针对保护性传承过程中出现的新情况、新问题，加强研讨交流，提出解决办法。他们还非常注重培养造就一批个人有爱好、事业有追求的人才队伍。强化基地建设，以特色校园为培训基地，从娃娃抓起，对全市有关学校的重点队伍进行定期培训，专业人员每年定期或不定期下基层、下海岛进行辅导，既能培训和吸引人才，又能扩大"五渔"文化影响力。经过几年的努力，舟山的"五渔"整合保护传承工作取得了显著的效果。舟山锣（渔）鼓、渔民号子、渔民画和渔歌等次在国内外获奖；木（渔）船制造技艺传承逐渐形成产业；"舟山渔民画艺术节""舟山海洋歌会""舟山渔歌邀请赛"等文化节庆活动相继举行。①

　　将海洋渔文化进行整合，通过各种节日性活动加以创新性保护和传承，目前已经成了中国沿海地区海洋渔文化建设的普遍现象。

二、从浙东渔文化到中国海洋文化

　　浙东沿海渔村的许多渔文化建设活动，前面都常常冠以"中

---

　　① 何军，方伦军.如何保护和传承舟山"五渔"特色海洋文化［J］.舟山日报.2015-09-25.

国"的名称，这说明浙东的渔文化建设，绝对不仅仅是一种区域文化的建设，而是具有了全国性文化意识。

（一）浙东人文环境的全国因素

得海独厚、得港独优、得景独秀的浙东沿海，历史悠久，人文底蕴深厚；海洋文化、渔文化，徐福文化等源远流长。自然景观神奇秀丽，名胜古迹众多。象山县城西北有一山，旧称蓬莱山，秦方士徐福奉秦始皇之命入海寻长生不老药，曾留居此山。梁陶弘景亦曾修道炼丹于此，也称大丹山；城北象鼻山两侧谷中有东、西寺，均为千年古刹；"人家住在潮烟里，万里涛声到枕边"的千年古镇——石浦，被列为首批全国历史文化名镇。石浦因渔而兴港，也因港而兴渔，使她成为历史上沿海中路一个重要的渔港、商港、军港。而散落在岛礁港湾、屋后庭前、茶余饭后的海洋文化、渔文化，也成了港城的一段历经岁月的家酿酒。历史上浙东人才辈出，曾孕育了许许多多历史名人，深厚的历史文化积淀铸就了浙东人海和谐的区域文化特色，凝练了"海纳百川，勇立潮头"的浙东文化精神。

近年来，浙东通过大力推进海洋渔文化建设，具有"中国渔村"之称的象山连续举办 20 届的中国开渔节，成为全国十大民俗节庆，城区文化、乡村文化，节庆文化无不充满鲜明的地域特色，荣膺"中国渔文化之乡""中国民间文化艺术之乡"。

浙江的象山虽然偏于濒海一隅，但它的生态环境和文化传统，具有全国性的意义，正因为如此，象山拥有许多全国性的海洋保护项目。浙江象山的韭山列岛海洋生态国家级自然保护区的保护站设在南韭山岛，整个保护区划分为核心区、缓冲区、实验区三个功能区，局部划外围保护带，分别采取相应的保护措施加以管理。

中国渔村

象山韭山列岛国家级自然保护区

象山渔山列岛国家级海洋生态特别保护区加挂国家级海洋公园牌子。2012年12月，国家海洋局正式批准象山渔山列岛国家级海洋生态特别保护区，渔山列岛由大小54个岛组成。建立渔山列品国家级海洋公园，不仅对维护海洋生态系统的稳定，发掘海洋景观的价值具有重要意义，而且对合理布局渔山列岛的旅游资源，以旅游环境容量控制入岛人数具有重要的作用。

浙江象山花岙岛国家南洋公园，2017 年 4 月，经国家海洋局批准，象山花岙岛获批国家级海洋公园。花岛位于浙江省象山县南部的三门湾口东侧、东北距国家中心渔港石浦港约 12 千米处。花岙岛石林被称"海上第一石林"。岛上有月牙儿形的清水湾砾石滩、仙子洞海蚀穴、海蚀沟、蜈蚣润海蚀穴、长嘴头海蚀穴等海蚀海积地貌景观以及张苍水兵营遗址，是一个集自然遗产与文化遗产于一身的海岛。可以打造成一个以渔、盐为主题的旅游区，形成观光、休闲、体验、科普及渔盐产品开发的综合体。

"海上第一石林"——花岙岛

（二）浙东文化的全国性因素

浙东历史悠久，文化发展一脉相承。考古发现，浙东人类活动的历史可以追溯到 6000 多年前。据《四明志》《四明续志》《象山县志》有关历史文献记载，从春秋战国时期一直到现代 2000 多年的发展中，浙东文化发展延绵不断，虽然历史沿革发生了多次变化，而文化传承没有被打断，并在长期的发展中不断发展壮大，形成了多样的文化形态。当代，浙东人民在继承已有文化的基础上，使浙东文化内涵得到新的丰富与提升。

1. 浙东地域特征明显

在长期的历史发展中，浙东人民以自己的智慧和勤劳，在与自然环境的长期抗争中创造了独具特色的浙东海洋渔文化，整个半岛地区或多或少或直接或间接地都融入了海洋渔文化的因素。而浙东境内，海洋渔文化分布与表现最为集中与突出的地域是石浦镇，而石浦镇中海洋渔文化所有形态表现最鲜明和种类最丰富的，则是东门岛渔村，这里有关海洋渔文化的饮食习俗、信仰习俗、生产习俗、居住习俗等密集分布，鲜活存在，地域特色极其明显。

2. 浙东文化形态完备

浙东海洋文化资源形态较为完备，不仅包括了物质文化遗产资源，也包括了非物质文化遗产资源，同时也有一些文化景观和大量名人文化资源。在物质文化遗产上，既有国家级历史文化名镇，又有省级重点文物保护单位，同时市级历史文化名村、市县级文物保护单位数量也非常丰富。在表现形式上包括古遗址、古墓葬、寺庙宗祠、摩崖石刻、古井群等多种形态。在时间上，这些文化遗产也是不同历史时期的文化创造；非物质文化遗产既有国家级代表性项目名录，又有省级、市级和数量最多的县级代表性项目名录，它们构成了完备的四级名录体系，在形态上则表现为民间传说、民间舞蹈、民俗、民间美术、民间音乐、曲艺、手工技艺等多种类型，表明了它的丰富性。此外，在浙东历史发展中，还形成了地域名人文化，这些名人文化也是浙东文化的亮点，与浙东物质文化遗产、非物质文化遗产以及其他文化资源共同构成了象山独特而又完备的文化生态体系。

3. 浙东主体文化突出

象山文化资源宝库中，蕴藏着一批独具特色的文化资源，具体表现为海洋渔文化、塔山文化、海防文化、海商文化、革命传统文化和地方民俗文化等海洋特色文化，海洋渔文化主体地位十分突出，诸如凸显渔文化特色的民间信仰、民俗、民居、民间传说等文化形态在各类文化资源中所占的比例也最高，仅象山 5 万余条非物质文化遗产普查线索里，以渔文化为特征的内容比例占 60% 以上。象山（石浦）的海鲜十六大碗等都是象山渔文化之璀璨明珠。

4. 浙东人海和谐互动

文化的产生与发展是人类与环境交互作用的结果。浙东海洋渔文化表现出的多样性、独特性和浙东的自然环境有着密不可分的关系。浙东人民长期从事耕海牧渔，目前从象山来看，象山共有 37 个渔村，其生活与文化均因海而生、靠海而存，象山国家级非物质文化遗产徐福东渡传说、晒盐技艺（海盐晒制技艺）、渔民开洋谢洋节、石浦-富岗如意信俗、象山渔民号子等 5 项都与海洋环境有着直接关系。此外，渔谚、鱼的传说等口头文学，造船、织网、渔具制作等传统技艺，航海、捕捞技能，妈祖巡游、祭海仪式、开渔节、渔民宅居、渔民饮食、渔业商贸等信仰和习俗，及其相关的渔歌、渔曲、渔戏、渔鼓、渔灯等各种艺术表现形式的形成也都与浙东的海洋环境密切相关。

（三）浙东渔文化的价值

浙东海洋渔文化经过 2000 多年的发展，作为一个相对完备的文化生态体系，在不断吸收、融合中国传统文化的基础上，为适应海洋生态环境发展和自身精神追求，不断整合象山历史发展中向上、进步的文化事项和文化元素，逐渐形成了具有独特内涵的海洋渔文化及相关的塔山文化、海防文化、海商文化、革命传统文化和地方民俗文化等特色文化，充分表现了浙东人民天人合一的和谐思想、勇于开拓的创新精神、坚持不懈的拼搏精神、团结协作的竞争精神、保家卫国的大爱精神和刚直不阿的民族精神。

浙东海洋渔文化不仅是浙东历史的宝贵见证，也是今天浙东渔民文化生活的重要内容；表现出具有创造性的杰出价值，是中国海洋渔文化宝库中的一颗璀璨明珠，体现了我国沿海渔民植根海洋文化、与海为伴形成的科学洞察力、文化创造力和艺术想象力，具有多方面的价值。

1. 浙东渔文化的历史价值

浙东海洋渔文化是浙东人民在长期的历史过程中创造并享用的生活文化，它的生活传承性决定了它在几千年之前就已经存在于浙东的先民之中，并在后来的生活过程中渗透于社会经济、政治、思想、意识、思维、道德、伦理等方方面面，成为研究浙东文化历史的重要资源，成为与文献记载、考古发现等相印证的浙东历史研究有力的佐证材料。如传统的晒盐技艺、丰富的海洋传说和人文传说、地方历史传说、地方风物传说、地方风俗传说等，历史或生活真实性的指向都非常明显，因此，具有极高的历史价值。

2. 浙东渔文化的科学价值

浙东海洋渔文化是象山人民发展中长期与自然互动的总结，体现了浙东人民追求科学的精神，对浙东人民现实生活具有指导意义。浙东海洋渔文化的形成与浙东自然环境关系互动明显，几千年以来浙东渔民与大海共生共存，用辛劳乃至生命换来大量的海洋科学知识，积累了不计其数的看海、听海、养海、讨海的技巧与经验。这些科学知识都以口耳相传的形式传承，形成了多体系、多门类的海洋生产生活文化大百科全书。如气象方面的民谣《暴头歌》，航海方面的民谣《水路歌》，海洋生物方面的民谣《十二月蟹名》《十二月鱼名》等，这些经验和技巧具有可验证的科学性，反映了浙东人民在与海洋的交往过程中，对自然界运行规律一定程度上的科学认识，以及人作为自然界的一部分对这些规律的合理运用。这些知识至今对当下的农、渔生产都具有科学指导意义。

3. 浙东渔文化的艺术价值

浙东海洋渔文化体现了浙东人民在生产劳动中的审美标准和审美需求，诸多文化事项体现了浙东文化创造的艺术性和艺术价值。浙东海洋渔文化中的国家级非物质文化遗产，涉及民间文学、民间音乐和曲艺等文化事项，在省市级非物质文化遗产中，也具有大量类似的项目，如船艺、盐艺、雕艺、织艺、绘艺、演艺、舞艺、唱艺、乐艺等，透过这些文化事项，可以清晰地感受到浙东人民在进行文化创造时所体现的艺术智慧；同时，可以形象地看到创造和传承作品时，浙东人民的生存状态、生活方式、不同地方人群的生活习俗以及他们的思想与情感差异，另外，还可以感受到浙东人民的艺术创作方式，艺术特点和艺术成就。因此，具有巨大的艺术价值。此外，浙东海洋渔文化中的渔民建筑、民间文化、社会习俗、渔号、渔歌、渔谚、渔行行话、海洋故事，各种礼仪等也涉及审美的内容，具有重要的审美艺术价值。

4. 浙东渔文化的社会价值

浙东海洋渔文化是自然与人文和谐交融思想的重要载体，其民俗活动、民间信仰和生产劳作等文化形态充分体现了人与自然和谐相处的重要社会价值。如渔民造房技艺、晒盐技艺、妈祖信仰、海洋渔业生产习俗与信仰、开洋节、医药秘方等，不仅是为了满足人们的物质生活的需求，更是为了满足人们融入自然、敬畏自然、慰藉心灵、顺从神灵等精神的需求，从而突出了浙东海洋渔文化与自然和谐相处所具有的独特社会价值。

5. 浙东渔文化的经济价值

浙东海洋渔文化与人民群众的生产生活密切关联，无论是在过去还是现在，通过各种途径发挥着创造财富的功能，因而具有极强的经济价值。浙东海洋渔文化包含的诸多文化事项中，很多文化事项和文化遗产是浙东人民在争取人海和谐发展、实现人海共荣过程中改造自然和利用自然的技术和手段，除了具有历史、艺术、社会等价值外，还具有重大的经济价值。如石浦镇因海洋渔文化特色鲜明而成为浙江的著名旅游胜地，先后被评为"中国最佳魅力旅游名镇"和国家 4A 级景区，象山其他自然景观、历史遗迹和人文景观也因海洋渔文化特色吸引大量游客；同时海洋渔文化的生产消费和饮食文化每年也创造了大量的财富。这些文化价值，既是浙东的，同时也具有全国性的意义。

（四）从浙东区域文化到中国海洋文化的路径选择

浙东的海洋文化是世代浙东人在其生存的海洋自然环境之中，于生产与生活两大领域类的一切社会实践活动的成果。它包括生产文化（造船织网、渔具制作等）、社会文化（妈祖巡游、祭祀仪式及其他民间俗信等）、组织文化（行业组织、渔业组织、家庭制度等）和其他文化（渔谚、鱼的传说、渔歌、渔戏、渔鼓、渔灯等）。象山海洋文化历史悠久，类型丰富，形态多样，文化生态完好是中国海洋文化的一个典型代表。为实现海洋文化强省的战略目标，浙东各地市县立足本地情况，选择符合本地的文化发展的实施路径，以象山为例，具体采取了如下措施。

1. 强化一个精神——新时期象山精神

人文精神是文化的最高表现，是推进社会的进的重要力量。实践已经证明，它具有强大的凝聚力和竞争力。新时代象山精神，是象山文化的核心和灵魂。一是要把弘扬实践新时代象山精神作为发展先进文化和提高全民素质的基础性工程加以推进，更好地拓宽人的视野，振奋人的精神，激发人的创造，引导人的实践，在继续抓好宏观层面宣传的同时，要突出抓好微观层面的落实。结合学习、宣传、践行浙江人共同价值观，将象山精神落实到广大群众的具体言行举止之中，展示新时期象山人应具有的精神风貌和行为状态，全面推进象山现代化滨海休闲城市建设。二是要创新工作载体，以群众喜闻乐见的方式宣传新时代象山精神，充分发挥先进典型的示范带动作用，唤起广大群众应有的精神意识，推进象山精神在基层的弘扬和实践。三是要以弘扬实践新时代象山精神为基础，深化群众性精神文明创建活动。要大力实施"两城创建"和人文素质提升工程，充分激发新时代象山精神所蕴含的现代价值理念和道德内涵，进一步加强社会公德、职业道德、家庭美德和个人品德建设，提高全民素质，形成良好的社会风尚。广泛开展文明礼仪宣传教育活动，加强全民意识教育，形成诚实、守信、民主、法治等现代价值理念。

2. 提升两股力量——公共服务能力和文化产业竞争力

新的海洋文化发展理念必须统筹兼文化事业和文化产业相统一，使其形成两翼齐飞，双轮驱动的良性发展格局。提升海洋文化的公共服务能力。一是要打造海洋城市形象。以海洋元素打造象山城市风格，使城市建筑、广场、雕塑等风格和色彩都能体现象山独特的海洋文化个性和特色，形成富有特色的海洋文化标识系统，让城市的每一个组成部分都为品牌做加法，都来体现、演绎城市的核心价值，充分展示独具魅力的现代化生态型滨海旅游城市形象。二是要加强海洋文化基础设施建设。除了完善县文化活动中心、体育馆等已有公共文体服务设施建设外，还应着力推进象山书城等一批城市标志性文化设施建设，大力推动龙宫休闲文化园、大昀艺术馆等民办博物馆建设，加强镇乡（街道）综合文化站和村落（社区）文体服务圈建设，全面提升综合服务能力。三是要提高公共海洋文化产品的供给和服务。一方面要坚持开展"文化赶集""文化下乡"等公益性文体活动，推出多样性、有特色的"海洋文化菜单"服务项目；另一方面要提升节庆文化活动品牌。要不断创新发展"春踏沙滩夏海钓，秋观开渔冬品鲜"的海洋文化节庆格局，积极打造一批海洋文化精品，进一步打响海洋文化品牌。

提升海洋文化产业竞争力，一是抓海洋文化产业结构优化。要通过科学布局、产业集聚、特色引领、错位发展，重点发展影视传媒、文化旅游、文化创意、动漫游戏、工艺美术、文博会展、演艺休闲等产业，引导项目、资金、人才、科技、金融等要素集聚，形成新的经济增长点和文化产业高地。二是抓海洋文化产业发展水平。要实施大项目带动、骨干企业带动、科技带动战略，推进文化产业大发展。重点引进一批投资规模大、辐射带动作用强、科技含量高、市场前景好的文化产业大项目，加快建设石浦渔港古城二期、国家级影视文化产业基地、中国竹根雕产销基地、创意大厦等一批重大文化产业项目。

3. 做到"三个结合"——海洋文化资源的传承与开发、文化市场的培育与拓展、文化人才的培养和引进

（1）海洋文化资源的传承与开发相结合。一是保护，要全力推进国家级海洋渔文化生态保护实验区建设建立健全保护组织机构，制定实施专项保护规划。深入发掘、传承并提炼塔山文化、渔

文化、海防文化、海商文化、徐福文化等海洋历史文化，丰富象山历史文化内涵，提升城市文化品位。要深入加大县域历史文化遗存的发掘和保护力度，大力实施非物质文化遗产项目、传承人和传承基地"三位一体"保护模式。二是研究。可利用社科联、渔文化研究会、徐福文化研究会等学术团体，对象山史前以来一系列人文历史社会等课题进行系统研究。三是创新。可在现有海洋论坛，中国开渔节等重大海洋文化活动的基础上，筹建国内海洋文化活动联盟，构建沿海城市的文化交流平台，对一些共同关心的问题进行讨论，并形成一种共同合作和研究的机制，组织、发起和推动一些有益的全国性的涉及海洋的公益活动，以凝聚共识，提高象山县海洋文化的知名度和影响力，争做国内海洋文化活动的领头羊。

（2）文化市场的培育与拓展相结合。首先，要发展壮大市场主体，加强行业组织建设，着力打造、培育一批有鲜明海洋文化特色的产业品牌项目。其次，要积极拓展市场空间，加强象山内外大众性文化消费市场的培育，在充分满足本区域文化需求的同时，积极拓展外地市场，实现海洋文化产业的外"出口"。最后，要建立健全海洋文化产业市场营销体系，根据消费需求的新变化，积极推动产业在品种、内容和商业模式上的研发与创新，以不断满足人们的精神文化需求和物质需求。

（3）文化人才的培养和引进相结合。人才是文化建设的核心要素，地区文化力的竞争从本质上讲就是人才的竞争，当前可结合培养、引进等多种途径充实象山海洋文化方面的人才力量。其一，要大力发掘、发现和培养一批覆盖城乡、生根民间，深受基层欢迎的公共文化人才，积极支持民间文化艺术人才发展。其二，要研究制定高层次海洋人才引进政策，吸引一批有关海洋文化产业市场开发、发展规划、行业管理等方面的人才以及企业高级经营管理人才。其三，要加强与国内外高等院校、科研院所、专业策划机构和专家学者的横向合作，引进外脑，不求所有，但求所用。

4. 形成多元文化投资体系——包括政府、社会企业、外资在内的文化多元投资体系

（1）重视对公共文化服务的政府投入。具体做好"三大保障"。一是思想认识的保障。要树立"文化民生"意识，推动各级领导改变过去文化建设只有投入，没有产出的观念，树立"文化实绩"意识，使文化工作切实从过去"文化搭台，经济唱戏"的配角意识转变为"经济、文化同台唱戏"的主角意识，为经济社会协调发展提供有力的文化支撑。二是经费投入的保障，城乡两级财政要每年安排一定数量资金用于公共文化设施建设，尤其是要加大农村公共文化设施经费的投入，解决农村文化基础设施薄弱问题，扩大农村文化阵地的覆盖面。三是工作力量的保障。各级领导要重视文化工作，把文化工作要列入议事日程，列入考核内容。切实加强乡镇文化站干部的力量配备，提高文化站长政治待遇，保证文化工作有人干事有能力、有精力、有财力干事。充分调动广大文化工作者的积极性、主动性和创造性。

（2）文化产业发展还需注重社会参与。海洋文化产业的发展，必须要有大量资金的投入，仅仅依靠政府的投入是有限的，要充分发挥社会各个主体的力量，建立多元产业投资机制。具体做好"四个鼓励"。鼓励政府部门通过财政贴息、价格税收等经济杠杆科学规划和调节资金流向，支持民资、外资的融入；鼓励引进社会力量参与公益性文化场馆的管理，鼓励非公有资本举办或参与举办各类文化产业经营项目；鼓励各种风险投资基金、股权投资基金参与文化建设。通过两步走，激发起全社会发展海洋文化的热情，提高项目开发建设效率，最终实现资源整合、共建共享。当然，与此同

时，政府还应做好监管和审查，把握好产权问题与准入原则等。

三、浙东渔文化建设的国际视野

长期以来，浙东地区以农耕为基础，以渔业为特色，以渔文化为亮点，打造自己的产业特色与文化特色，走出了一条具有全国性影响的海洋文化建设之路。但是浙东并不以此为满足，他们开始把目光投向了世界。

1998年是国际海洋年，一件偶然的事情触发了象山的国际视野。年初，自幼离开象山去台湾的演艺圈名人柯受良，在飞越黄河后来石浦探亲。石浦镇政府在接待他时，柯受良向石浦镇镇长杨继光提供荷兰有一个开船节带动了许多产业的信息，并建议搞一个开渔节，石浦镇长觉得这是推动石浦渔港发展的重要举措，合乎流行"文化搭台，经济唱戏"的办节模式，商机无限。最后在象山县委、县政府支持下成功举办第一届中国开渔节。

从此，象山的海洋文化建设，开始走出象山、走向全国，而且把目光投向世界。

（一）与世界主动接轨，学习先进的建设理念

象山的人工鱼礁建设是象山海洋渔文化走向世界的坚实一步。人工鱼礁是根据一些鱼类的趋性，在鱼类洄游通过的水域设置的人造礁，用于吸引鱼类栖息、增殖和成长，形成鱼类相对集中而稳定的捕捞作业场所。国际上在1970年、1978年、1983年曾召开过三次国际人工鱼礁会议。日本、美国发展的人工鱼礁建设，在改造海洋生态环境，增加鱼虾贝藻资源，提供稳产高产的渔场等领域作了很多有效的探索实践。日本列岛沿海在1983年3月前就建成33处人工鱼礁，后来发展到100余处，合计总体积约500万空立方米。

美国的人工鱼礁建设范围很广，到1983年，经过审批建设的、具有相当规模已供游钓作业使用的有1200处。象山在20世纪80年代之前，由于海洋渔业资源的衰退并不明显，改革开放也刚刚开始，因此当时并未在意，但是到20世纪90年代之后，渔业资源情况严峻，象山开始考虑人工鱼礁的建设，走世界共同的保护海洋、养育鱼类的道路。2004年7月，在渔山列岛实施人工鱼礁投放（试验性）计划，人工鱼礁由2只钢质，5只木质报废渔船改建，共有5000立方米，由于有以前国际上的经验，和以后的跟踪研究的成果，对渔业资源的保护非常有利，礁体广大的表面积能使生物量显著增加，鱼礁各式各样的结构、众多的空隙，为喜礁性生物提供了良好的栖居场所，成为许多鱼卵、乌贼卵的附着基床和孵化器，表面附着生物不仅为浮游性鱼卵孵化后的仔稚鱼提供丰富的饵料，更是一个安全的庇护所。所以2016年，历经一年多时间，宁波市与象山县渔业管理部在渔山海域投放100座人工鱼礁，形成了10万空立方米的浙江省最大人工鱼礁群。如此大规模集中投放人工鱼礁，也刷新了我国海洋渔业史上的纪录，现在功效初现，鱼的种类和数量都增多了，还常常能钓到几十千克的大鱼。

"海兴则国强民富，海衰则国弱民穷"。随着我国经济快速发展和对外开放不断扩大，国家战略利益和战略空间不断向海洋拓展和延伸，海洋事业的发展关乎国家兴衰安危与民族生存发展。增强国民海洋强国自信，明确海洋强国道路、发展海洋强国理论，建立海洋强国制度，凝练海洋强国文化，积极做好以海洋强国为核心的全面传播与宣传工作，开拓海洋强国信息公开和新闻发布渠道，营造良好舆论环境，激发国民热情，树立海洋强国形象。我们坚信，中国一定会以海洋强国，屹立于世界之巅。

（二）浙东渔文化受到海外的关注

2014 年 8 月 29 日，马可·波罗远行东方纪录片摄制组，以意大利威尼斯为起点，走过德国、英国……绕过大半个地球，最后来到中国。他们来到了浙江象山。该纪录片是德国 ECO 传媒制作公司摄制组应中外文化交流中心的邀请而拍摄的。摄制组在中国选择了北京、扬州、宁波为拍摄点。《马可·波罗游记》中有详细描写中国制盐业的章节，记载了盐产地风土人情。盐业是浙江重要的产业之一，象山作为浙江省主要盐产地，制盐历史悠久，因此摄制组来到了象山，寻找再现马可·波罗笔下的中国"盐业史"。当天，摄制组探访了因盐文化而盛名在外的大徐镇杉木洋村，跟着老村民从拜"熬盐菩萨"开始，一路探寻海盐制作古法，又赶赴新桥镇盐厂，实地领略海盐制作过程。"象山是个现代化与传统兼容的城市，极具魅力，这里海盐晒制具有十分典型的技艺特征，是数千年中国海盐生产传统技艺的缩影，具有极高的历史文化价值，要好好保存这段古老的历史。"参与拍摄的瑞士籍汉学专家汉斯·威格尔教授说。

20 世纪八九十年代，对海洋渔文化研究深入而细致的日本学者，更是把象山的东门岛作为海洋渔文化研究活标本进行解剖，学者们在先后十余年的时间里，一共 6 次踏上东门岛，写出了详细的调查报告发表。2005 年环球皇后竞选全球总决赛，来自 23 个国家和国内 12 个城市（包括台港澳地区）的各路佳丽陆续抵达象山。环球皇后竞选是加拿大环球美丽选美组织旗下的一档国际性的选美大赛，已成功举办了十六届。第八届中国开渔节将这个美丽赛事，与最具传统的中国民间习俗相结合，引起世界的关注。

"中国象山国际海钓节"开始亦称"渔山国际海钓节"。

2017年6月9日首届中国象山国际海钓节在浙江宁波象山隆重开幕。由中国开渔节组委会发出邀请，应邀前来垂钓的除国内参赛者外，还有日本、韩国、美国、马来西亚、泰国、葡萄牙和印度尼西亚等国家的参赛者与观赛者。

（三）参与国际研讨，交流浙东渔文化

2010年12月18日，由国家海洋局东海分局、上海市海洋局、上海海洋大学共同主办，以"海洋文化与城市发展"为主题的首届研讨会召开。来自日本神奈川大学、韩国木浦大学、中国海洋大学、华东师范大学等国内外专家，围绕"海洋文化与城市发展、海洋渔业史及其发展、海洋民俗生活、海洋文化与海洋经济的互动关系、航海与海港城市文化、海洋文学与艺术、区域海洋文化特色与保护、海洋旅游文化及海洋旅游资源开发海洋科技与现代城市生活"等内容进行了广泛的交流与探讨，象山渔文化研究会代表做了"渔文化研究及产业发展"的主题演讲，受到一致好评。韩国木浦大学岛屿文化研究院对外协作部长申正浩教授表示，希望能和象山渔文化研究会建立学术之间的广泛合作与交流。

2011年12月20日，上海海洋大学举办了"海洋文化与城市发展"为主题的第二届研讨会，探讨海洋文化对沿海城市发展的作用与功能，象山渔文化研究会代表在会上以《海洋民俗的奇葩——海峡两岸如意信俗的传播与衍变》为题，从浮木立庙奇、小小插曲奇、神界姐妹奇、省亲迎亲奇、富岗祭祀奇、传承人物奇等方面细致地阐述如意信俗的特点，最后归结到海峡两岸民众情缘，特别是象山县石浦镇与台东县富塞岗村同祖、同脉、同根、同文、同族、同俗、同言、同语、同地、同音，成为海峡两岸永远割舍不断的文化情缘，是中国海洋民俗文化的一朵奇葩，对促进祖国和平统一具

有现实意义和深远的历史意义。

亮相国外世博会,展示浙东渔文化。2012 年 8 月 12 日,世界博览会在韩国丽水举办。在这场盛会中,"浙江宁波周"无疑是一颗闪亮的明星,象山渔文化元素绽放了无与伦比的美丽。"善待海洋就是善待人类自己",这句象山历届开渔节的主题口号,在韩国丽水世博会再次向世界发出了蓝色的呐喊,赢得了世界的共鸣。走进中国馆,展厅内赫然可见一幅青花瓷壁画《渔娃》,绘满了整个墙壁,这面印着各式各样渔民劳作景象的巨幅壁画,人物生动、色彩明丽,使整个中国馆充满着浓浓的海洋的味,很多游客在壁画前拍照留念,说:"太漂亮了,宁波渔民的绘画真了不起!"中国馆馆长姚瑞说,韩国丽水世博会组委会看到壁画时发出惊叹,认为这是世博园里最美丽的墙壁。《渔娃》的作者就是象山茅洋乡人。"浙江宁波周"的卡通吉祥物——中华凤头燕鸥,一经亮相便吸引了大批观众目光,很多游客争先恐后地抢要,特别是小朋友挤在前排举起两手。来自泰国馆的工作人员沙丽女士说:"这个图案真是太可爱了,真的很形象,两个翅膀在招手,好像在欢迎我们!"渔文化研究会曾两次赴宁波为"宁波周"搞策划,提供象山元素,为"宁波周"增光添彩。

2016 年 6 月 15 日,作为宁波市"东亚文化之都"主体活动之一的中日韩徐福文化研讨会在象山举行。本次研讨会以"徐福东渡与东亚文化"为主题,来自中国、日本、韩国的百余位徐福文化研究专家围绕"徐福精神与东亚价值""徐福东渡文化资源的当代价值""徐福文化与象山海洋文化建设"等专题展开研究和探讨。徐福东渡已成为秦代以来华夏文明向东传播的一个缩影,成为中、日、韩经济文化交流的一个象征,也成为东亚人民友谊的组带。研讨会发布了"象山倡议",设立"徐福文化研究象山奖",以奖励为

中国馆外墙上《渔娃》青花瓷巨画

徐福研究做出贡献的中、日、韩专家学者和研究新手，即以本次研讨会为第一届，今后每三年为一届，每届分设"研究成果奖""新人新作奖"和"传承组织奖"三个奖项。此举将有力地推动中、日、韩三国的徐福文化活动和三国的民间友好交流，也得到了日本和韩国有关专家的高度肯定和赞赏。

（四）浙东渔民与世界的直接对话

浙东渔民以主动的姿态，做世界海洋保护的提倡者、参与者。他们主动、积极、勇敢地发出致联合国秘书长的倡议书，还向世界渔民传达中国渔民的声音，并获得回音。在《致全世界渔民倡议书》中，象山渔民呼吁全球渔民联合起来，正视"海洋环境污染日益加剧，大量珍稀海洋生物濒临灭绝"的严酷现实，呼吁"严格遵守休渔制度"，倡议全世界的渔民兄弟们"积极行动起来做21世纪蓝色海洋的保护使者，携手共创蓝色辉煌"！

在2002年象山举办"中国开渔节"前夕，象山渔民向联合国秘书长安南和各国政府首脑致函，庄重吁请重视全球性的海洋生态问题，得到了安南和各国政府首脑的热情回应。安南秘书长在回函中说，感谢中国渔民"对环境的关心"，希望中国渔民"能再次向联合国环境保护组织提出询问，因为联合国环境保护组织负责全球的环境问题，包括海洋、河流和湖泊的问题。所以，贵方可以写信给联合国环境保护组织"。当时的新西兰总理代表也回复了象山渔民的函吁，说"新西兰对保护海洋资源给予高度重视。……在新西兰，我们忠实地保证保护和可持续地使用渔业资源，并保护海洋环境，抗议对渔业的不良影响。似乎你们的这个组织与我们组织有相同之处，我希望你们的组织会办得更好！"

我们相信，浙东会进一步做"大"、做"深"、做"强"海洋文化这篇文章——让浙东海洋渔文化产生最大的经济效益，让浙东海洋优势助推浙江经济的发展！

参考文献

著作类

［1］（清）方观承．两浙海塘通志［M］．杭州：浙江古籍出版社，2012.

［2］象山县志编纂委员会．象山县志［M］．杭州：浙江人民出版社，1988.

［3］嵊泗县志编纂委员会．嵊泗县志［M］．杭州：浙江人民出版社，1989.

［4］玉环地方志办公室．玉环古志［M］．北京：中华书局，2000.

［5］临海县地方志编纂委员会．临海县志［M］．杭州：浙江人民出版社，1989.

［6］温岭县地方志编纂委员会．温岭县志［M］．杭州：浙江人民出版社，1992.

［7］椒江市地方志编纂委员会．椒江市志［M］．杭州：浙江人民出版社，1998.

［8］台州地方志编纂委员会．台州地区志［M］．杭州：浙江人民出版社，1995.

［9］慈溪市地方志编纂委员会．慈溪县志［M］．杭州：浙江人民出版社，1992.

［10］余姚市地方志编纂委员会．余姚市志［M］．杭州：浙江人民出版社，1993.

［11］镇海县志编纂委员会．镇海县志［M］．上海：中国大百科全书出版社，1994.

［12］定海县志编纂委员会．定海县志［M］．杭州：浙江人民出版社，1994.

［13］岱山县志编纂委员会．岱山县志［M］．杭州：浙江人民出版社，1995.

［14］舟山市地方志编纂委员会．舟山市志［M］．杭州：浙江人民出版社，1992．

［15］嘉兴市志编纂委员会．嘉兴市志［M］．北京：中国书籍出版社，1997．

［16］宁波市地方志编纂委员会．宁波市志［M］．北京：中华书局，1995．

［17］宁海县地方志编纂委员会．宁海县志［M］．杭州：浙江人民出版社，1993．

［18］温州市地方志编纂委员会．温州市志［M］．北京：中华书局，1998．

［19］瑞安市地方志编纂委员会．瑞安市志［M］．北京：中华书局，2004．

［20］乐清市地方志编纂委员会．乐清市志［M］．北京：中华书局，2003．

［21］永嘉县地方志编纂委员会．永嘉县志［M］．北京：方志出版社，2003．

［22］苍南县地方志编纂委员会．苍南县志［M］．杭州：浙江人民出版社，1993．

［23］平阳县地方志编纂委员会．平阳县志［M］．北京：汉语大词典出版社，1993．

［24］洞头县地方志编纂委员会．洞头县志［M］．杭州：浙江人民出版社，1993．

［25］浙江省水产志编纂委员会．浙江水产志［M］．北京：中华书局，1999．

［26］浙江民俗会．浙江风俗简志［M］．杭州：浙江人民出版社，1986．

［27］林亦．温州族群与区域文化研究［M］．上海：上海三联书店，2009．

［28］姜彬，金涛．东海岛屿文化与民俗［M］．上海：上海文艺出版社，2005．

［29］张伟．浙江海洋文化与经济［M］．北京：海洋出版社，2007．

［30］浙江省民间文艺家协会．浙江民俗大观［M］．北京：当代中国出版社，1998．

［31］杨宁．浙江省沿海地区海洋文化资源调查与研究［M］．北京：海洋出版社，2012．

［32］柳和勇．舟山群岛海洋文化论［M］．北京：海洋出版社，2006．

［33］叶大兵．浙江民俗［M］．兰州：甘肃人民出版社，2003．

［34］叶大兵．俗海拾贝［M］．北京：中国文联出版社，2004.

［35］谢秀琼．浙江渔民俗文化研究［M］．北京：海洋出版社，2019.

［36］张坚．舟山民俗大观［M］．呼和浩特：远方出版社，1999.

［37］张坚，邱宏方．岱山渔民谢洋节［M］．杭州：浙江摄影出版社，2014.

［38］舟山市政协文史委，嵊泗县政协文史委．舟山海洋龙文化［M］．北京：海洋出版社，1999.

［39］郭振民．嵊泗渔业史话［M］．北京：海洋出版社，1995.

［40］董贻安．浙东文化论丛［M］．北京：中央编译出版社，1995.

［41］姜彬．吴越民间信仰民俗［M］．上海：上海文艺出版社，1992.

［42］孙光圻．中国古代航海史（修订本）［M］．北京：海洋出版社，2005.

［43］徐波．浙江海洋渔俗文化称名考察［M］．北京：海洋出版社，2009.

［44］白斌．明清以来浙江海洋渔业发展与政策变迁研究［M］．北京：海洋出版社，2015.

［45］黄立轩．远古的桨声——浙江沿海渔俗文化研究［M］．杭州：浙江大学出版社，2014.

［46］李加林，王杰．浙江海洋文化景观研究［M］．北京：海洋出版社，2011.

［47］李思屈，等．海洋文化产业［M］．杭州：浙江大学出版社，2015.

［48］刘春香，俞佳根．浙江渔业竞争力的比较研究［M］．杭州：浙江大学出版社，2012.

［49］马仁锋，李加林．浙江海洋经济转型发展研究：迈向国家海洋经济示范区之路［M］．北京：经济科学出版社，2014.

［50］孙善根，白斌，丁龙华．宁波海洋渔业史［M］．杭州：浙江大学出版社，2015.

［51］周达军，等．浙江海洋产业发展研究［M］．北京：海洋出版社，2011.

［52］周时奋．宁波老俗［M］．宁波：宁波出版社，2005.

［53］舟山市民间文学集成办公室．浙江省民间文学集成·舟山市故事卷［M］．北京：中国民间文艺出版社，1989.

［54］宁波市文化广电新闻出版局．宁波市非物质文化遗产大观·北仑卷［M］．宁波：宁波出版社，2012．

［55］伍鹏．浙江海洋信仰文化与旅游开发研究［M］．北京：海洋出版社，2011．

［56］苏勇军．浙江海洋文化产业发展研究［M］．北京：海洋出版社，2011．

［57］李利安．观音信仰的渊源与传播［M］．北京：宗教文化出版社，2008．

［58］章翼．我国古代的海上交通［M］．北京：商务印书馆，1986．

［59］陈华文．浙江民俗史［M］．杭州：杭州出版社，2008．

［60］黄浙苏．信守与包容——浙东妈祖信俗研究［M］．杭州：浙江大学出版社，2011．

［61］黄涛．中国民间文学概论 M．北京：中国人民大学出版社，2013．

［62］金涛．舟山群岛海洋文化概论［M］．杭州：杭州出版社，2012．

［63］邱国鹰，陈爱琴．百岛民俗大观［M］北京：光明日报出版社，2007．

［64］苏勇军．浙东海洋文化研究［M］．杭州：浙江大学出版社，2011．

［65］张开城，徐质斌．海洋文化与海洋文化产业研究［M］北京：海洋出版社，2008．

［66］张伟，苏勇军．浙江海洋文化资源综合研究［M］．北京：海洋出版社，2014．

［67］张坚，邱宏方．舟山渔民号子［M］．杭州：浙江摄影出版社，2014．

［68］陶思炎．中国鱼文化［M］．南京：华南大学出版社，2008．

［69］郭振民．嵊泗渔场百年间［M］．北京：中国文联出版社，2002．

［70］虞浩旭．浙东历史文化散论［M］．宁波：宁波出版社，2004．

论文类

［1］陈黎明．舟山海洋节庆文化的形成与发展［J］．新校园，2013（1）．

［2］陈天培．非物质文化遗产的经济价值［J］．改革与战略，2006（8）．

［3］郭鲁芳．海洋旅游产品深度开发研究——以浙江省为例［J］．产业观察，2007（1）．

［4］胡春燕．关于推动我国海洋节庆发展的思考［J］．中国海洋大学学

报，2014（6）．

［5］柳和勇．舟山观音信仰的海洋文化特色［J］．上海大学学报：社会科学版，2006（4）．

［6］曲金良．海洋文化艺术遗产的抢救与保护［J］．中国海洋大学学报：社会科学版，2003（3）．

［7］史小珍．舟山市节庆活动优化整合研究［J］．现代经济：现代物业下半月刊，2008（4）．

［8］张士闪．艺术民俗学研究：将乡民艺术"还鱼于水"［J］．民族艺术，2006（4）．

［9］金涛．舟山渔民风俗初探［J］．民俗研究，1986（2）．

［10］翁源昌．论舟山海鲜饮食文化形成发展之因素［J］．浙江国际海运职业技术学院学报，2007（3）．

［11］周彬，等．渔文化旅游资源开发潜力评价研究——以浙江省象山县为例［J］．长江流域资源与环境，2011（2）．

［12］金涛．独特的海上渔民生产习俗——舟山渔民风俗调查［J］．民间文艺季刊，1987（4）．

［13］武峰．浙江盐业民俗初探—以舟山与宁波两地为考察中心［J］．浙江海洋学院学报：人文科学版，2008（4）．

［14］金英．舟山诸岛的出生礼仪［J］．浙江海洋学院学报：人文科学版，2005（2）．

［15］周志锋．海洋文化视野下的浙江谚语［J］．汉字文化，2008（6）．

［16］毛久燕．舟山布袋木偶戏的流传、发展及演出特点［J］．浙江海洋学院学报：人文科学版，2007（2）．

［17］罗江峰．舟山渔民画传承与发展研究［J］．浙江师范大学学报：社会科学版，2009（1）．

［18］陈荣富．论浙江佛教在中国佛教史上的地位［J］．杭州大学学报：哲学社会科学版，1998（4）．

［19］程俊．论舟山观音信仰的文化嬗变［J］．浙江海洋学院学报：人文科

学版，2003（4）.

[20] 陈焕文. 妈祖信仰及其在宁波的影响［J］. 宁波大学学报：教育科学版，1993（1）.

[21] 曲金良. 戚继光与中国历史海洋文化遗产—兼及历史文化遗产的开发与保护［J］. 中国海洋大学学报：社会科学版，2004（2）.

[22] 徐规. 宋代浙江海外贸易探索［J］. 杭州商学院学报，1982（3）.

[23] 金德章. 舟山海岛的寿诞礼仪［J］. 舟山文化，2007（2）.

[24] 刘芝凤. 闽台海洋民俗文化遗产资源分析与评述［J］. 复旦学报：社会科学版，2014（3）.

[25] 毛海莹. 文化生态学视角下的海洋民俗传承与保护——以浙江宁波象山县石浦渔港为例［J］. 文化遗产，2011（2）.

[26] 吴成根. 我国渔民的保护神［J］. 渔文化（象山县渔文化研究会会刊），2006（3）.

[27] 李涛. 基于科技与文化融合的海洋文化产业研究［J］. 文化艺术研究，2014（2）.

[28] 周彬. 浙东地区渔民俗文化旅游资源开发研究［J］. 生态经济，2009（12）.

[29] 沈燕红. 浙东渔歌中的海岛渔俗文化探析——以舟山渔歌为例［J］. 浙江海洋大学学报（人文科学版），2013（6）.

[30] 陈辉. 浙东渔歌的渔俗文化基质及其传承发展［J］. 台州学院学报，2018（5）.

[31] 同春芬，刘悦. 渔文化的变迁及其蕴涵的文化价值［J］. 泰山学院学报，2014（1）.

[32] 韩真，张杰，刘红艳，等. 浙东沿海渔文化数据库建构研究［J］. 浙江海洋学院学报（人文科学版），2015（5）.

网站类

[1] 中国非物质文化遗产网. http：//www.nmchzg.com/.

[2] 浙江省非物质文化遗产网. http：//www.zjfeiyi.cn/.

［3］ 宁波市非物质文化遗产网 . http：//www. ihningbo. cn/.

［4］ 中国海洋大学网站 . http：//www. ouc. edu. cn/.

［5］ 舟山政府网 . http：//www. zhoushan. gov. cn/.

［6］ 宁波象山县政府网站 . http：//www. xiangshan. gov. cn/.

［7］ 中国渔港古城石浦 . http：//www. bidchance. com/company－7224. html.

［8］ 浙江舟山嵊泗县图书馆网站 . http：//www. sstsg. cn/index. html.

［9］ 中国渔文化 . https：//www. 360kuai. com/.

［10］ 中国海洋文化在线 . http：//www. cseac. com/new/.

后　记

一直想写一本关于浙东渔文化的书，几度春秋，现在终于如愿了。

2004年我调到宁波工作，才真正近距离的接触了大海，之后在赴浙江省的舟山群岛、宁波象山的石浦渔港、台州温岭的石塘渔村以及省内外其他沿海岛屿游玩之中，渐渐地喜欢上了大海，爱上了别具特色的渔村，实地了解当地海岛民俗，也搜集了一些相关资料。2016年本着试试看的想法申报了2017年度浙江省哲学社会科学规划课题，申报成功之后才仔细思考该如何做好这个课题。本书完成过程充满艰辛，从前期大量的资料查阅、实地调研和走访，到撰写过程中的字斟句酌，倾尽心血，经过近三年的努力，今天终于完成了书稿。

浙江是个海洋大省，浙东海洋渔业的发展有着非常悠久的历史，是浙江海洋文化与经济的重要组成部分。浙东除了有"千岛之市"之称的舟山外，散布在浙东海岸线上的大大小小的岛屿也如珍珠般熠熠闪光。"靠山吃山，靠海吃海"，背靠大山、面向大海的独特地理优势使得浙东拥有山珍海味的双重资源。东海是个神秘而富足的宝库，浙东渔民千百年来的生产、生活、信仰、禁忌、节日习俗以及文化艺术等许许多多不为人知的渔文化，是我进一步挖掘、研究浙东渔文化的主要动力。当然，更为重要的是迄今为止国内还很少有关于浙东渔文化史的系统著作，拙作算是弥补了这个缺憾，也是对浙东渔文化史研究的一次尝试与突破。

　　本书是在"文化兴国"以及浙江省委提出的"发展海洋经济、建设海上浙江"的重大决策下应运而生的，旨在通过对浙东渔文化史的系统研究，使人们更多地了解并掌握渔文化知识及其浙东渔文化发展的历史，激发人们热爱海洋、发现海洋、认识海洋渔文化，并能保护和传承浙东渔文化。在国家与浙江省大力推动海洋经济发展与海洋文化繁荣的今天，对浙江海洋渔业发展历史与经济轮廓等研究有着重要意义。

　　本书主要围绕浙东海岸线渔岛为研究对象，以浙江省内的宁波、舟山、台州、温州等地的沿海岛屿的渔文化为研究内容，涵盖了浙东渔文化的历史溯源、浙东渔文化在历史变迁中的功能演变、浙东渔文学艺术的文化展现、浙东渔民宗教信仰、浙东渔民习俗文化演进、浙东渔民传统节庆文化的历史变迁、浙东渔文化产业发展和浙东渔文化传承与发展等八个方面的内容。著作撰写过程中吸取并借鉴了学者们关于浙江省海洋渔文化的研究成果，在此一并表示谢意！

　　本书撰写过程中得到了课题组全体成员的大力支持与帮助，特别是牛殿庆教授在课题的申报以及本书的撰写过程中给予了非常好的建议，并参与撰写及其统稿等大量工作。还要感谢我的学生朱家灵和叶佳宇帮忙查找资料，何京同学帮忙最后的校对，在此一并表示感谢！最后，还要感谢宁波城市职业技术学院的优秀著作出版资助，使得此书能够顺利出版！

　　由于作者才疏学浅，时间仓促，资料有限，疏漏和错误之处在所难免，请各位良师益友不吝赐教，万分感谢！

王　岩

2020 年 9 月于宁波